秦亡汉兴九十年

秦涛 著

中国出版集团
中国民主法制出版社
全国百佳图书出版单位

图书在版编目（CIP）数据

秦亡汉兴九十年 / 秦涛著. —北京：中国民主法制出版社，2022.11

ISBN 978-7-5162-2977-4

Ⅰ. ①秦… Ⅱ. ①秦… Ⅲ. ①法制史—研究—中国—秦汉时代 Ⅳ. ①D929.3

中国版本图书馆 CIP 数据核字（2022）第 197437 号

图书出品人：刘海涛
出 版 统 筹：石　松
责 任 编 辑：姜　华

书　　名 / 秦亡汉兴九十年
作　　者 / 秦　涛　著

出版·发行 / 中国民主法制出版社
地址 / 北京市丰台区右安门外玉林里 7 号（100069）
电话 /（010）63055259（总编室）　63058068　63057714（营销中心）
传真 /（010）63055259
http://www.npcpub.com
E-mail:mzfz@npcpub.com
经销 / 新华书店
开本 / 16 开　710 毫米×1000 毫米
印张 / 14.5　**字数** / 235 千字
版本 / 2023 年 1 月第 1 版　2023 年 1 月第 1 次印刷
印刷 / 三河市宏图印务有限公司

书号 / ISBN 978-7-5162-2977-4
定价 / 68.00 元

目录

序篇　商鞅

（前 362—前 338 年）

第一章　入秦*

第一个预言者

后世读史，常常受到文学家的影响。汉人贾谊《过秦论》中有一句“振长策而御宇内，吞二周而亡诸侯，履至尊而制六合”，唐人李白有一句“秦王扫六合，虎视何雄哉”，容易给人这样的印象：秦始皇统一天下似乎不费吹灰之力。这是文学的浪漫与夸张。其实秦人取天下的艰辛曲折，在历代王朝中是罕见的。

司马迁写《史记·秦楚之际月表》的序，发了一句很深的感慨。他说：

> 秦起襄公，章于文、缪，献、孝之后，稍以蚕食六国，百有余载，至始皇乃能并冠带之伦。以德若彼，用力如此，盖一统若斯之难也！

秦国从第一任国君秦襄公开始，一点一点积攒能量，花了五百年的时间、三十几代人的努力，终于到秦始皇的时候统一六国。积累那么久的德行，耗费那么大的力量，统一天下多么艰难！但是秦朝的灭亡却非常容易。秦国的列祖列宗，花了五百年、三十几代人才统一，秦始皇和秦二世却只需要十五年、两代人就灭亡了。

秦朝的短命而亡，令人震惊。现代人以“后见之明”读史，很难理解当时人的震惊。在秦朝之后，短命而亡的王朝很多，最相似的是隋朝。此外，新莽、西晋、元朝，也都是国祚不足百年的统一王朝。但是当时人的世界观

---

* 序篇标题“商鞅（前 362—前 338 年）”即以商鞅入秦（前 362 年）至商鞅之死（前 338 年）为叙事的起讫时间。

不一样。他们没有“二十四史”，只有夏商周秦。在他们的认知中，夏朝国祚四百年，商朝国祚六百年，周朝国祚八百年。现在一个新王朝——秦朝创建了，预测一下国祚，应当也是四百年保底、八百年封顶。

结果却令人大跌眼镜——十五年。这是史无前例的失败。到目前为止，也可以说，这是空前绝后的失败。

秦朝为什么失败？这是历史留给汉朝的问题，也是至今都具有巨大吸引力的问题。有人说严刑峻法，有人说不恤民力，有人说穷奢极欲，有人说“仁义不施而攻守之势异也”，有人说“独夫之心，日益骄固”。

这些说法或浅或深，洞见了历史的不同层面。但也有一个共同点：都是事后诸葛亮。有没有人提前预见秦朝的灭亡？有。

《史记》记载，有一个人，在秦朝尚未建立，乃至于秦国还是一个边陲小国之时，就已经预见未来秦朝的短命而亡。此人就是秦法的创始人——商鞅。

当途之人公叔痤

商鞅，生活在战国初年。明代王夫之在《读通鉴论》中说：“战国者，古今一大变革之会也。”战国，是变革的时代。战国的主题是“战”，打仗。打不赢，就出局，优胜劣汰、适者生存，残酷至极。为了适应新的历史时期，各大强国纷纷变法，改造升级。齐国邹忌变法，韩国申不害变法，赵国公仲连变法，魏国李悝变法，楚国吴起变法。这里的“变法”，不是建设法治国家，而是最大程度地提升国家的生产力、控制力、动员力，归根结底就是提升国家的战斗力，打造战争机器。其中，变法最成功的是魏国。

商鞅入秦之前，国际局势很明朗。战国初年十几个国家，分四个档次。第一档，魏国，第一霸主，横行天下。第二档，齐、楚、韩、赵，完成改造升级，雄踞一方。第三档，燕国躲在东北，秦国躲在西北，利用地缘优势偏安一方。以上是后世所谓的“战国七雄”。第四档，剩下的宋国、鲁国、卫国之类，待宰的羔羊，任人鱼肉。

商鞅原本是卫国君主的疏属，史称“少好刑名之学”，掌握了治国理政的学术。卫国舞台太小，商鞅就到魏国求官，投靠在宰相公叔痤手下。宰相执掌国政，抓住了宰相就相当于掌握了一国的枢纽。法家的目标是通盘重整一国制度，他们不屑于从地方官做起，先搞试点、稳健推进。他们擅长搞顶层设计，那就必须走上层路线。

但是，一介布衣想走上层路线也有其难处，容易遭遇当途之人。“当途”，就是阻挡在路途之上。当途之人，是拦在君主与法家之间的拦路虎。他们位高权重，是一国的既得利益者；他们只想维持现状，保持稳定，不想发生任何改变；他们利用自己的地位，谋取私利，出卖公益，遏制一切可能崛起的新生力量。法家的集大成者韩非曾深恶痛绝地说：“法家与当途之人，势不两立，有着不共戴天之仇！”[①] 事实上，韩非这位法家人士最后就死在秦国的当途之人李斯手上。

公叔痤就是魏国的当途之人。不妨先看看他与另一位法家高手是如何过招的。

吴起是战国名将，富于谋略。他为魏国镇守西河，与各诸侯国作战七十六次，全胜六十四次，其余十二次不分胜负。[②] 吴起不满足于军事将领与地方行政长官的身份，还有意于谋取宰相之位，将他的政治理想付诸实践。吴起的活跃，引起了公叔痤这位当途之人的猜忌。

公叔痤娶了一位魏国公主，是魏侯的女婿，靠裙带关系坐上宰相之位。他找到魏武侯，说：“吴起这样的大才，未必愿意老老实实待在魏国。”魏武侯问：“那怎么办？”公叔痤说：“不如将一位公主许配给他，使他安心为我所用。”魏武侯觉得很好。公叔痤又补了一刀：“但是，如果吴起不愿意接受这门亲事，也就可以看出此人难以久留了。”魏武侯同意。

这样一来，“如何将吴起逼走”就转换成了“如何让吴起不接受这门亲事”。

公叔痤邀请吴起赴家宴，并提前交代妻子（即魏国公主）：“今天吴起来做客，请你在席上对我百般侮辱。”吴起来后，魏国公主果然按照计划，羞辱公叔痤。公叔痤唯唯诺诺，大气不敢出。吴起自尊心很强，见此情景，不

---

① 《韩非子·孤愤》：“是智法之士与当涂之人，不可两存之仇也。”按：涂是途的通假字。“智法之士”，就是像韩非这样的法家。

② 《吴子·图国》：“立为大将，守西河。与诸侯大战七十六，全胜六十四，余则钧解。”

禁皱眉。次日，魏武侯喜滋滋地请来吴起，说要把公主许配给他。吴起婉言谢绝。魏武侯心存芥蒂，不再重用吴起。吴起感受到君臣之间的裂痕，心生恐惧，赶紧跑去了楚国。[①]

吴起这样的顶尖高手，在公叔痤手上都走不了一个回合。商鞅的情况会有所不同吗？

会。因为商鞅来魏国时，公叔痤已经进入晚年。当途之人不可能一辈子当途，年龄是不可战胜的敌人。当途之人晚年最关心的事情，就是培养接班人，保证本派系的人继续当途，这样家族利益就不至于因为其退位或老死而受损。

《史记·商君列传》描写晚年公叔痤与商鞅的关系，只用了六个字："知其贤，未及进。"他当然知道商鞅是不可多得的大才，但是没来得及向君主推荐。怎么会来不及呢？推荐一个人才，对于宰相而言，不就是一句话的事情吗？这六个字背后，是公叔痤的矛盾心态：商鞅确实是个人才，堪当重任，是最合适的接班人；但是如果把他推荐给魏王，他俩一旦直接接触，我就会迅速过气。所以公叔痤既爱惜商鞅的才能，又不敢让他有公开展示的机会；既想培养为接班人，又恨不得亲手扼杀这个潜在的对手。公叔痤的利益既然建立在当途之上，一旦让路，势必会失去权力。这是玩弄权术的当途之人必将遭遇的悖论。

就在这样的纠结犹豫之中，时光虚度，公叔痤大限将至。

不能用我，必不屑杀我

魏惠王来到病榻之前，公叔痤终于意识到这是最后的机会。魏王询问："万一您老的病治不好，谁是合适的接班人？"公叔痤牢牢握住魏王的手，说："我手下有个年轻人商鞅，年纪虽轻，却有出众的才能。希望大王将整个魏国托付给他！"（年虽少，有奇才，愿王举国而听之。）

魏王的反应是沉默。（王嘿然。按：嘿然即默然。）

---

① 《史记·孙子吴起列传》。

沉默的内在是魏王的心理活动：这个无名小卒是谁？寡人凭什么“举国而听之”？风险太大，不可能。顶多看在公叔痤的面子上，破格提拔，让商鞅做个大一点的官，观察观察再说。应当说这是很合理的反应。公叔痤希望魏王“举国而听之”，因为他看到了商鞅“有奇才”；魏王“嘿然”，因为他只看到商鞅“年虽少”。两者之间，是公叔痤“知其贤，未及进”造成的信息差。

沉默的外在是向公叔痤传递信息：寡人不打算“举国而听之”。公叔痤是官场老手，当然接收到了这个无声的信息。他屏退左右。“惜才”的一面不起作用，“杀才”的一面立刻激活。他打算亲手将这个奇才扼杀于摇篮之中。

公叔痤说：“如果您不打算重用商鞅，请务必杀了他。不要让他离开魏国的国境，否则将来必为魏国之大患。”

魏王的反应是什么？我想这一次应该不是“嘿然”，而是“愕然”。但是魏王仍不动声色。《史记》说“王许诺而去”。答应了，即这个要求可以满足。然后离开。出了病房，魏王向身边人吐露心声。他的心声是悲伤。他说：“看到曾经那么精明、那么能干的一位政治家，现在病得这么严重，真是令人悲从中来。他居然要寡人把整个魏国托付给一个无名小卒，岂不是病糊涂了？”（公叔病甚，悲乎，欲令寡人以国听公孙鞅也，岂不悖哉！）他还有半句话藏着没说：“他居然又要寡人杀掉这个前一秒还要重用的人，岂不是精神都有问题？”

魏王是一国之君，他刚刚许诺过，不会直接打自己的脸。国君智商再低，基本的情商还是在线的。这是政治领袖的修养与体面。

镜头重新回到病房之内。魏王一走，公叔痤立刻叫来公孙鞅。他说：“我刚才请求魏王重用你，看魏王的脸色似乎不愿意；我就劝他杀了你，他同意了。现在，你赶紧逃跑吧。”

现代人看这段话，可能会觉得公叔痤确实精神有问题。这是封建时代（指封土建国的时代）的特殊君臣观念。他自己解释得清清楚楚：“我先为自己的君主着想，再为自己的臣子着想。”[①] 后世大一统的帝制时代，君臣关系

---

① 《史记·商君列传》：“吾方先君后臣。”《资治通鉴·周纪》说得更清楚：“吾先君而后臣，故先为君谋，后以告子。”

是绝对的：一个政权只能有一个君主。[①] 但在封建时代，君臣关系是相对的。周天子是魏王的君，魏王是公叔痤的君，公叔痤是商鞅的君，商鞅是公叔痤的臣。所以“先君后臣”是一种“先公后私”的价值排序。公叔痤的做法在当时的价值观念下，很合理。

商鞅拒绝逃跑。他说：“大王既然不听你的话重用我，又岂会听你的话杀我?”（彼王不能用君之言任臣，又安能用君之言杀臣乎?）什么意思？公叔痤的话在魏王那里根本没有分量吗？当然不是。

商鞅的逻辑是：你劝大王重用我，又劝大王杀我，看似截然相反，底层逻辑只有一个——我是奇才。大王拒绝重用我，那就表明他不相信你的底层逻辑，不相信我有奇才。既然他不相信我有奇才，又岂会杀我？

从这个回答可以看出：第一，商鞅的反应敏捷；第二，商鞅的逻辑强大；第三，商鞅的胆魄过人，是一个勇于冒险的人。

公叔痤死后，商鞅从容地待在魏国，验证了自己的判断，这才打听国际各方的高端人才招聘信息。公元前362年，在西方的秦国，有个叫嬴渠梁的年轻人即位，才二十一岁。次年，他发布了一道求贤令，开出惊人的条件，挖各国的墙脚。

魏王暮气沉沉，一心求稳。只有年轻人才能欣赏年轻人。那就去西方吧。

嬴渠梁迫不及待

秦孝公嬴渠梁，在《史记》中的出场很隆重。

清人钱大昕说：“读古人的书，要找到一部书的‘义例’。”[②] 所谓“义例”，可以理解为作者的写作习惯。发现、理解写作习惯，可以从只言片语中读出更多的信息。《史记》中有一个“义例”：如果忽然开始描述国际形势，那就表明有影响历史的大人物要出场了。孔子、孟子、秦始皇，都享受了这个待遇。秦孝公则是春秋战国君主中的特例。

---

① 当然这种“绝对”也是逐渐演化的结果。汉魏晋时期，仍有“二重君主”观念，很多人将自己的恩公或直接效忠的对象看作“君”。

② 《潜研堂文集》卷十一《答问》：“读古人书，先须寻其义例。”

《史记》中说："秦孝公即位这一年，在山东有六大强国。与秦孝公并立的君主是：齐威王、楚宣王、魏惠王、燕悼公、韩哀侯、赵成侯。淮水、泗水之间有十多个小国。魏、楚两大强国与秦接壤，并且修筑了强大的防御工事。周王室已经衰微，诸侯凭实力说话，互相兼并。秦国僻处西北，一向不参与中原事务。中原国家也把秦国当作边陲的蛮夷，十分轻视。"① 这段话透露了几个信息：第一，天下形成了六大强国的基本格局，而且它们的国君个个都不是省油的灯，尤其齐威王和魏惠王，几乎是战国君主的天花板；第二，淮泗之间倒还有一群小国可供兼并，可惜你秦国够不着；第三，拦在你东进道路上的是强悍的魏国和楚国；第四，秦国毫无国际地位可言，根本是视野之外的野蛮人，他们不带你玩。

惨淡的开局。

《史记·秦本纪》中还有一句意味深长的话："二十四年，献公卒，子孝公立，年已二十一岁矣。"翻译成大白话就是：秦献公做了二十四年君主，去世。他的儿子秦孝公即位，年纪已经二十一岁了。如果让我写《史记》，我会写：这一年，秦孝公才二十一岁。二十一岁，作为一个国家的政治领袖，非常年轻。那么《史记》为什么要用"年已……岁矣"的语气呢？这不是司马迁的语气，这是秦孝公的心态。他眼睁睁地看着山东六国变法图强，眼睁睁地看着天下势力范围逐渐敲定，而秦国却偏居一隅混吃等死浪费宝贵的时间。他心急如焚，实在等不及了。

终于轮到我出场了吗？秦孝公心想，我都已经二十一岁了！

现代的历史叙事，为了强调商鞅变法的革命意义，往往把秦孝公之前的秦史说得一团漆黑。平心而论，秦孝公的父亲秦献公时代就已经有了复兴的迹象。秦献公曾两次击败魏国，有力地提升了秦国的国际地位。

秦献公也厉害，但是秦孝公更明白利害。他知道，秦献公的崛起带有偶然性，极大依赖领袖个人的素质与魅力。人存政举，人亡政息，缺乏可持续性。他观察山东各国的崛起，发现变法才是提升国力的灵丹妙药。所以他即

① 《史记·秦本纪》："孝公元年，河山以东强国六，与齐威、楚宣、魏惠、燕悼、韩哀、赵成侯并。淮泗之间小国十余。楚、魏与秦接界。魏筑长城，自郑滨洛以北，有上郡。楚自汉中，南有巴、黔中。周室微，诸侯力政，争相并。秦僻在雍州，不与中国诸侯之会盟，夷翟遇之。"

位之初就下发求贤令："无论外国人，还是本国人，谁能出一个奇计，让秦国迅速强大，我就让他做最尊贵的官，裂土以封！"①

这道求贤令有两点值得关注：

第一，秦孝公下了多大的决心！一个国家命运的改变，就从这一个决心开始。

第二，秦孝公急于求成。他想要的不是正道，而是奇计。他不想走康庄大道，他想抄近路、走捷径，三步并作两步，跑步赶上魏国、齐国这样的一流诸侯国。

有这样的奇计吗？有的。但是天下没有免费的午餐，正道有正道的缺点，奇计也有奇计的代价。

孔子说："善人为邦百年，亦可以胜残去杀矣。"品质良善的君主，统治一百年，才能实现仁政。稳扎稳打，这是正道，正道的缺点是慢。秦孝公想用十年时间，走完别人一百年才能走完的路，不是没有可能，但要付出代价。弯道超车，速度越快，代价越高。什么代价？且看历史的发展。

今有非常之事，以待非常之人。秦国缺一个强国的"奇计"，魏国正好多一位变法的"奇才"。

商鞅嗅到巨大的机会，将魏国甩在身后，毅然西行入秦。

---

① 《史记·秦本纪》："宾客群臣有能出奇计强秦者，吾且尊官，与之分土。"

第二章　抉择

目标正义与路径不正义

秦孝公的求贤令一颁布，应该有很多人才抱着简历，跑到秦国排队等候面试。但商鞅没有。商鞅选择了效率最高的面试方式。秦国有个宦官叫景监，[①] 备受孝公的宠爱。《史记》中说商鞅“因孝公宠臣景监，以求见孝公”。“因”是凭借、通过的意思。怎么个凭借法？商鞅与景监非亲非故，可想而知应该是动之以利益，简言之就是贿赂。

金钱的效果立竿见影，商鞅获得了一次面试的机会，与秦孝公对面而坐。且让我们按下暂停键，说一说商鞅“因”景监求见这件事。

《商君列传》中结尾的“太史公曰”，几乎全是差评。其中一大原因就是“所因由嬖臣”，即“通过宠幸小人求见”。该传中借秦国一位隐士赵良批评商鞅，说他的一大缺点是“凭借宠幸小人景监为主人”。[②] 唐人司马贞在该传结尾有一篇四十字的“述赞”（即韵文的评语），开头八个字就是“卫鞅入秦，景监是因”。几乎可以说，在秦人赵良、汉人司马迁、唐人司马贞眼中，通过景监求见，是商鞅的原罪。

为什么？要理解这一点，不妨先读一段《孟子》。

孟子认为，如果有诸侯能任用他，超越齐桓公、管仲那样的事业简直易

---

① 电视剧《大秦帝国》中的景监不是宦官，作为小说也许另有角色塑造方面的考虑。但历史上的景监应该是宦官。证据当然不是“景监”的“监”是太监，而是司马迁的《报任安书》。该文中说“刑余之人”为世人所不齿，列举了三个例子，其中一例就是“商鞅因景监见，赵良寒心”。

② 《史记·商君列传》：“今君之见秦王也，因嬖人景监以为主，非所以为名也。”

如反掌。有一位弟子陈代就请教孟子："老师，一旦有哪位诸侯任用您，大可以王，小可以霸。而现在的问题，就是您端着架子，不肯主动上门兜售。诸侯也端着架子，不肯屈尊登门拜访。这样僵着，总不是个事儿。要不这样，您放下架子，先求任用。一旦得到任用，再施展您的志向，大展宏图，岂不是一个变通的办法？"陈代为了说服老师，还引用了一句古语，叫作"枉尺而直寻"。一寻等于八尺。退一尺，进八尺，咱还赚了七尺呢，不吃亏，很划算。

孟子严词拒绝。他说：第一，我枉的不是一尺，而是"道"。第二，我枉的不是一尺，而是"我"。我要以王道匡扶君主，前提是自己立身要正。我自己先不正义，却以大义要求他人，你觉得可能吗？[①]

路径不正义，可能实现正义的目标吗？

为了正义，可以不择手段吗？

孟子认为答案是否定的，所以他主张游说大人物时，要有独立的姿态，居高临下地教育对方。[②] 游说的成败并不重要，重要的是绝不能舍己从人，绝不能枉道从君。所以他一辈子碰壁，只能退而著书立说。

韩非认为答案是肯定的，所以他主张游说大人物时，一定要想君主之所想、急君主之所急，甚至在君主还没有想到的时候，就替他把话说出来。奴颜婢膝、曲意逢迎，获得了君主的绝对信任，到时候再一展志向。[③] 不要说"枉尺直寻"，就算"枉寻直尺"也是可以的。所以，韩非迅速得到秦王政的接见与任用，也迅速遭到李斯等人的排挤，最后入狱而死。

商鞅的时代与孟子相近，取向则与韩非相亲。商鞅并不忌讳凭借景监，因为法家的主张如果不能作用于现实，那就是废纸一张；商鞅也不计身后美誉恶名，如何打动眼前这位年轻的君王，才是更务实的考虑。

---

① 《孟子·滕文公下》。

② 《孟子·尽心下》："说大人，则藐之，勿视其巍巍然。"

③ 《韩非子·说难》。按：以《说难》篇与《孟子》的"说大人"一章对读，可以体会儒法两家的根本分歧。

给你四个选择

剧情继续推进。秦孝公接见商鞅，二人相对而坐。秦孝公问，先生有何赐教？商鞅说，我要献给您的是“帝道”。

帝道，实际上是道家的学说。“帝”是道家的理想君王类型。在遥远的上古，相传有五位杰出的君王，分别是黄帝、颛顼、帝喾、尧、舜，史称“五帝”。五帝的统治术是“因任无为”——放任天地社会的自身规律（也就是“道”）发挥作用，君主什么都不要做。唯一需要做的，就是去除天地之道运行的阻碍，恢复社会的自治功能。帝道学说，默认人为了活着，是会自利的；社会有自我治理、自我修复的功能。政治应当辅助社会自治，而不是取社会而代之，强加干预。所以，在“帝道”之下，理想的社会就是《击壤歌》中所唱的：“日出而作，日落而息，帝力于我何有哉?”这也就是《老子》第十七章中所说的：“最高明的治理，百姓不知道统治者的存在；次一等，百姓爱戴歌颂统治者；次一等，百姓畏惧统治者；最次，百姓受到统治者的侮辱。治理好了，百姓却说：‘都是我们老百姓自己努力的结果，和那个君主有什么关系?’这就是最理想的治理了。”①

商鞅讲“帝道”，秦孝公的反应是“时时睡，弗听”，最近工作压力太大了，借你讲废话、说大道理的工夫，抓紧时间打个瞌睡，根本没有听。面试结束，商鞅出来。秦孝公要追究推荐人的责任，将景监叫进去一顿臭骂：“子之客妄人耳，安足用哉!”意思是你的眼光太差了，你推荐的这个人是个“妄人”。什么叫“妄人”?《管子·山至数》中说：“不通于轻重，谓之妄言。”不知轻重，不理解现实情况，完全照搬理想模式，照搬书本，这就叫“妄人”。这种人，绝不是我秦国变法图强所需的人才，鉴定完毕。

景监挨骂，回头就找商鞅问，你怎么回事?你给大王说什么了?商鞅说，我给大王最优解——“帝道”。不过大王不“开悟”罢了。（其志不开悟耳）

---

① 《老子》第十七章：“太上，不知有之；其次，亲而誉之；其次，畏之；其次，侮之。……功成事遂，百姓皆谓：‘我自然。’”按：这四个层次，恰好可以对应商鞅的帝、王、霸、强。

这句话很有意思。商鞅姿态很高：我是指点迷津的大师，奈何施主执迷不悟。罢罢罢，我下降一个维度吧。

第二天，秦孝公和商鞅又坐在了一起。商鞅这次献上的是“王道”。“王”是儒家理想派的理想君主类型。《孟子》云：“以德行仁者王。”“王道”就是以君主的德行为基础，由近及远、推而广之，形成覆盖天下的仁政。夏禹、商汤、周文王、周武王，是“王道”的典型代表，即历史叙事中的所谓“三王”——夏商周三代的王。

秦孝公这次没睡着。他问：用王道取天下，得多长时间？商鞅说：一两百年吧。秦孝公说：“太久，我等不及。我要在活着的时候就威震天下。怎么能等一百年去成就什么帝道、王道呢？你走吧。”①

商鞅走后，秦孝公再次责备景监，但是没有发怒。景监回头又迁怒于商鞅。商鞅说：“我给大王次优解——‘王道’，大王没能‘入’。我再降低一个维度吧。”

第三天，秦孝公又和商鞅坐在了一起。秦孝公心想：这景监怎么回事儿？最近没别人了吗？怎么老是这个人？商鞅说：大王，我这次要给您献上的是“霸道”。秦孝公眼睛一亮：霸道，听这名字就很霸道！

“霸”是儒家务实派的理想君主类型。②《孟子》云：“以力假仁者霸。”他们的口号是“尊王攘夷”：我们是周天子的代理人，我们要组织中原各国共同抵抗外来侵略。谁不听我的，我就打谁。用军事力量，维持礼法秩序，实际上是维护自己的霸主地位。

秦孝公听完“霸道”，欲火焚身、心痒难当，觉得很不错，就是感觉还不够给力，还不够直接，还有一点隔靴搔痒。他问商鞅：你能不能再给力一点，再直接一点，捅破最后一层窗户纸，挠到我的痒处？商鞅说：没问题，

---

① 《史记·商君列传》：“久远，吾不能待。且贤君者，各及其身显名天下，安能邑邑待数十百年以成帝王乎？”

② 儒家理想派是瞧不上“五霸”的，如《孟子》就公开宣称：“仲尼之徒，无道桓文之事者。”桓文，就是齐桓公、晋文公，是五霸的代表人物。实际上孔子本人经常谈论五霸之事，还给齐桓公以“正而不谲”的高度评价，以“仁”赞许管仲的事业，《春秋》的内容“其事则齐桓晋文”。《春秋公羊传》可以看作儒家务实派的代表，其中对齐桓、晋文的霸业采取“实与名不与”的态度，也就是名义上不认可，实际上认可。这是基于特定历史条件的折中。

请您再给我一次面试机会。

第四天，秦孝公和商鞅再一次相对而坐。商鞅不紧不慢地说：这次我给您献上的，是“强国之术”。强国之术，《荀子》也称之为“强道”①，其实就是新兴的法家学说。具体内容，留待后文讨论。

这一次面试，秦孝公越聊越高兴，“不自知膝之前于席也”。先秦没有椅子，每人一块席子，跪在席上。秦孝公越听越兴奋，情不自禁膝盖一点一点地往商鞅那边挪动。两人距离越来越近，差点挨一块儿去了。“语数日不厌”，一聊聊了好几天，秦孝公仍然谈兴甚浓。

商鞅出来后，景监非常纳闷，赶紧凑上去问：“子何以中吾君？吾君之欢甚也！”你戳中了我们大王的哪个点？我们大王好兴奋啊！商鞅说：我给大王讲了强国之术，秦国要大国崛起了。但他又发了一句感叹：“然亦难以比德于殷周矣！”但是秦国，或者将来的秦朝，恐怕难以和商朝、周朝相比了！

秦朝哪里比不上殷、周？

美誉度比不上。夏商周合称“三代”，是中国历史上的理想国，是黄金时代。秦朝则被贬低为虎狼之秦，是反面教材。

更直观的，国祚比不上。殷商绵延六百载，周朝享国八百年，秦朝十五年，二世而亡。

商鞅为秦孝公提供四个选项，秦孝公选择 D 选项。早在这个时候，商鞅就预言了秦朝的命运。神不神？

这个故事，是真的吗？

奇计的代价

这个故事尽管记载在《史记》中，我们还是应当问一句：是真的吗？

真实性不高。

你可以合上书本想一想：这个故事的思想立场是什么？儒家？道家？法

---

① 《荀子·王制》。

家？抑或其他？

法家可以首先排除。故事中执着于变法图强的秦孝公，是“不开悟”的迷津者，是只顾眼前、不顾长远的急性子，段位很低。

商鞅的段位要高得多。他心目中最理想的治国之术是帝王之道，他的原初目标是“说君以帝王之道比三代”，可惜秦孝公执迷不悟，听不进去。他只好降格以进霸、强之道。最后，他以遗憾的口吻，作出秦朝“难以比德于殷周”的预言。这显然是站在帝王之道的思想立场，对霸、强之道的理论批判。司马迁也信不过这个故事。司马迁在传末的评论中说：“商鞅，是天性刻薄之人。据说他想让秦孝公采纳帝王之道，不过是兜售当时流行的理论罢了。这不符合他的本质。”①

所以，这个故事应当是持道家和儒家（尤其是道家）立场的人编排在商鞅身上的，史料价值不可高估。他们想借商鞅之口，批判秦制。

故事是假的，何必花这么大的笔墨去讲？

我觉得《史记》写下这个故事，意味深长，蕴含着丰富的法理内涵，不仅反映了战国时代流行的四种政治理论，还体现出汉朝人对秦朝灭亡的反思。请思考一个问题：从帝道，到王道，到霸道，再到强道，是历史的进步还是堕落？

从技术层面而言，国家力量越来越强大，政权组织形式越来越复杂，这是历史的进步。但是，从伦理层面来讲，化用《老子》的一句话：“失道而后德，失德而后礼，失礼而后刑，失刑而后兵。”② 从帝道的“道”，到王道的“德”，到霸道的“礼”，再到强道的“刑”和“兵”，这是历史的堕落。

越堕落，反而见效越快？正是如此。世间之事，大抵如此。打个比方，有学生参加英语考级：帝王之道，扩大英语读物的阅读量，找老外练口语听力；霸道，刷历年考试真题，报培训班，琢磨考试技巧；强道，买枪手替考。越堕落，见效越快，但是副作用也越大。

古人云：“图王不成，弊犹足霸；图霸不成，弊将如何？”现在秦孝公连

① 《史记·商君列传》：“商君，其天资刻薄人也。迹其欲干孝公以帝王术，挟持浮说，非其质矣。”

② 《老子》原文是：“失道而后德，失德而后仁，失仁而后义，失义而后礼。”

“图霸”的耐心都没有。他为了让秦国迅速强大，选择了最进步，同时也最堕落的“强道”。当下来看，秦国可以反转剧情、统一天下，这是奇计的效果；长远来看，秦朝二世而亡，“难以比德于殷周”，这是奇计的代价。

奥地利作家茨威格有句名言，套在此时的秦孝公身上，也很贴切：“他现在还太年轻，不知道命运给他的每一样馈赠，都早已暗中标定了价码。”①

① 语出《断头王后》，原文是“她”。

第三章　前奏

故事与反转

秦孝公决定任用商鞅，以“强道”改造秦国。经过两年的筹备，公元前359年，变法的各项法令草案都已成熟。正式颁布之前，《史记》讲了一个“徙木立信”的故事：

> 令既具，未布，恐民之不信。已乃立三丈之木于国都市南门，募民有能徙置北门者，予十金。民怪之，莫敢徙。复曰“能徙者予五十金”。有一人徙之，辄予五十金，以明不欺。卒下令。

简单解释一下：变法的草案都已准备齐全，还没有公布。这时，商鞅考虑到一个问题，担心民众“不信”。他在国都市场的南门口竖了一根三丈高的木头，下悬赏令：谁能把这根木头从南门扛到北门，赏赐十金。老百姓的反应居然是“怪之，莫敢徙”——感到非常奇怪，没有人敢上去扛这根木头。

他们在奇怪什么？为什么这么简单的一件事情（徙木），居然开出这么高的赏格（十金）？估计有诈，观望一下。

换言之，如果此时开出的赏格是二三十个铜钱，也许有不少人愿意挣这份力气钱；开出“十金”的巨额赏赐，反倒没人敢去扛这根木头。

商鞅的反应是：你们已经很惊讶了，我要让你们的惊讶增加五倍——赏赐五十金！

终于有个人豁出去了，决定一试。商鞅当场赏赐了这个人五十金，以表明这不是一场骗局。可想而知，当此人领到五十金的悬赏时，围观人群中一定充斥着羡慕、惊愕、悔恨、期盼、跃跃欲试……商鞅这才不失时机地将事先准备好的一系列变法方案公布下去。

“令既具”是这个故事的第一句，“卒下令”是最后一句。“徙木”只是表象，“下令”才是真相。

“徙木立信”的故事流传很广，常用来说明“诚信”的道理。不过，从历史故事中汲取教训，并不像人们以为的那么容易。让我们将故事的解读，推进到第二层。

《史记》中讲完徙木立信、商鞅变法，很快就写了下面的故事：

> 使卫鞅将而伐魏。魏使公子卬将而击之。军既相距，卫鞅遗魏将公子卬书曰：“吾始与公子驩，今俱为两国将，不忍相攻。可与公子面相见，盟，乐饮而罢兵，以安秦魏。”魏公子卬以为然。会盟已，饮，而卫鞅伏甲士而袭虏魏公子卬，因攻其军，尽破之以归秦。

秦国因商鞅变法，迅速强大，开始挑战魏国的霸主地位。魏国也不怵，派大将公子卬统率大军，抵抗商鞅。两军对垒，大战一触即发。商鞅跳槽秦国之前，曾在魏国工作，与公子卬算是老相识。他就给公子卬写了一封信，信上说：“我过去与公子交情甚好，如今再次见面，却已是两国之将，即将兵戎相见。说实话，我很不忍心。不如与公子私下见一面，利用你我二人之私谊，将两国结为盟国，再与公子好好喝两杯叙叙旧，回去各自退兵，化干戈为玉帛，不知公子意下如何？”公子卬信以为真，孤身前来会盟。二人签完盟书，搁在一边，移席饮酒。正喝得高兴，商鞅突然变脸，帐后杀出无数甲兵，将公子卬当场拿下。商鞅这才趁此机会，进攻魏军。仗还没打，魏国的三军统帅已经被对方活捉。魏军顿时群龙无首，大败亏输。商鞅带着俘虏公子卬凯旋。

诚信吗？

这个故事里唯一讲诚信的人就是公子卬，兴冲冲地来喝酒，结果反被活捉了。商鞅和他背后的秦国，盟约墨迹未干，反手就能撕掉，毫无诚信可言。可是，讲诚信的人失败了，不讲诚信的人却成功了。如果说，“徙木立信”的道理是“诚信”，那么这个故事告诉我们什么呢？更重要的是，同一篇

《商君列传》，讲的道理却互相矛盾，怎么办？

史书的缝隙，正是读者最佳的思考空间。

剥离“古”与“今”

同一部史书的两个故事出现裂缝，有两种可能：一，（至少）其中一个故事是假的；二，（至少）其中一个故事的解释是错的。先考虑第二种，看是否可能调整其中一个故事的解释，使得两个故事可以在新的层面获得统一。

例如俘虏公子卬的故事，是军事领域，兵不厌诈；徙木立信的故事，是政治领域，为政以德。外战，对待军事敌人，当然没有必要讲仁义道德；内政，对待国内民众，当然应该讲诚信。

这个解释合理吗？我们姑且搁置一些疑点。① 至少，经过对“徙木立信”解释的微调（将“诚信”限制在内政领域），两个故事再次取得统一，我们对历史的认知似乎也推进到了一个新的层次。

接下来该引入第三则史料了。《商君书》一般被认为是商鞅写的书。即便不是他本人所写，也是商鞅学派的作品，其中许多篇章形成于《史记》之前，甚至是《商君列传》的重要取材来源。《商君书·靳令》说：

> 六虱：曰礼乐，曰诗书，曰修善，曰孝弟，曰诚信，曰贞廉，曰仁义，曰非兵，曰羞战。有六虱，必弱。②

一个国家有六大害虫，叫作“六虱”。哪个国家犯了“六虱”，一定变弱。其中一个就是“诚信”。换言之，商鞅并不认为国家需要诚信。恰恰相反，国家不应该讲诚信，讲诚信的国家会变弱。他可没有区分对国内民众还是对军事敌人讲诚信，总之，诚信是害虫。

糟糕，刚才好不容易推进的一点点历史认知，又崩塌了。

---

① 例如：“兵不厌诈”是兵家学说，“为政以德”是儒家理论，而商鞅，后世一般归类为法家人物。这三者是否可以和谐统一，这是有疑问的。通读《商君书》可以发现，商鞅对“为政以德”是嗤之以鼻的。

② 一个可能的疑问是：这里数下来似乎有九个，而非六个。关于这一点有不同的解释。其中一种认为“六”是概数，不必坐实。中国古代，三、六、九都有概数的功能。

这就是阅读历史的功用与乐趣。在互相反对的史料夹缝之中，砥砺前行。史料都是磨刀石，不妨弃之如敝屣。我们的智慧之刃在史料的砥砺之下，越磨越利，这才是读史之用。

插一句题外话，其实不仅法家，先秦诸子都不会奉“诚信”为圭臬。随手举几个例子。兵家不必说了，“兵以诈立”，军事立足的基础就是“诈”。道家的《庄子》曾讲过一个故事：尾生和一位女子相约于桥下见面。女子没来，洪水来了。尾生坚守誓言，死死抱住桥柱子不肯离开，活活淹死。[①] 这是在挖苦“诚信”。儒家的《论语》，记录了一句孔子的名言：“言必信，行必果。”这句话经常被今人用来教育小孩：做人要诚信。可是不要忘了，还有后半句：“硁硁然小人哉!”合起来，意思是：说出的话一定要做到，做事一定要坚持到底，这样的人就是呆头呆脑的小人。这样的人是“小人”，什么样的人才是“大人”呢?《孟子》说得更清楚：“大人者，言不必信，行不必果，惟义所在。”[②] 如果诚信与更高位阶的价值产生冲突，那就不必讲诚信。

这样说，不是为了翻案。儒家也有“仁义礼智信”的五常理论，就算最主张“诈”的兵家也将“信”列为“为将五德”之一。看反面材料，不是为了从黑洗到白，从白抹到黑，而是为了提升对复杂度的辨识能力。历史与现实都是复杂的，简单的是人的头脑。

《商君书》也说过“信”的好话：“国之所以治者三：一曰法，二曰信，三曰权。”同一部书中，“信”一眨眼就从“弱国六虱”变成“治国三宝”了？读书请仔细。《商君书·靳令》认为“诚信”让国家变弱，《商君书·修权》认为“信”可以让国家走向治理。结论只能是：《商君书》中的“信”不等于“诚信”。

经过以上艰苦的阅读，我们终于做到了一点：在同一个语词外壳之下，将古人的观念与今人的观念剥离开来。这是读史的基本功夫。如果认为随手翻翻史书，就能“读史明智”，就能“以史为鉴”，就能“古为今用”，那只能说：您开心就好。

---

① 《庄子·盗跖》：“尾生与女子期于梁下。女子不来，水至不去。尾生抱柱而死。”

② 《孟子·离娄下》。

做完了剥离的工作，接下来让我们将刚刚得到的《商君书》中的“信”放到显微镜下，看看它的原形。

诈术建立的诚信

《商君书·修权》解释：“民信其赏则事功成，信其刑则奸无端。”信，既不是某个人要诚信，也不是政府要守信，而是民众对政府的无条件信服。民众信服政府的激励制度，就能立下功劳；民众信服政府的惩罚制度，就不敢作奸犯科。

问：这是对民众的要求，还是对君主的要求？

答：当然是君主。既然民众对政府的“信”如此重要，乃至于构成良好制度能否起作用的关键，那么君主就必须想方设法地“取信于民”。怎么取？方法有很多。儒家行的是正道，类似于打造诚信政府，见效慢。商鞅用的是奇计，用“徙木立信”的办法，一天之内就取得了民众的信任。建设诚信政府、提升公信力不可能这么快。说穿了，“徙木立信”是权谋，是诈术。

法家的手段针对人性。《商君书·错法》说：“好恶者，赏罚之本也。夫人情好爵禄而恶刑罚，人君设二者以御民之志，而立所欲焉。”好恶，就是人性。人性是建立制度的根本。人都喜欢奖励，厌恶刑罚。君主只要玩弄好这两手，就能驾驭民众如同御马，可以办成任何想做的事情。办法很原始，也很有效：赏，罚。

用赏还是用罚？

初来乍到，实权未立，用罚难以奏效，必须先行赏。行赏要达到两个效果：第一，赏一个人，要使一国的人都看到希望；第二，赏一件事，要让民众愿意做一切事。这就必须用到“术”了。

商鞅想到的办法是“徙木立信”。他故意给出一个离谱的承诺：扛一根木头，可以获得五十金的赏赐。民众的心理是：这么离谱的承诺，不可能兑现吧？商鞅兑现了，传递的信息是：政府的任何承诺，只要说了，就算数；还有一个隐含的暗示：其他命令，照着做，也有赏赐。第二个效果实现了。

赏赐要起到“赏一人而劝一国”的效果，必须赏最底层的人。一个普通民众扛走木头，拿走赏金，人人都觉得自己有机会。第一个效果也实现了。

“信”，通过“诈术”，转瞬之间就建起来了。读史应当见微知著，举一反三。①

赏完了，该罚了。

王子犯法，与庶民同罪

变法开展一年，民众陆续反应过来——上当受骗了。商鞅实施的法令，与秦国的习俗差异太大，变法成本主要由民众买单。他们不想买单，他们决定抗法。好几千人跑到国都发表抗议，给政府施加压力。

怎么罚？几千人一块处理？必将引发民变。商鞅初来乍到，徙木立信是施惠，还没来得及立威。没有立威就行罚，其罚“不信”，只会激发更广泛更强有力的抵触。最好的办法是故技重施：用“术”。罚一个人，能令一国之人畏惧。

就在这时，太子送货上门了。他犯了个法。

商鞅立刻逮住良机。他说：“法之不行，自上犯之。”法律为什么推行不下去？因为上面有人顶风作案。依照法律，太子应该处以肉刑，也就是去除肉体的一部分，可能是切鼻子、断脚之类。但是，太子是君主的继承人，不能施加肉刑；如果施加肉刑，就等于剥夺继承权，另立太子。所以商鞅采取了一个变通的办法。他将太子的两位老师抓起来：一位公子虔，处以肉刑；一位公孙贾，处以黥刑。再一看那几千个闹事的人，“千山鸟飞绝，万径人踪灭”，早已跑得无影无踪。

十年之后，变法获得显著成效。当初抗法的人再次跑到国都，称赞商鞅。此时商鞅羽翼已丰，立足已稳。他说：当初反对变法，也是你们；如今赞成变法，又是你们。国家法律哪里轮得到你们来说三道四？便把这些人统统发配边疆，给予迟到的惩罚。

---

① 正文对“徙木立信”的分析，基于《史记》文本，只能到此为止。但是从史料层面而言，“徙木立信”富有戏剧性，可信度也不能高估。参见胡适：《吴起偾表之令与商鞅徙木之令》，载《胡适遗稿及秘藏书信》第五册，黄山书社 1994 年版，第 99—101 页。

这个故事，就是民间俗语“王子犯法，与庶民同罪”的来源，似乎可以与西方刑法原则的“法律面前人人平等”接轨。当然，用现代刑法的平等原则回看这个故事，还是有一点令人不满意：王子还是搞特殊了呀。为什么王子犯法，处罚的却是他的老师呢？为什么不直接处罚他本人呢？由此可见，中国古代的法治做得再好，归根结底还是人治。

这个思路是错误的，陷于时代错误。以现代的法律原则要求先秦的司法活动，等于关公战秦琼。如果这一点还不足以令人心服，那么更要紧的是：在本案中，王子犯法，分明没有与庶民同罪。同样抗法不遵，王子受到了严厉的制裁，几千庶民却没有被追究。这是法律面前人人平等吗？这分明是“法不责众”。

按照现代法治的原则，法律是否应当责众？当然应该。法律一旦制定颁行，一个人犯法，制裁一个人；一千个人犯法，制裁一千个人。即便立法不合理，修改之前，司法必须责众。

商鞅采取的办法不是“法律面前人人平等”，而是“法不责众”“杀一儆百”。“法不责众”“杀一儆百”都是“术”，不是“法”。处罚太子，不是法律自动运行的结果，而是商鞅政治考量的结果。

在中国古代，法律与政治是无法切割的。一部法律颁行之初，人们都在观望，看司法的尺度究竟在哪里。如果大理寺制裁的最高级别是县令，司法工作者就明白：县令以下是司法问题，县令以上是政治问题。如果制裁的最高级别是郡守，那么郡守以下是司法问题，郡守以上是政治问题。打击的最高级别，彰显的是中央贯彻法令的决心，民众读取到的则是司法与政治的分野和尺度。

现在商鞅选择的打击对象是太子，这就意味着太子以上是政治问题，太子以下统统都是司法问题。从表象而言，与现代法治貌合；从真相而言，与现代法治神离。

立法者的心术

“貌合”就好了，何必追究“神离”不“神离”呢？

不，这一点非常重要。“神”是立法者的心术。心术不正，后患无穷。不妨先简单预告一下“徙木立信”这个小小“奇计”的代价。《史记评林》引用明人罗洪先的一段评论，可谓鞭辟入里。他说：

> 商鞅欲售其富强吞并之术，恐惊骇而不之信，非议而不之从，于是行不测之赏，诱之于先；用不测之刑，驱之于后。移其耳目，夺其心志，然后驱之战斗则死敌，驱之弑父与君则不敢违。厥后扶苏闻诏赐死，不敢自白；赵高指鹿为马，廷无间言：皆徙木之所致也。

商鞅想要推销他的强国之术，害怕民众不相信、不服从，于是先用一个民众根本无法抵抗的奖励在前面引诱；等大多数人都像驴子一样，被永远够不着的胡萝卜牵着走时，再用严厉的刑罚在后面驱赶。反复训练之后，民众的耳目失灵，意志统一，简而言之就是洗脑完毕。这样一群耕战之士，让他们打仗，他们前赴后继、九死未悔，因为有巨额的赏赐；让他们违法，他们畏缩后退、坚决不敢，因为有严酷的刑罚。简而言之，他们放弃了自己的思考能力，完全跟着法令与政策的指挥棒翩翩起舞。

商鞅变法，就培养出这样一种法律文化。收获是战斗力极强，横扫六国如卷席。代价是什么？罗洪先举了两个例子。

其一，秦始皇死后，李斯、赵高篡改遗诏，改立胡亥，命令太子扶苏自杀。当时太子扶苏可不是软禁宗人府的废太子，他正手握数十万雄兵，北驻长城，手下有秦国最能作战的将领蒙恬。可是扶苏接到诏书，二话不说，抹脖子自杀。服从就完事儿了，不要多思考。这叫“扶苏闻诏赐死，不敢自白”。

其二，宦官赵高专政，牵了一头鹿上殿，宣称这是马，谁赞成？谁反对？大多数人都噤声不敢说真话。这叫“赵高指鹿为马，廷无间言”。

为什么一纸诏书、一个宦官，有这么强大的威力？“皆徙木之所致也”，始作俑者正是商鞅的徙木立信。徙木立信告诉你：政府下的命令再离谱，你也要遵守，不要多思考。

徙木立信是小“奇计”，商鞅变法是大“奇计”。前奏刚刚结束，正戏开演。

第四章　变法

秦国强在哪里

历史不介意剧透，那就提前透露一下大结局：商鞅变法一百多年后，秦国吞并六国，统一天下，建立秦王朝。战国七雄，各有各的强。论繁荣富饶，秦国不如齐国；论地大物博，秦国不如楚国；论武器装备，秦国不如韩、魏；论骑马射箭，秦国不如燕、赵。

那么，秦国能够战胜六国，核心竞争力是什么？

是军事理论吗？恐怕不是。先秦是兵家辈出的时代，也是兵学经典陆续结集的时代。兵家与兵学，六国远比秦国发达。《太公兵法》《孙子兵法》《孙膑兵法》《司马法》……这些如雷贯耳的经典，都是齐国兵学的瑰宝。《吴子》《尉缭子》则是魏国兵学的结晶。翻遍《汉书·艺文志·兵书略》，秦国只有两部兵书，分别是跨界的《公孙鞅》（也就是商鞅）和名不见经传的《繇叙》。[①] 秦国名将辈出，但是几乎没有军事理论家，只会实战。

是军事科技吗？恐怕也未必。战国七雄中最弱小的韩国，就是一个军工业强国，不仅掌握天下的铁矿产地，而且利用其得天独厚的资源优势打造出最具科技含量的近战与远程武器，“天下强弓劲弩皆从韩出”，[②] 号称“劲韩”。[③] 另一个相对弱小的燕国，军队武器也几乎都用铁器。更令人惊讶的是，燕国已经发明出用乳钉标记的刻度望山（相当于后世狙击步枪的瞄准

① 先秦诸国的兵学比较，参见李零：《兵以诈立：我读〈孙子〉》，中华书局2012年版，第7—11页。

② 《史记·苏秦张仪列传》。

③ 参见《韩非子·存韩》《定法》两篇。

仪），精密度与科学性均高于汉代出土的刻度望山。[①] 而目前发现的秦国弩机瞄准仪，都是没有刻度的，精确性无法与之相比。再如赵国经过赵武灵王胡服骑射的军事改革，建立起一支强大的骑兵部队，机动灵活，远程打击能力强，堪称当时的高科技作战队伍。而出土的秦国兵器，仍以铜器为主。在冷兵器时代，铁器对铜器的优势毋庸置疑。

在战国时代，秦国与山东六国，是野蛮与文明的对抗。这个野蛮，不仅是果于杀戮的残暴，也是科技与文化的全方面落后。那么，为什么一个野蛮的国度最终完成统一大业，将以文明自诩的列国踏在脚下？不妨看看当时人的解释。

战国末年，大儒荀子曾经对列国的军事作战能力做过一个比较研究。他重点比较了齐国的“技击”、魏国的“武卒”、秦国的“锐士”三种军事力量。

齐国军人崇尚武术，个个都是武林高手。齐国规定：杀一个人头，领一笔赏金。齐国的军队就好像现代军事领域的雇佣兵，完全为了利益而作战。对于雇佣兵而言，命是最要紧的。命没了，钱就没了；留得青山在，不怕没柴烧。这样的军队欺软怕硬。见到弱小的敌人，就像见到尸体的秃鹫，一拥而上。但是雇佣兵不能打硬仗。见到强大的敌人，立刻作鸟兽散。这是齐国“技击”部队（技击就是武术的意思）的特点，单兵作战能力强，合起来却是一盘散沙。

魏国军人强调身体素质与武器装备。“武卒”军队的准入机制可谓严苛：身穿肩甲、胸甲、背甲全套重型装甲，手持拉力两百多斤的强弩，背着装满五十支箭的箭囊，再背上长兵器戈，腰挎短兵器剑，戴着头盔，携带三天的干粮，在这样超重负荷的情况下，半天之内急行军一百里。达到以上条件，才能入选“武卒”部队。武卒的编制是终身制的。一旦入选，军户可以终身免税，还分配优良的土地和住宅，福利优厚。但是，魏国“武卒”也有致命的弱点：素质再强的军人，巅峰状态也就那么几年。所以魏国如此优厚的福利条件，养的大多是过了巅峰状态的老兵，军费开销巨大。要想改

① 徐占勇：《燕下都弩机独特瞄准装置的探讨》，《文物春秋》2014年第5期。

革吧，一定会遭到广大既得利益老兵的抵制，困难重重。“武卒”这支笨重的装甲部队，像一个巨大的肿瘤，赘附在魏国身上，成为难以割除的隐痛。

秦国政府首先断绝了民众的一切生路。不允许经商，不允许开旅馆，不允许搞学问，不允许游说……想要生存，只有一条路——耕地；想要发家致富，只有一条路——打仗。民众被堵到耕战这一条狭路上来，在前面用巨额赏赐勾引，在后面用严酷刑罚驱赶。所以秦国军队的战斗力最强，战斗欲望最盛。

荀子最后下结论：齐国的“技击”，打不过魏国的“武卒”；魏国的“武卒”，打不过秦国的“锐士”。[①]

答案已经再明显不过。秦国的“锐士”之锐，靠的不是技术，而是制度。

技术容易学，没有统治者会对学习先进技术心存抵触。技术的时间差很短。赵国胡服骑射，秦国也可以胡服骑射。战国后期，秦国已经建立起规模不亚于赵国的骑兵部队。但是制度不容易学。赵国要想学习秦国的制度，阻力重重。战国后期的长平之战，秦赵两国在前线对垒。秦王源源不断地往前线输送兵员、粮食，最后把全国十五岁以上的男性全部送上前线，以六十多万人的压倒性优势彻底击垮了赵国。如此强大的动员能力，靠的就是商鞅变法确立的制度。

只有一个立法权威

商鞅前后两次变法，历时十几年，千头万绪，归纳总结就是四个关键词。

关键词一，改法为律。

先秦的法律，名称很杂。有的叫刑，比如夏朝的禹刑，商朝的汤刑，周朝的九刑、吕刑；有的叫法，比如魏国的《法经》。所谓“改法为律”，就是

① 《荀子·议兵》。

将各种名称的法律，统一定名为“律”。听上去像是一个无足轻重的文字游戏，实则不然。要理解“改法为律”的意义，必须首先进入古人的观念世界，了解“律”的原始意义。

古人认为，天地间的万事万物，大多是相对的。有高才有矮，有大才有小，有前才有后……相对之中，有无绝对？有。有一种古老的方法，可以从大自然中将绝对的规律提取出来。

晋人司马彪《续汉书·律历志》记载：像套娃一样造三重房屋，每一重都门窗紧闭，连缝隙都不能留。在最内的一重房屋里，用层层叠叠的帐幔围成一个小小的密闭空间。在这个密闭空间内，将十二支白玉律管（有孔的竖笛）插入土地。长短不齐的一端深入地下，另一端与地表齐平。① 再向律管内填充一种最轻的固体——葭灰。蒹葭，即芦苇。折断一支芦苇，会发现是空心的，苇管的内壁贴着一层透明的薄膜。将薄膜烧成灰，就是“葭灰”。接下来，只需要等待一个特殊的时刻——冬至。

冬至那一天，太阳直射南回归线，理论上讲，是北半球阴气最盛的时间，也就是“纯阴”。但几乎同时，太阳开始往北方移动，是阳气滋生的起点。这叫“冬至一阳生”，一股阳气从地心深处往上透。初生的阳气非常微弱，很难捕捉。但在古人用密闭的房屋、帐幔营造的环境之中，没有任何气息。稍有风吹草动，轻浮的葭灰便能立刻灵敏地感受到。所以冬至一阳生，阳气向上升腾，葭灰就从最长那根律管中喷出。这支律管能够发出的声音被记录下来，这就是十二律的第一个音——黄钟。从冬至往下，每到一个节气，十二律管就会依次感应，一直到夏至一阴生，外面的阴气往里倒灌，才提取不到。这十二律，或者其中的六个阳律（奇数位置的律），古人相信是大自然的声音，是“天地之中声”，是万事万物的绝对标准。②

《史记·律书》有云：“王者制事立法，物度轨则，一禀于六律，六律为

① 插入地下这一步，是结合《晋书·律历志》的记载。

② 这种“律管吹灰候气法”，虽然在汉晋时期才见于记载，但起源应该相当古老。早在新石器时代的遗址中，就已经发现了用禽类腿骨制作的律管。参见冯时：《中国天文考古学》，中国社会科学出版社 2010 年版，第 261—269 页。

万事根本焉。”君主要制定法律，一定要以“律”为标准，“律”是万事万物的总根源。这话听起来有点玄乎，以现代用语表述：古人相信，“律”可以与一切物理单位相互换算，是“物法”的准则；而物理单位，与人的生活息息相关，所以“律”又是一切“人法”的准则。例如管径不变的情况下，频率与管长是有确定的相关关系的。可以依据音高，求出确定的管长，这就是长度单位——度。长度与管径确定，管内容积也确定，这就是体积单位——量。确定体积的小米，质量基本稳定，这就是重量单位——衡。律度量衡，是基本的物理单位，在汉代分别由太常、廷尉、大行、大司农掌管，从而应用于礼乐、律令、外交、民政，这就是人事制度。①

简而言之，“律”就是法律的法律，是衡量其他一切规则是否有效的最高准则。商鞅“改法为律”，究竟是要干什么呢？这就必须要理解周代的“法”。

一个人要不要守法？这个问题去问周代人，是无效的。他只会反问：守哪个法？周天子的法律，并不普遍适用于普天之下的每一寸王土、每一个王人。这是秦汉大一统以后的理想境况。一个人应当遵守何种法律，关键看他处于何种共同体中。周王直辖领土的国民，遵守王法。齐国自有齐国的法，楚国自有楚国的法。一个诸侯国之下，又分封出若干宗法共同体，各有其应当遵守的家法。周王可能制定法律约束齐侯，但不会为齐侯的臣民（齐国人）制定法律。所以，像今天这样由国家统一颁布、统一适用的法律，在周代并不存在。封建体制之下，法律也是高度分化的。

商鞅改法为律，把法律直接定名为“律”，就是为了确立国法至高无上的地位，把立法权收归国有。更直接来讲，周制之下，每个共同体的领袖都有权立法；秦制之下，全天下只有一个人能立法，那就是秦的君主。《说文解字》段玉裁注：“律者，所以范天下之不一而归于一。”律，就是要把天下五花八门、乱七八糟的东西，都规范起来，形成统一的标准。这个标准谁说了算？君主。

---

① 《汉书·律历志》。

《说文解字》对“律”的解释很简单：“律，均布也。”律，就是平均分布。什么东西平均分布呢？人。拿今天的法学用语来讲，就是律的面前，人人平等。而律又是君主制定的，君主可以站在律之上。所以替换过来，就是君主高高在上，君主之下人人平等。

这就引出了第二个关键词：编户齐民。

君主之下，人人平等

编户，登记户口，编制户籍；齐民，人人平等，所有臣民都平均分布在君主之下、法律之下。

在政治上，一个人也许是丞相，也许是郡守，也许是庶民，地位不平等；但是在法律上，每个人都是君主的臣民，都要交税，都要服役。你叫李四也好，叫李斯也好，都只是户口簿上的一个名字，没有区别。

平等，好吗？

现代人的政治观念中，“平等”似乎与“民主”相联系。如果是这样，那么法国思想家孟德斯鸠的观点就值得参考。他说：在一个君主政体中，有一种“中间力量”在制衡君主的权力，防止一个政体出现暴君。这种中间力量就是贵族。在这个前提下，他有一句至理名言：

> 请把君主政体中的贵族、僧侣、显贵人物和都市的特权废除吧！你马上就会得到一个平民政治的国家，或是一个专制的国家。①

平民国家与专制国家，似乎是两个极端，却借由同一措施而来。这个措施，就是废除贵族特权，取消权力的不平等。下面不妨列一个表格，以简洁的方式对比周制与秦制。②

---

① ［法］孟德斯鸠：《论法的精神》，张雁深译，商务印书馆 1963 年版，第 16 页。

② 这种对比只能是简单而粗糙的。周制的阶层分类，大体参照《孟子·万章下》：“天子一位，公一位，侯一位，伯一位，子男同一位，凡五等也。君一位，卿一位，大夫一位，上士一位，中士一位，下士一位，凡六等。”

周制	秦制
天子	天子
诸侯	
卿	
大夫	
士	
庶人	黔首
奴隶	刑徒

从上表中不难看出：第一，秦制去除了周制的“中间阶层”；第二，周制之中，天子与诸侯的地位相去不远，两者在某种意义上都是“君”，而秦制之中只有一个“君”；第三，秦制的专制程度比周制大大加强。

周制之下，国人有流放君主的能力，诸侯有对抗天子的能力，世卿有废立诸侯的能力。《孟子》说：“与国君同一家族的贵戚之卿，有这样的权力：国君犯了错误，世卿劝谏；反复劝谏，国君不听，世卿就可以废掉国君，另立一位。”①

《商君书》中的一段话，则鲜明地表达了君主之下、法律面前，人人平等的意思：“法律面前，没有等级可言。无论卿相、将军，还是大夫、庶人，胆敢违反王令、冒犯国禁、变乱上制，一律处死，绝不宽赦。”②

两相对比，从“君主政体”到“专制政体”，一目了然。

为什么周制之下，各级“中间阶层”会有这样大的力量？周天子甘心于受中间力量的制衡吗？当然不。权力的制衡，靠的不是制度设计，而是社会势力。周制之下，人与人之间具有大量依附隶属的关系。甲隶属于乙，甲就是乙的臣仆，乙就是甲的君长。层层隶属的结果，形成了规模巨大的“家”。《孟子》说：“万乘之国，弑其君者，必千乘之家；千乘之国，弑其君者，必百乘之家。”在周制之下，形成了拥有巨大武力的家族，它们能够维持一千

① 《孟子·万章下》：王曰：“请问贵戚之卿。”曰：“君有大过则谏。反覆之而不听，则易位。”

② 《商君书·赏刑》：“所谓‘壹刑’者，刑无等级。自卿相、将军以至大夫、庶人，有不从王令、犯国禁、乱上制者，罪死不赦。”

辆战车或一百辆战车的武装部队。在这样的体制之下，国君行事自然不得不有相当的顾忌，不敢肆意妄为。《孟子》说：“治理国家并不困难，不要得罪那些大家族（巨室）就好了。”①

与孟子几乎同时代的商鞅，偏偏就要得罪这些“巨室”，或者说——分解“巨室”。《商君书》有一条贯彻始终的思想红线：除了“国君—臣民”关系之外，解除一切人身隶属关系。子女要从家长的约束下解放出来，奴隶要从主人的约束下解放出来，雇工要从雇主的约束下解放出来……举一个例子：周制之下，每户人家只有一个人直接听命于君主，那就是户主（家长）。户主是国君的臣，同时也是其他家庭成员的“君”。其他家庭成员的生杀予夺，权力都操在户主手中。所以家庭成员只对户主负责，不对君主负责；只知有家，不知有国。每户要出一名户成员，参与国家的战争、徭役，这个人一般是嫡长子，也就是未来的户主继承人。

现在，让我们建立一个虚拟模型，算一笔账：一个周制之下的诸侯国，有一万户，每户十个男子，也就是十万人。但是，每户只有一个人（嫡长子）能为国君所用，从而登记在国家户口之上。换言之，这个诸侯国在籍人口只有一万人，其他九万人都是家长控制的黑户。

商鞅变法，则要求另外九万人也都登记造册，成为国家掌握数据、可以直接控制的“编户齐民”，与嫡长子一样平等参与战争、徭役。这样一来，秦制之下的国家就能控制十万人，动员能力是周制的十倍。②

为了达到这个目的，商鞅采取了几个配套措施，例如“分户令”。他下令：“一户人家有两名以上成年男丁，必须分立两个户口。如果不分立，每个人头加倍征收赋税。”③ 这样一来，过去周制之下能够维持一百辆战车的大家族，就分崩离析为以一名成年男子为核心的小家庭。每个家庭也就不可能与国家对抗，只能在法令划定的轨道上乖乖前进。

---

① 《孟子·离娄上》：“为政不难，不得罪于巨室。”

② 《商君书·垦令》：“均出余子之使令，以世使之，又高其解舍，令有甬官食，概。不可以辟役，而大官未可必得也，则余子不游事人，则必农。”“余子”，就是嫡长子之外的儿子。“余子”的制度史意义，杜正胜有非常精彩的解释。杜正胜：《编户齐民：传统政治社会结构之形成》，联经出版事业公司 2018 年版，第 50—51 页。

③ 《史记·商君列传》：“民有二男以上不分异者，倍其赋。”

这样的转型，当然会以牺牲家庭伦理为代价。现代人总会觉得古人特别讲究"孝道"，好像古人的道德水准比现代人高。其实人性与道德是稳定的，变化的是社会与制度造就的利益格局。周制之下，家长对子女有生杀予夺的权力，子女当然对家长俯首帖耳。秦制之下，父子分家另过。原本子隶属于父的关系，现在变成两个平等主体，共同隶属于国家。父亲相对于子女的权威，自然也就荡然无存。

汉人贾谊描述商鞅变法之后的秦国风俗时说："借个锄头给父亲，脸上就得意扬扬；母亲来讨一副畚箕扫帚，就冷嘲热讽。婆婆与儿媳之间相处不开心，就反唇相讥。"① 这种风俗的"堕落"，其实正是制度变迁的后果。

悬在君主手中的县

关键词三，郡县什伍。

经过"编户齐民"，全国数百万（将来秦朝是数千万）人口突然从原先大大小小的共同体中解脱出来，直接隶属于君主。君主一个人，以当时的技术条件，怎么管辖如此庞大的人口呢？这就必须依靠"郡县什伍"的制度。

先说"什伍"。

伍，五个户编制成一个小网格，设一名"伍长"；什，十个户（两个伍）编制成一个大网格，设一名"什长"。这就叫什伍。

什伍并不稀奇。周代就有类似于"五家为比，十家为联；五人为伍，十人为联"的基层组织模式。② 所以元人马端临说："秦的什伍制度，与周制是一样的。"③ 什伍制度在秦国确立，也不是商鞅的功劳。秦献公时代，就已经向山东各国初步引进了什伍制度。④

商鞅变法，只在历史悠久的什伍制度基础上加了一个小小的零件——连

① 《治安策》："借父耰鉏，虑有德色；母取箕帚，立而谇语。抱哺其子，与公并倨；妇姑不相说，则反唇而相稽。"

② 《周礼·地官司徒》。按：《周礼》的成书时代可能在战国，但其中保留了不少古制。

③ 《文献通考》卷十二《职役考》："按秦人所行什伍之法，与成周一也。"

④ 《史记·秦始皇本纪》："（献公）十年，为户籍相伍。"

坐：一户人家违法犯罪，其余五户有检举揭发（告奸）的义务。告奸者，与战士斩敌首级领取同等奖励。不告奸者，腰斩。不但不告奸，还主动协助罪犯掩盖罪行的，全家处死。①

此外，什伍制度还与军队编制紧密挂钩。《商君书》说：每个伍出的五名士兵，在战场上也编制成一个战斗小队，用特殊的徽号加以识别。如果战斗小队中有任何人逃亡，基层组织的“伍”就要负连带的责任，该户成员要被诛杀。②

不要小看这个小小的改动。正是这个改动，使得原本温情脉脉的田园牧歌，一下子变成了杀机四伏的黑暗丛林。不妨看一组对比图。西汉的《韩诗外传》描述的第一幅画面是周代的：

> 八户人家围绕一口水井，形成一个小小的村落。有人出去耕田，邻居帮忙看家；有人生病，邻居帮忙照顾；有了好吃好喝的，叫上邻居一起来吃；有哪户人家的姑娘该出嫁了，邻居们一起帮忙参谋谁家的小伙子般配；打猎钓鱼有收获，叫邻居来分。邻里关系和睦亲密，八户人家其乐融融。③

第二幅画面描述的是秦汉的，整体色调立刻冷酷黯淡下来：

> 如今情况变了，强制要求邻居们互相检举揭发。原本和睦亲密的邻里关系，顿时仇怨丛生，互相残杀。④

不可否认，这些事后描述多少带有理想化的儒家色彩。但是以理推之，应当是成立的。原本的自治单位，如今转变成监察网格。以前出现纠纷，可以在自治体内部寻求社会权威（老人、族长之类）解决；如今出现纠纷，不

---

① 《史记·商君列传》：“令民为什伍，而相牧司连坐。不告奸者腰斩，告奸者与斩敌首同赏，匿奸者与降敌同罚。”

② 《商君书·画策》：“失法离令，若死，我死。乡治之。……行间之治，连以五，辨之以章，束之以令。”

③ 《韩诗外传》：“古者八家而井田……八家相保，出入更守，疾病相忧，患难相救，有无相贷，饮食相召，嫁娶相谋，渔猎分得，仁恩施行，是以其民和亲而相好。”

④ 《韩诗外传》：“今或不然，令民相伍，有罪相伺，有刑相举，使构造怨仇，而民相残，伤和睦之心，贼仁恩，害士化，所和者寡，欲败者多，于仁道泯焉。”

得不仰求上级机关的裁判。什伍之上的乡、里，一般不具备裁决狱讼的功能。现在，让我们将目光移向什伍制度的更上层——县。

县，本义是“悬”的意思。周制之下，国家领土扩张，新占领了一块土地，一般做法是分封给某位功臣、贵族，作为封邑。有时候暂时没有合适的分封人选，那就暂时“悬挂”在国君手中，派一名长官暂时管理。这种“悬挂”在国君手中的直辖土地，就叫“县”；临时管理的长官，就叫“县长”（或“县令”）。

直辖县相比起封邑，有一个非常现实的好处。国家对外作战，向封邑要一点钱粮、兵员，非常困难，必须讨价还价。但是国君如果动用自己的直辖县的资源，那就很便利，一道命令就可以了。封邑的所有权归封君所有。理论上讲，国君无权向封君索要超出规定额度的资源，封君也不舍得割肉为国、毁家纾难。县就不一样了。县是国君的私属领地，一切资源归国君所有。国君向县令讨要资源，县令一定会照办。反正不是县令的肉，割起来一点都不疼。而且割得越多，反而显出县令的能干，何乐而不为?

周制之下，不同的封邑实行不同的法律。每个共同体的制度，都是该共同体领袖颁布的。而秦制之下，县的法律由国君统一颁行。秦朝统一之后，东方的县与西方的县，可能相去万里，但却共享着统一的律令。这叫“百县之治一形”。①

商鞅变法，将全国整合成四十一个县②，基本取消了封邑。在后来的兼并战争中，秦国又在县之上设立了郡，任命郡守管理。县令听命于郡守，郡守听命于中央。郡守、县令由朝廷任免，能者居上，不搞世袭。郡县制度，让秦朝牢牢地控制住了全国每一寸土地。举一个例子，真正体会一下郡县制的控制力。

在今天的湖南湘西有一座古镇里耶，即便在交通发达的现代社会，仍然是一个偏远的世外桃源。但就是在这个地方，2002 年出土了三万多枚秦简。秦简显示，早在两千多年前，秦朝就已经在这里设置了迁陵县，迁陵县隶属

---

① 《商君书·垦令》。

② 《史记·商君列传》说是三十一县。应当以《秦本纪》为准。

洞庭郡，洞庭郡直属中央。秦朝通过郡县制对此地实现了有效控制。控制到什么程度呢？里耶秦简中有一块木牍，是皇帝直接发出的。木牍记载，以前皇帝的“皇”字，上面写的是自，现在一律改为白。木牍还说，以前大家对猪的叫法各不相同，各地有各地的方言，现在必须统一，一律叫“彘”。[①] 里耶在汉代以后，一直都是鞭长莫及的偏远地区，天高皇帝远，只能委托当地民族自治，中央施行羁縻政策。在二十世纪以前，很少有哪个政权能对里耶进行有效控制，唯有秦朝做到了。秦朝不仅从这里源源不断地采矿、纳粮、收税、征兵，而且连怎么称呼“猪”都要管，郡县制的效率由此可见一斑。

秦国当年与赵国决战长平，正是靠郡县制的威力，最大限度动员起全国十五岁以上的所有男性和无穷无尽的粮食，输送到前线，最终击垮了赵国。

杀人机器的养成

关键词四，军功爵制。

军功爵制，是秦制最锋利的矛头。简单说，就是四个字——计首授爵，按照从战场上斩杀的人头数，授予相应的爵位。但是这样一个矛头，必须依靠许多配套制度，才能发挥完全的功效。

秦国人与六国人都是人，没有本质差异。为什么六国人描述中的秦人，却是冷酷的战争机器、狂热的杀人狂魔？杀人机器究竟是怎样养成的？

第一步，禁绝一切获利晋升途径，将民众逼到“耕战”的窄路上去。用《商君书》的话说，这叫“利出一孔”，所有利益都从“耕战”这个窄小的孔洞出来。这里自然会吸引绝大多数趋利的人。

第二步，将一切物质待遇、政治地位，都与战功挂钩。为此，商鞅编制了十七等爵，后来在秦汉时代形成二十等爵。爵位并不稀奇，周代就有公侯伯子男的五等爵制。但周爵主要靠血缘获取，父亲是侯爵，嫡长子自然而然继承侯爵。秦爵则主要靠军功获取，即便国君的子孙也不例外。所以秦爵也被称为“军功爵”。每一等爵位，与规定数量的田地、住宅、奴隶、服饰相

① 陈伟：《里耶秦简牍校释》，武汉大学出版社2012年版，第155—160页。

挂钩。就算再有钱，没有爵位，就不能享受物质待遇。如果自己购买，就会构成僭越之罪，追究刑事责任。有钱没用，只能打仗。

第三步，以战杀力，计首授爵。有了前两步铺垫，秦人对战争的渴望已经培养出来了，战斗力已经抟聚起来了。《商君书》强调：能把国力抟聚起来，也要能把国力消耗掉。能够抟聚国力，却不懂消耗国力，巨大的战斗欲望无法得到满足，就会爆发内乱。只有用兼并战争，将国内的战斗力转移对外，才能强大。[①] 战争打完，拿回来一个人头，授予一级爵位。所以秦军打仗，杀戮很重，几十万几十万地杀，根本不留活口。山东六国以“虎狼之秦”称呼秦军，就是军功爵制在起作用。在此不妨引用几段时人的描述，看看秦军令人生畏的作战风格。

《战国策》记载张仪的描述：

> 山东六国的士兵打仗，穿着厚重的铠甲，戴着坚固的头盔。秦国士兵作战，脱下铠甲，光着膀子冲入敌阵，左手提着人头，右手挟着俘虏。[②]

再看《商君书》的描述：

> 民众听说要打仗，就好像饿狼见了肉。出征之前，父亲送别儿子、兄长送别弟弟、妻子送别丈夫，都只有一句话：“拿不到人头，别回来！”又交代：“千万不要犯法，不要当逃兵。一旦当了逃兵，你会被杀，我也会被杀。就算你成功脱逃，也无法落户！”[③]

秦国用制度养成的杀人机器，千载之下，犹有遗存。秦兵马俑中有一支特殊的部队，不穿铠甲，只穿布衣，手持近身格斗的兵器。据专家推测，这

---

① 《商君书·说民》：“民之所欲万，而利之所出一。民非一则无以致欲，故作一。作一则力抟，力抟则强；强而用，重强。故能生力，能杀力，曰‘攻敌之国’，必强。”这段话将“利出一孔”“抟力”“杀力”的道理讲得很清楚。

② 《战国策·韩策一》：“山东之士被甲蒙胄而会战，秦人捐甲徒裼以趋敌，左挈人头，右挟生虏。”

③ 《商君书·画策》：“民之见战也，如饿狼之见肉，则民用矣。……强国之民，父遗其子，兄遗其弟，妻遗其夫，皆曰：‘不得，无返！’又曰：‘失法离令，若死，我死。乡治之。行间无所逃，迁徙无所入。’”

是一支敢死队，类似于《商君书》中所谓的“陷队之士”。从兵马俑身上，不难想象秦军当年“捐甲徒裎以趋敌”的疯狂与勇悍。

秦国就是用这样的血肉之躯冲锋陷阵，令高科技装备的六国军队闻风丧胆。制度与技术的对决，胜负判然。

商鞅变法，改法为律提高君主权威，编户齐民降低臣民身份，郡县制度控制已有领土，军功爵制摧毁六国军队，从而建立起一套战时法制，建立起绝对的君主专制。这就是秦法的奥秘。秦法，在战时展现出无与伦比的破坏力，以摧枯拉朽之势横扫六国，统一了天下。秦法，在统一之后的和平年代，也展现出无与伦比的破坏力，从内部摧毁了不可一世的大秦帝国。

不过，在讲秦法反噬其身、摧毁大秦帝国之前，不妨先谈一谈商鞅“作法自毙”的结局。

外一则　恐怖的旅店

《商君书·垦令》是商鞅变法的一篇草案，罗列了二十条“重农”的措施。其中第八条规定很古怪：

原文：废逆旅，则奸伪、躁心、私交、疑农之民不行。逆旅之民无所于食，则必农。农，则草必垦矣。

意译：关停所有的旅馆，那么奸恶、浮躁、拉帮结派、影响农活的人就没有生存空间了。旅馆的从业人员一旦失业，没有饭吃，一定会老老实实种地。他们参与耕种，那么一定可以大幅开垦荒地。

这条规定有两点值得注意：

第一，逆旅收纳的多是“奸伪、躁心、私交、疑农之民”。

第二，逆旅的经营人员数量庞大。因为逆旅一旦关停，他们参与生产，居然可以使田地获得大幅的开垦。为什么经营旅店，需要这么多人？为什么旅店的从业人员成分那么糟糕，以“奸伪、躁心、私交、疑农之民”为主？

逆旅，在文学中是一个诗意的名词。李白的名句“天地者，万物之逆旅也；光阴者，百代之过客也”，尤其给人以美好的想象。为什么《商君书》

中的“逆旅”却盘踞着数量庞大的不法分子，沦为藏污纳垢之所？这一异样的感觉令人敏感：“逆旅”一词也许是一个隐藏的入口，有助于我们进入一个不一样的春秋战国，从一个小小的切口观察“商鞅变法”这一宏大的历史进程。

1975年出土的《睡虎地秦墓竹简》是战国后期的简牍，其中附了两条魏律，可以为我们解开谜团。第一条是魏国的《户律》，是魏王对相国发布的告示。魏王说：

原文：民或弃邑居野，入人孤寡，徼人妇女，非邦之故也。自今以来，假门逆旅，赘婿后父，勿令为户，勿予田宇。

意译：有的老百姓，不肯老老实实住在城里，却住到野外去，抢掠人口、抢夺妇女，这样可不行。从今往后，逆旅一律不得成立户口，不得给予田地和房屋。

第二条是《奔命律》，是魏王对将军发布的告示。魏王说：

原文：假门逆旅，赘婿后父，或率民不作，不治室屋，寡人弗欲。且杀之，不忍其宗族昆弟。今遣从军，将军勿恤视。

意译：逆旅常常带领一群人不参与劳动。我想杀了他们，又不忍心杀那么多人。干脆派到你手下当兵，你不用对他们太好。

由此可见：逆旅中寄宿着很多“亡命之徒”。亡，逃亡，脱离；命，通“名”，名籍，户籍文书。“亡命之徒”是从城市逃跑出去的、脱离（亡）了户籍（命）的人，也就是俗话说的“黑户口”。他们不参与生产劳动，对国家没有贡献，却作奸犯科、抢掠人口。逆旅，就是这些黑户口盘踞的窝点。

《左传·僖公二年》中说：“虢为不道，保于逆旅，以侵敝邑之南鄙。”（虢国为非作歹，盘踞于旅馆，侵略我们的南部边疆。）逆旅居然可以构成虢国向晋国发动军事侵略的桥头堡，可见具有强大的军事功能。这和逆旅的地理位置有关。

在魏户律中，出现了一组对立的地域概念：“邑”和“野”。邑，就是筑有城墙的居民区。野，就是城墙之外无边无际的野地。大体来讲，邑相当于欧洲中世纪的城堡或村庄；野相当于欧洲中世纪强人出没的森林。逆旅是供长途旅行之人临时寄宿的，要想做生意，必须设置在两个城邑的中间地带，至少距离最近的城邑有一天的路程。换言之，逆旅位于国家控制力最薄弱的地方。

亚里士多德曾说："城邦之外，非神即兽。"春秋时期的城邦之外，也是如此。在城与城之间的"野"，是戎狄、盗贼、野兽出没的地方，生活艰苦，可以参考电影《无人区》中的情节。逆旅得不到国家军事力量的保护，要想在这样艰苦的地方生存下来，没有私人武力做保障，是难以想象的。虽然缺乏记载，但可以推测：第一，逆旅有军事防御的工事，至少可以抵御小股敌人的进攻；第二，逆旅为大批亡命之徒提供衣食庇护，交易条件就是亡命之徒保卫逆旅。

到了汉武帝大一统的时期，还可以看到类似的黑店。《汉武故事》中说：汉武帝微服出行，带了二十个人、七八匹马，晚上住在一家逆旅。旅店主人说："你这么大块头，不好好种地，为什么深夜带着这么多人，还拿着剑来这里？我估计你要么是盗贼，要么是淫贼！"汉武帝想求口水喝，店主人冷笑道："喝水？喝尿吧你！"说完，转身进里间去了。汉武帝偷窥，发现店主人在里间聚集了十几个"少年"，都拿着"弓矢刀剑"，想要袭击他们。

《汉武故事》可能是小说家言，却反映了当时人对于"逆旅"的印象。这种印象，给这个带有传奇色彩的故事提供了合理化的场景：第一，僻居野外的逆旅主人对于盗贼司空见惯，非常警惕；第二，逆旅有常备的武装力量，有信心拿下"长大多力"且带着二十名剑士的汉武帝。

西晋初年，经过汉末三国长达百年的割据，逆旅又重新兴起，成为强大的地方武装力量。《晋书·潘岳传》中说："当时的逆旅，经营商业，废弃农事，藏匿了许多奸淫之人、亡命之徒，败坏法律。朝廷想要废除逆旅，换成官营的旅店，让老头、小孩、贫困户看守。"（时以逆旅逐末废农，奸淫亡命，多所依凑，败乱法度，敕当除之。十里一官樆，使老小贫户守之。）晋武帝想要废除逆旅，重点是两条理由：第一，逆旅不从事生产；第二，逆旅藏污纳垢，败坏法律。这与商鞅的考虑如出一辙。他想到让"老小贫户"看守官营旅店，也是想防止逆旅武装力量的坐大。

正是这种逆旅，才能成为《左传》中虢国盘踞进攻晋国的桥头堡，也才成为商鞅变法必须铲除的毒瘤。

为此，大帅哥潘岳专门写了一篇《上客舍议》，坚决反对废除逆旅。他针对逆旅藏污纳垢、败坏法律的问题，说：

原文：诸劫盗皆起于迥绝，止乎人众。十里萧条，则奸轨生心；连陌接馆，则寇情震慑。且闻声有救，已发有追，不救有罪，不追有戮，禁暴捕亡，恒有司存。凡此皆客舍之益，而官橘之所乏也。

意译：盗贼起于人迹罕至的旷野，避开人口繁多的市井。逆旅如果带动周边经济发展、人口集聚，非但不会招来盗贼，还能抵御盗贼呢。何况，逆旅发现盗贼，就会互相救援，见盗贼逃跑就会追杀。而国法规定了，如果逆旅不互相救援就有罪，不追杀盗贼就有刑。这样一来，逆旅就可以起到地方治安的效果了。这些都是逆旅的功能，可不是老头、小孩、贫困户看守的官营旅店能取代的啊！

潘岳虽然陈述的都是逆旅的好处，但从这篇文章，我们也不难看出逆旅强大的武力与地方控制力。事情的结果是，朝廷听从了潘岳的建议，没有废除逆旅。到了唐宋时代，随着国家控制能力的进一步增强，“逆旅”终于成为客居怀乡的文艺题材，成为李白等一众诗人笔下的宠儿，而渐渐脱离了先秦两汉时代的强悍而恐怖的面貌。时至今日，旅馆、酒店反而是渐渐能给人安全感的地方，尽管“奸淫”的古早意味仍有遗存。

回到商鞅变法的历史场景。在荒郊野外收容亡命之徒、具有私人武装的逆旅，被商鞅强令关停，意味着政府权力的无远弗届。经过几十年的改造，当商鞅沦为通缉犯，想要逃亡出关时，一度试图寄宿旅店。旅店老板却不敢收容这名秦律所针对的“亡命之徒”，而提出要查验、登记身份证。至此，逆旅已从法外之地，改造为国家的耳目爪牙。秦制之下，国家的控制能力早已令周制望尘莫及。

第五章　自毙

真假“太子犯法”

公元前340年，商鞅统领大军进攻魏国。魏国派公子卬抵抗。商鞅略施小计，俘虏公子卬，大破魏军。魏国不得已，割让吴起当年镇守的河西之地，迁都以避秦国的锋芒。魏惠王感叹：“我悔不听公叔痤之言！”不知他是后悔没听公叔痤的话重用商鞅，还是后悔没有杀死商鞅呢？

这一战，标志着魏国霸主地位的陨落，也奠定了商鞅的名将地位。《荀子·议兵》精选四位战国名将，商鞅是其中之一。此战过后，秦孝公封商鞅为彻侯，居十七等爵的最高一等。他实现了当年“吾且尊官，与之分土”的承诺，将十五个城池封给商鞅。这十五个城池的首府叫“商”。正是从这一年开始，卫国人公孙鞅正式被历史称为“商君”或“商鞅”。他的人生达到了顶峰，距离最终败亡，只剩短短两年。

商鞅为什么败亡？先看《史记》讲的故事。商鞅首次变法的一年后，太子犯法。商鞅严格执法，将太子的老师公子虔处以肉刑，公孙贾处以黥刑。秦孝公十六年（前346年），公子虔再次犯法，被实施劓刑，割去鼻子。公元前338年，秦孝公去世，太子即位，这就是历史上的秦惠文王。

秦惠文王牢记当年的仇，对商鞅切齿痛恨。商鞅变法之中，最大的受损者是秦国宗室。他们本来可以凭借血缘关系，获取封邑，坐享其成，如今却必须到战场上真刀真枪搏功名。宗室的领袖人物，正是两次挨刀的公子虔。他立刻出头诬告商鞅谋反。秦惠文王一听，正中下怀，正好公报私仇，便发兵捉拿商鞅。

这个故事的前因后果完备，戏剧性很强，在历史上传讲了两千多年。但是，这是真的吗？

大家应该还记得，孝公即位的当年只有二十一岁。商鞅变法在孝公三年（前359年），当时秦孝公二十三岁。

这一年违法犯罪的太子多少岁呢？

古人结婚早。说秦孝公十五岁结婚，儿子已经八岁，也有可能。八岁的孩子，在战国时代，或许也能犯罪了。那么再看一条史料。《史记·秦本纪》记载："三年，王冠。"惠文王三年（前335年），他行了冠礼。所谓冠礼，也就是成年礼。所谓"二十弱冠"，一般是二十岁行冠礼。公元前335年秦惠文王才成年，公元前358年他应该多少岁？他可能违法犯罪吗？[①]

其实秦惠文王的年龄有明确的记载。今本《史记·秦始皇本纪》的末尾，附有一种秦历代国君系年。这份系年说：惠文王十九岁即位。如果以此为准，那惠文王行冠礼是在二十一岁，这个年龄是可信的。以此推算，秦惠文王应当生于公元前356年。

问题来了，商鞅第一次变法是公元前359年。一年后，太子犯法，两位老师惨遭肉刑。这一年，太子还没出生呢。《史记·秦本纪》与《史记·商君列传》矛盾了，该信谁？

从《史记》的体例来讲，本纪的史料价值高于列传；从史料运用的一般规则来讲，"不经意的史料"价值高于"经意的史料"。《商君列传》记载的故事，戏剧性强，反而可疑；《秦本纪》中惠文王的"行冠礼"，《秦始皇本纪》附录的秦历代君主系年，纯属资料的罗列，缺乏作伪动机，更为可信。

不妨再做一个折中。《商君列传》中记载公子虔两次受刑，第一次是在秦孝公四年初次变法的时候，受的什么刑，没说；第二次是在秦孝公十六年，受的是劓刑。这显然是将一个事件分拆记录于两处。分拆的动机，是为了增强商鞅首次变法的波折与戏剧性。所以，公子虔受劓刑，在历史上应该实有其事。这一年，太子十一岁，有违法犯罪的条件。但是公子虔究竟是不是因为太子而受罚，不清楚，也并不重要。

---

① 最早质疑太子年龄问题的是钱穆《先秦诸子系年》七三《商鞅考》。不过该文对时间的计算有不少疏漏，而且没有注意到秦惠文王的实际生年。本文是对该文的补正。

以上这笔算术账很枯燥，可能把人看晕了。但是，这是探索历史真相的前提。如果历史上未必有“太子犯法”，则商鞅究竟因何而死？

当途者商鞅的逃亡

《战国策》保存了《史记》之外的一桩宫廷秘辛：秦孝公临终之前，打算把国君之位传给商鞅。商鞅不敢接受。①

这是真的吗？

衡之以史实，揆之以情理，有相当的真实性。战国时代，盛行“禅让”理论。在燕国，有一位燕王就将王位传给了自己的宰相。秦孝公是一位非常之人，他深知秦国能有今天，完全是商鞅的功劳。为了保证秦国长治久安，动念将君位禅让给商鞅，这是有可能的。即便不是出自真心，也很可能是收买人心的办法。

但是商鞅谢绝了秦孝公的好意，也等于谢绝了自己的最后一线生机。秦孝公可能是一番好意。但他并不知道，这次未遂的禅让，严重威胁到了另一个人的利益。此人就是当年的太子，后来的秦惠文王。

秦孝公死后，有人立刻向秦惠文王吹风：“权臣一手遮天，国家就危险了。如今秦国的妇孺，都知道商鞅的法律，却没人知道大王的法律。这是商鞅成了君主，而大王反而成了臣子！”② 禅让风波之后，这番话一定说进了惠文王的心坎里。

用《韩非子》的话说，如今的商鞅已经不是当年那个孤穷来投的“智法之士”，而成了横亘在君主与国民之间的“当途之人”。他已经走向了法家理论的反面。商鞅“南面而称寡人”，他的十五个封邑俨然成了国中之国，而秦国的宗室却没有立锥之地，反而还要遭受严刑打击。商鞅也知道自己树敌太多。他每次出门，必定动用十多辆战车的安保力量，车上满载武士，车旁紧随保镖。即便如此，他仍有深入骨髓的不安全感。

---

①《战国策·秦策一》：“孝公行之十八年，疾且不起，欲传商君，辞不受。”

②《战国策·秦策一》：“人说惠王曰：‘大臣太重者，国危……今秦妇人婴儿皆言商君之法，莫言大王之法，是商君反为主，大王更为臣也。’”

秦惠文王即位之后，虽然没有采取任何措施，但商鞅敏锐地察觉到事情正在起变化。据《战国策》记载：他向惠文王请了个长假，回到封邑。在如此敏感的时刻，商鞅居然擅自离开权力核心。他要干什么去呢？故事的后半截，可以在《吕氏春秋》中找到：商鞅带着他的老母亲和亲信，想要逃亡魏国，没有成功。

在这种情况下，也许才发生了《史记·商君列传》中所说的：公子虔得到商鞅向魏国移民的消息，立刻诬告他谋反。秦惠文王发兵抓捕。[①]

商鞅听到这个消息，立刻选择逃亡。他当然知道自己亲手制定的法律的厉害。

末路

将先秦的商鞅之死，对比古希腊的苏格拉底之死，颇耐人寻味。

苏格拉底是雅典的公民。他晚年以亵渎神灵和蛊惑青年的罪名，被判处死刑。在监狱的最后时刻，老朋友克力同想要帮他越狱。苏格拉底严词拒绝。他的理由是这样的：雅典是生我养我的城邦。我在这里生活了七十年，熟知雅典的法律，亲见雅典的立法与行政，而且随时都有迁徙国外的自由，但是我没有这样做。这就表明，我事实上与雅典城邦签订了契约，情愿服从城邦的法令。现在法律判处我死刑，对我不利，我却撒腿就跑，这岂不是践踏先前订立的契约？最后，苏格拉底接过毒酒，坦然饮下，慷慨赴死。[②]

苏格拉底只是雅典的一介公民，而商鞅则是秦国的大立法者。秦国的法律是他亲手订立，而当他听到自己亲手订立的法律将对他不利的时候，第一反应不是拿起法律的武器，捍卫自己的合法权利，而是撒腿就跑。

为什么？

因为他对自己订立的法律毫无信心，或者说太有信心了。他深知：秦国

---

① 商鞅败亡的史事，可参考晁福林：《商鞅史事考》，载氏著《春秋战国史丛考》，苏州大学出版社 2015 年版，第 116—122 页。

② ［古希腊］柏拉图：《游叙弗伦·苏格拉底的申辩·克力同》，严群译，商务印书馆 1983 年版，第 91—113 页。

的法律一旦打算对某个具体的黔首不利的时候，这名黔首就没有合法权利可言，更没有寻求救济的渠道。他就是戴罪之身。

商鞅逃亡的路上，发生了一件事情。他想在一家客馆借宿。客馆主人不知道他是商鞅，向他索要身份证件。商鞅当然拿不出来。客馆主人便说：“这位客官可能是外国人，有所不知。秦国遵行商鞅的法令。商鞅规定：如果不验身份证件，擅自让他人留宿者，一律负刑事责任。”商鞅听到这话，只好一声慨叹：“嗟乎！为法之弊，一至此哉！”他所说的制定法律的弊端究竟是什么？是不应该搞成法律面前人人平等而自断后路吗？是立法太残酷而遭到报应吗？还是法律仍然不够严密而被小人钻了空子呢？无论如何，这声感叹可谓悲凉，亦当为千古立法者鉴。

商鞅再次向邻近的魏国申请政治避难。魏国对公子卬被活捉一事切齿痛恨，严词拒绝。商鞅想穿越魏国，往别的国家逃跑，魏国人认为商鞅是秦国的通缉犯，一旦借道魏国逃亡，秦国如此强大，怪罪下来，如何担待得起？便把商鞅强制遣返。

国外去不成了，商鞅只好跑回自己的封地，当年秦孝公为他留下的避难所，组织起一支私人武装，进行最后的反抗。秦惠文王和公子虔一看，非常高兴：你看，果然谋反了！太好了，给我打！

商鞅尽管是一代名将，但他临时凑集的乌合之众，当然不是他亲手训练出来的秦国正规军的对手。他绝望地看到，对面这支虎狼之师，每个战士的眼中都射出饿狼见肉般的绿光。

一战惨败，商鞅死于乱军之中。秦惠文王没有放过他的尸体。他下令：将商鞅的尸体运送到国都咸阳城，施以车裂之刑，供众人围观！

咸阳，是商鞅亲手打造的新首都，将来会成为整个天下运转的中心。公元前 338 年，就在咸阳城的市政广场之上，这座伟大城市缔造者的尸体静静地躺着，血肉模糊。尸体的手、脚和脖子，分别绑着一根粗大的绳索。绳索的末端，各是一辆骏马拉着的战车。监刑官看看时辰已到，一声令下，五辆马车分别朝着五个不同的方向奋力跑开。这名男子的尸体被撕成五块。在西北阳光的照耀下，断裂的肢体一截一截地兀自滴着血，在地上拖出一个极其刺眼的不规则图形。

这就是商鞅最后的结局。

商鞅死后，他所缔造的秦制却没有消亡。恰恰相反，“二千年之政，秦政也”“百代皆行秦政法”。秦制的生命力远远超出了商鞅的生命长度，在这片古老的土地上，一代又一代地隆隆运转下去。

上篇　秦亡

（前 221—前 206 年）

第六章 皇帝的绝对权力

统一之后

商鞅死后一百一十七年，即公元前221年，秦始皇统一天下。先秦诸子拼命思考的问题，终于解决了。接下来，该做什么？

对这个问题的回答，足以看出先秦诸子的思想生命力。法家思想，无论《商君书》还是《韩非子》，几乎没有考虑统一以后怎么办的问题。纵横家的存在前提，是诸国林立。一旦统一，战国时代最吃香的两大流派就会失去用武之地。所以法家与纵横家喜乱而不喜治。

儒家则长于治。现代人对儒家有误解，觉得《论语》《孟子》都是零碎的语录，不成体系；《诗》《书》《礼》《乐》只是散乱的记录，缺乏理论。中国古代似乎缺乏类似于《理想国》《政治学》这样体大思精的政治学、法学理论。

中国古代有政治学和法学吗？其实不妨换一个问法：在中国古代，政治学、法学以何种形态存在？

先说答案：以历史叙事的形态存在。

儒家学者言必称尧舜、言必称三代。他们谈论的不是历史事实，而是“托古改制”。儒家说周文王如何如何、周武王如何如何，并不是说当时真的发生了这样的事情，而是将一个政治操作的标准动作寄托在周武王身上，塑造一个楷模，供后来的君主效法。

这话说得太抽象，不妨讨论一个具体问题：统一以后的第一要务，是什么？

这个问题，《论语》《孟子》都没有明确的回答。但是读一下儒家描述的历史，结论就很清楚。《尚书·武成》说：周武王伐纣之后，从商地返回周地，“乃偃武修文，归马于华山之阳，放牛于桃林之野，示天下弗服”。[①] 也就是刀枪入库、马放南山，明白昭告天下：我不会再主动用兵了。这是一个象征性的手段，实际上就是在泄掉战斗力，取消民众的战斗性，从武功转向文治。后世的英明之主，比如汉光武帝刘秀，建国以后，把云台二十八将高官厚禄养起来，就是不让他们染指兵权；宋太祖赵匡胤杯酒释兵权，都是在干这个事情。

为什么要自废武功呢？因为天下大乱已久，一方面，人心思乱，人们的思维惯性仍然停留在战争年代，动不动就想揭竿而起、拔刀相向；另一方面，政府在统一的过程中，形成了巨大的战斗力，现在天下统一，这股战斗力没有了对手，没有了用武之地，就会自己跟自己斗，反噬其身。这个道理，法家也明白。所以法家的一条重要理论就是：能“抟力”，还要能够“杀力”。抟力，就是把一个国家的全部力量抟聚成战斗力；杀力，就是将这股战斗力转移向国外，在兼并战争的过程中消耗掉。《商君书》明确警告：“能抟聚战斗力，却不能消耗战斗力，必将反噬自身。”[②] 国家抟聚起来的战斗力是一柄双刃剑，战争年代毁灭敌人，和平年代毁灭自己。所以，必须以和平的手段泄掉战斗力，同时昭告天下，使人心思治。

这就是国家统一之后的标准动作。秦朝干了一件疑似的事情，不妨辨析一下。

贾谊《过秦论》有云：“收天下之兵，聚之咸阳，销锋镝，铸以为金人十二。”秦朝统一之后干了一件大事：没收天下所有的兵器，聚集到首都咸阳，全都熔化了，铸造成十二个金属巨人，每个有几十吨重，摆放在宫殿门口。这不是比刀枪入库做得还要彻底吗？

要知道，周朝的刀枪入库，是削减政府武装。秦朝的“收天下之兵”，是解除民间武装。政府呢？不但没有裁军，反而北筑长城、南征百越，比战时用兵还要频繁、还要兴师动众。

---

① 《尚书·武成》虽然是伪古文，但这段话是有依据的。《史记·周本纪》就说：“纵马于华山之阳，放牛于桃林之虚，偃干戈，振兵释旅，示天下不复用也。”

② 《商君书·说民》：“故能生力，不能杀力，曰‘自攻之国’。”

儒家的政治理论认为：统一以后的第一件事，就是泄掉战斗力，把战时法制转变为治理法制。但是秦朝没有这么做。原因很简单，战时法制实在是太好用了。身为最高统治者，秦始皇可以动用这股巨大的力量，营建任何他想要营建的工程，办成任何他想要办成的事情。刚刚统一天下的秦始皇，拥有绝对权力，他不肯给这个绝对权力加上任何约束。

要把权力关进制度的笼子里，这个道理谁都懂。问题是权力不可能自己把自己关进制度的笼子里。那么，谁来关？

什么比皇帝大

思考一个问题：中国古代的皇帝，权力有没有约束？换言之，在中国古代，有没有什么比皇帝大？律令吗？当然不是。在中国古代，律令是皇帝制定的，律令与皇帝是一体的。法家的理论，法律面前人人平等，但皇帝是例外。历史上也流传着许多皇帝不得不遵纪守法的小故事，但都是特定案例中利弊衡量、权势博弈的结果。一旦不守法能带来更大的利益或更小的损失，律令立刻会被弃之如敝屣。

什么比皇帝大，这不是一个事实如此的历史问题，而是应当如何的理论问题。不同的学术流派，权力设计不一样，答案当然也不一样。

法家的政治理论中，皇帝最大。法律与皇帝，一而二，二而一。法家当然不会主张皇帝破坏法律。因为皇帝破坏法律，就是破坏他自己的权威。

儒家的政治理论中，却有三样东西比皇帝大。

第一，天道。在中国传统政治文化中，“天”不尽然是自然的天，而且是伦理的、人格的天。皇帝又称天子，是天的儿子，天子的权力是老天爷赋予的，所以天道大于天子。

第二，先王。所谓先王，就是历代君主的楷模。尤其本朝皇帝的祖先，是现任皇帝的父祖，号称“祖宗”，权威更大。中国古代政治讲究“祖宗之法”，但不是任何一个祖先都有资格叫“祖宗”。汉代人云：“祖有功而宗有德。”历史上比现任皇帝功劳大、比现任皇帝德行高的君主，就是祖宗。他们立的法，就是祖宗之法，比现任君主立的法，权威更大，更具有一种神圣的色彩。

第三，圣贤。古人认为，一个人要成事，德行、权位，缺一不可。有的人有德有位，那就是先王，比如禹、汤、文、武、周公；有的人有德无位，那就是圣贤，比如孔子。孔子虽然没有现实政治中的立法权，但是他把道理都留在亲手修订的经典之中，像《诗》《书》《礼》《易》《春秋》《论语》，是圣人留下的大经大法，值得现任君主效法。

周代的礼法，就是以天道、先王和圣贤作为基础的。所以《荀子》说："礼有三本：天地者，生之本也；先祖者，类之本也；君师者，治之本也。"天地，就是天道，这是生命的本源；先祖，就是先王，这是族类的本源；君师，师是圣贤，君是现任君主，这是文化的本源。天道、先王、圣贤共同对现世的君主构成制约，才能形成良法善治。①

这样一套权力来源与位阶的理论，不仅是儒家的应然理想之论，而且对汉代以后的政治法律产生了现实影响。举一个形象的例子，明清的北京城，有几样皇帝必须拜祭的对象。首先是天地日月坛，这是"天道"；其次是太庙，供着历朝先祖，这是"先王"；还有孔庙，供着孔子和历代大儒，这是"圣贤"。皇帝在这三个地方，都要下跪。

这三者之中，"圣贤"比前两个更加重要。天道尊而不亲，摸不着看不见。先王只是皇帝一家的祖宗，具有"私"的性质。所以全天下只有皇帝有资格祭天，每个人各祭各的祖先。皇帝与民众共享的祭祀对象只有一位，那就是孔子。天坛、太庙，只建于首都；孔庙则遍布每一个县城。

天道、先王、圣贤，理论上有着高于皇帝本人的至上权威。当然，很多皇帝表面毕恭毕敬，实际自行其是，这种情况在历史上并不稀奇。但是，公开反对这三大权威的，极其罕见。由此可证儒家政治理论的架构及其作用。

秦朝是第一个统一王朝，没有先例可循。什么天道、先王、圣贤，一概

---

① 《荀子》的本意是说：天地、先祖、君师是礼的三大根本，是每个人应当崇奉的对象。那么具体到皇帝而言，他本人就是君，无须再尊奉"君"，所以天地、先祖、师，就是皇帝应当崇奉的三种对象。此外，近代新儒家唐君毅先生从祭祀礼仪出发，将"礼三本"总结为"存三祭"，分别是祭天地、祭祖宗、祭圣贤，既是君主制推翻后的与时俱进，也更符合儒家理论的精义。唐君毅：《生命存在与心灵境界》，中国社会科学出版社 2006 年版，第 519 页。

不认。秦始皇只要绝对的权力。

先看天道。

秦始皇表面上信奉天道。他刻了一块传国玉玺，上书八个大字："受命于天，既寿永昌。"秦朝受命于老天，将会世世代代永远昌盛下去。实际上，秦始皇对天道的态度非常功利。他只利用天道欺骗百姓，当老天对他不利的时候，他才不管什么天道。

秦始皇有一次巡游天下，渡江去湘山祭祀鬼神，似乎很虔诚。渡江之时，遇到大风大浪，船差一点倾覆。秦始皇勃然大怒：湘山的鬼神不肯保佑我，那还祭祀你干什么？一怒之下，"使刑徒三千人皆伐湘山树，赭其山"，发动三千刑徒把湘山的树木全部砍光，把湘山涂成了赭红色。这是在干什么？他在给湘山实施刑罚。今天的囚犯要剃光头，还要穿赭红色的囚服，秦朝也是一样。砍光树木，就是给湘山剃光头，实施髡刑；"赭其山"，就是给湘山穿上囚服。这就是秦始皇，根本不把天道放在眼里。天道只是欺掩天下人耳目的道具而已，对秦始皇的权力起不到任何约束作用。

再看先王。

当秦始皇还是秦王嬴政时，刚刚统一天下，就下了一道命令："今名号不更，无以称成功，传后世。其议帝号。"他说：以前夏商周的君主都是"王"。但是我感觉我比历朝历代的君主都要厉害，"王"这个称号已经配不上我的丰功伟绩了。请你们想一个更牛的称号，提交上来。大臣们商量：古史传说之中，比"王"地位更高的是三"皇"五"帝"。其中，三皇又高于五帝。三皇分别是天皇、地皇、泰皇，其中泰皇最厉害。所以，他们请求称嬴政为"泰皇"。

嬴政不满意。他认为：你们觉得我只能与"泰皇"相比吗？不！我德高三皇、功盖五帝，我已经超越了往古所有的君主。所以，三皇取个"皇"，五帝取个"帝"，我就叫皇帝。我是人类历史上第一个皇帝，就叫始皇帝。我的继承者，就叫二世皇帝、三世皇帝、百世千世万世，一直编号下去，传到无穷。

请问：秦始皇真的比历史上所有的君主都要牛吗？

以进化史观的眼光来看，三皇五帝没有什么了不起，很可能就是一群原始社会的部落首领。儒家言必称的“尧舜”，可能就是包一张兽皮，手里拿根石矛，统治疆域不出今天陕西、河南两省之地。相比秦始皇统治一个如此广土众民的国家，功业的确无法比拟。

但历史不是这样比的。我们不妨将秦朝人认知中的先王，与秦始皇的举措做一个比较。

尧舜统治下的百姓唱《击壤歌》：“日出而作，日落而息，帝力于我何有哉！”我白天干活，晚上睡觉，君主对我有什么影响呢？尧舜的统治已经伟大到了让老百姓都感觉不到他伟大的地步，连歌颂都是多余的。秦始皇统治下的百姓呢？《阿房宫赋》说得好：“使天下之人，不敢言而敢怒。”除了歌颂，只剩沉默。谁伟大？历史上，西周的成康之治，刑罚数十年不用，史称“刑措”。秦始皇时期的法律呢？“赭衣塞路，囹圄成市”，满大街都是穿着赭衣的囚犯，监狱比市场还要热闹。秦始皇真的比三皇五帝、比禹汤文武还要牛吗？恐怕未必。

但是，秦始皇却认为自己踩在所有先王的头上，站在了历史的顶点之上。

秦始皇往前看，三皇五帝、夏商西周，没有一个比我强；秦始皇往后看，二世三世以至于万世，不可能超过我。历史发展到我这儿，就算打住了，我就是历史的终结。这可能吗？历史是不会打住的，历史还要继续发展，不为尧存、不为桀亡。但是秦朝的进步，到这里就真的打住了。进步来自对现状的不满意，而“独夫之心，日益骄固”，秦始皇已经心满意足了。秦始皇以后，历史又过了两千年，今人回头看秦始皇当时的心态，就是一个笑话。如果今人对历史没有谦卑敬畏的心态，则“亦使后人而复哀后人也”。

封建还是郡县

最后看圣贤。法家的理论，是不允许非官方权威存在的，哪怕是个死人。因为这会分享君主的权威，削弱行政的执行力。秦朝将这一点贯彻到底。

秦始皇三十四年（前 213 年），秦始皇在咸阳宫殿大宴百官，百官轮着上去敬酒。秦朝有一个学术专家团队，是政府的顾问，叫博士，一共有七十人。七十博士一起敬酒，领衔者是博士仆射周青臣，由他向秦始皇说祝酒词。

周青臣说："以前，秦国只有几千里的疆域，全靠陛下您英明神武，统一了天下。现在，但凡太阳光能照到的地方，都是咱秦朝的领土，老百姓安居乐业，幸福指数特别高。自打开天辟地以来，历史上就没有哪个时代能赶上咱秦朝，历史上就没有哪个君主能赶上陛下您！"① 秦始皇听了很高兴：你看人家专家的马屁，拍得多有学问！他心满意足地端起酒杯：来，走一个！

秦始皇虽然很高兴，但是有人很痛苦。此人正是当年齐国的学者，现在秦朝的博士淳于越。淳于越觉得：周青臣你好歹也是个学者，怎么能昧着学术良心睁眼说瞎话呢？是，我们没见过天下统一的时候，没见过太平盛世。但是三皇五帝之盛，禹汤文武之治，不都明明白白地记在古书里吗？老百姓没读过书，被蒙骗也就算了，你周青臣读了那么多书，怎么还看不出秦朝的统治是好是坏呢？

淳于越忍无可忍，毅然站出来，向秦始皇进谏。他的谏言分成两部分，不妨逐一探讨。

第一部分建议恢复有限的封建制。他说："商、周实行封建之制，把子弟、功臣分封各地做诸侯，所以能国祚绵长。如今陛下富有四海，而您的子弟却无尺寸之地，万一有人造反，也没个帮衬。"② 这个建议，其实早在刚统一的时候，丞相王绾就提过了，并且遭到了否决。不妨借此机会，重新检讨一下王绾的提议。王绾说："天下战乱刚刚结束，百废待兴。燕国、齐国、楚国的故地，离秦的核心统治区太远，不方便治理。请封诸侯王，治理该地。"

注意，王绾不是想恢复西周的全面的封建制，而是建立一套有限的封建制。换言之，就是西汉推行的郡国并行制度。他认为：秦的核心统治区，久已推行郡县制，当然没有改换封建制的道理，一切照旧；韩、魏、赵三晋之地的新占领区，距离秦的核心统治区很近，也可以推行郡县制；但是燕、齐、楚过于遥远，不妨暂时采用封建制的方式来管辖。

---

① 《史记·秦始皇本纪》："他时秦地不过千里，赖陛下神灵明圣，平定海内，放逐蛮夷，日月所照，莫不宾服。以诸侯为郡县，人人自安乐，无战争之患，传之万世。自上古不及陛下威德。"

② 《史记·秦始皇本纪》："臣闻殷周之王千余岁，封子弟功臣，自为枝辅。今陛下有海内，而子弟为匹夫，卒有田常、六卿之臣，无辅拂，何以相救哉？"

当时人已经清楚，封建制之下，地方容易滋生离心力，不利于国家的统一。那么请问：封建制相对于郡县制，究竟有什么好处，值得王绾冒着国家分裂的风险去复活？

第一，封建制的反应链更短。

假设原齐国境内的海滨某县发生动乱，我们从行政层级和地理距离两个方面比较一下反应链。从行政层级而言，郡县制的秦朝必须由某县上报郡，郡上报丞相，丞相上报皇帝，皇帝反馈丞相，丞相反馈郡，郡反馈某县——一共经历六个行政环节。假如秦朝在齐地设置一个诸侯国，那么只需要某县上报齐国，齐国反馈某县，只有两个行政环节。反应链大大缩短。再看地理距离，郡县制的秦朝，从海滨某县到咸阳，再从咸阳反馈海滨某县，邮驿速度在一个月以上。如果实行封建制，从海滨某县到临淄（齐国首都）再反馈，那就只是两三天而已。无论从哪方面看，封建制的反应链都要远远短于郡县制。所以王绾提议在边远地区实行有限的分封。

第二，封建制利于长治，可以久安。

封建制与郡县制还有一个根本区别：封君是终身制、世袭制，而郡守、县令则是任期制、选拔制。这就意味着，郡守、县令迁转速度很快，一届任期可能不过是一两年而已。他们需要在短时间内拿出政绩来，就很难考虑地方的长远发展。恰恰相反，大多数守令都会选择杀鸡取卵、竭泽而渔，让后任们无卵可取、无鱼可捕。封君则往往把封地看成自己和子孙的私产。羊毛出在羊身上，这一任把羊薅秃了，下一任就将无毛可薅。所以封君在没有外在军事压力的情况下，往往会对封地民众较为友好。终身制、世袭制，可以保障封国因为“长治”而趋于“久安”。

第三，封建制更能因地制宜。

秦统一之初的天下，文化地域色彩浓重，各地风俗截然不同。这一点只要稍稍读一读《汉书·地理志》便一目了然。其中，三晋与秦的文化，因地缘关系，可能相对接近。齐、楚与秦之间，语言不通，律令差异极大，文化的异质性非常高。而郡县制的内在要求就是“百县之治一形”，郡守、县令只能在律令制的框架之内，适度考虑当地具体情况。在统一之初，骤然要求齐、楚统一适用秦的律令，“范天下之不一而归于一”，必将引起巨大的反弹与震荡。封建制下，封国则有较大的自主权力，可以因地制宜，不必奉行统一的秦律，也许能更好地促成平稳的过渡与融合。

封建与郡县，孰优孰劣？其中并无一成不变的“理”，更多的是因地顺时的“势”。战国七雄都已经不同程度废除封君、实现郡县集权，这是“势”；历史有巨大的惯性与惰性，不可能一朝一夕更改，这也是“势”。郡县制能适应前一个“势”，封建制能适应后一个“势”。秦朝逆天而行，短命而亡。汉初顺势而行，在秦的故地坚持郡县制，在东方六国故地推行封建制，花了几代人的时间，才将真正的郡县制扩张到整个天下。汉之成与秦之败，值得后人深思。

统治者最怕什么书

淳于越建议的第一部分并没有得到认真对待，第二部分却遭到了过分认真的上纲上线的针对。

第二部分包括两句话。第一句：“事不师古而能长久者，非所闻也。”一个国家，不向历史学习，却能长治久安的，没听说过。第二句：“今青臣又面谀以重陛下之过，非忠臣也。”陛下您不向历史学习，这就已经错了，现在周青臣又当面拍马屁，让陛下您错上加错，这不是忠臣之所为。

秦始皇听了，面无表情。他立刻把宴会叫停：大家都别喝了，讨论一下刚才淳于越说的话吧。最后，丞相李斯综合了百官的意见，领衔上奏。他的上奏主要有两点意思：

第一，“今陛下创大业，建万世之功，固非愚儒所知”。皇上您统一天下的功业，是千秋万世之功。淳于越这种迂腐愚昧的儒生，怎么能理解呢？

第二，淳于越为什么敢于批评皇上您？因为他看了古书，用历史否定现实，以古非今。那怎么解决这个问题呢？很简单，把古书都烧光就行了。

秦始皇听了，批了一个字：“可。”同意，下发各单位遵照执行。李斯的建议书，加上秦始皇的批准，就是历史上著名的“焚书令”。

李斯的焚书令，烧书烧得很有讲究。继续往下读之前，请猜一下：焚书榜排名第一，皇帝最痛恨、最害怕、必先烧之而后快的，是什么书？

儒家经典？

诸子百家？

都不对。焚书令的第一句话是："臣请史官非秦记皆烧之。"所有的史书，只要不是我们秦朝自己编写的，一律焚烧。皇帝最害怕、最痛恨的，竟然是史书。

这一点不太好理解，那就先看两段不相干的史料。

其一，明末黄宗羲年少时，其父黄尊素因为抗争阉党，被逮捕入狱。临行之前，黄尊素意识到父子诀别之时已到，千言万语涌上心头。但时间有限，只能交代一句最关紧要的话。黄尊素说："你一定要多读史书！"① 为什么？因为读史能令统治者的文化封锁破防。

其二，龚自珍的名句："灭人之国，必先去其史。"② 秦始皇灭了六国，接下来就是毁灭六国人的历史记忆，将天下的记忆按照《秦记》重塑。

一个具体的人，只能生活在一个时代。往前看、往后看，只能看到几十年，顶多一百年，鼠目寸光。你没有读过历史，皇帝要骗你，轻而易举。他骗你说：我们这个时代是历史上最好的时代。你没有读过三皇五帝之书，心想：对啊，战国末年战乱不休，那是我亲眼所见；现在好歹统一了，和平了，确实很好。就被统治者欺骗了。

而且注意，不是所有的史书都烧毁，《秦记》除外。秦朝烧完了别的史书，还得自己编一套史书给你读，告诉你：以前三皇五帝其实都是原始人，夏、商、西周只有巴掌大的地盘，齐国、楚国生活在水深火热之中，幸亏秦始皇统一了六国，才有现在的幸福生活。那老百姓就被骗了。

读史使人明智。欲愚黔首，必先禁史。秦朝的焚书令，首先烧史书，而且不留副本。秦朝灭亡以后，儒家经典、诸子百家基本上还能流传下来。唯有史书，烧毁就真没了。司马迁写《史记》，看不到六国的史书，只能以

---

① （清）全祖望《梨洲先生神道碑文》："忠端公之被逮也，谓公曰：'学者不可不通知史事，可读《献征录》。'"

② （清）龚自珍：《龚自珍全集·古史钩沉论》，上海人民出版社1975年版，第22页。

《秦记》为依据。①

史书之后排名第二的，是《诗》《书》百家语，这就是儒家经典和诸子百家。这些书没有烧绝，博士都留了一份副本，供学术研究、内部参考之用。焚书是为了“以愚黔首”，统治者很精明，所以要留副本。注意，刚才的史书，连史官、博士都不能留副本。由此可以看出焚书的轻重缓急。

有没有什么书不烧呢？“医药、卜筮、种树之书”。用今天的话说，这些书是技术方面的、自然科学方面的，对统治者没有威胁。再专制的政权，也不排斥发展科学技术。

焚书令之后的第二年，秦始皇又在咸阳活埋了四百六十多个批评秦朝的儒生。这就是历史上臭名昭著的“焚书坑儒”事件。焚书坑儒以后，秦始皇就再也听不到半句批评的话了。民间的怨气越积越盛，只等待一个导火索。

唐人章碣有诗云：“坑灰未冷山东乱，刘项原来不读书。”焚书的灰烬还没有冷却，山东的陈胜、吴广、刘邦、项羽就已经揭竿而起了。饱读诗书的儒生博士，没有渠道用知识、学问为朝廷解决问题，那么从不读书的陈胜、吴广、刘邦、项羽，就只好用暴力来解决问题了。没有了天道、先王、圣贤约束的绝对权力，终于愈演愈烈，自取灭亡。这是历史留给人们的无尽反思。

外二则　一个普通秦吏的一生

1975 年，湖北省云梦县睡虎地出土了一座秦墓。墓主人的棺材内，在尸骨四周放满了简牍，内容以秦的律令文书为主。这就是著名的考古发现睡虎地秦简。秦简之中，有一份“编年记”，以大事记的方式简明扼要地记录了秦昭王元年至秦始皇三十年的历史事件。值得关注的是，从秦昭王四十五年起，在历史大事记录的末尾，多了一个名叫“喜”的人的生平经历。种种迹

① 《史记·六国年表序》：“秦既得意，烧天下《诗》《书》，诸侯史记尤甚，为其有所刺讥也。《诗》《书》所以复见者，多藏人家，而史记独藏周室，以故灭。惜哉，惜哉！独有《秦记》，又不载日月，其文略不具。”按：史书之所以绝灭，一大原因是仅仅藏于官方。

象表明，“喜”就是棺材中的那具尸骨，这座秦墓的主人。[①] 他在秦担任一名吏员，见证了秦朝统一的历史进程。正文的历史大势之外，我们不妨腾出笔墨，讲讲这个小人物的故事。[②]

公元前262年，秦国的国王名叫嬴稷，死后被谥为“秦昭王”。这一年，他六十四岁，已经在国君的位置上待了四十五年之久，对各项政务早已驾轻就熟。君王的长寿，为秦国带来了政策的持续稳定。九年前，秦昭王采纳范雎的“远交近攻”之策，频频进攻相邻的魏、韩两国。如今，范雎已经担任相国，贵为应侯，总揽朝政。两年前，名将白起发起了针对韩国的侵略战，连续攻取包括南阳在内的十个城市。今年又下十城，前线捷报连连。

在秦国的治下，有一座安陆县城，原本是楚国的领地。十六年前，白起攻陷楚国首都及其附近地区，设置南郡。因为这件大功，白起被封为武安侯。安陆县，就是归属南郡的新占领区之一。秦国人管这样的地方叫“新秦”或“新地”。本年十二月十四日凌晨两三点，[③] 安陆县一个官吏家庭诞生了一名男婴。按照当时流行的日用风俗类书，甲午日出生的孩子将来孔武有力，但是似乎对家庭成员不利，会“少孤”或“寡弟”。[④] 不知是否为了趋吉避凶，父亲给这位家庭新成员取了个喜气洋洋的名字，叫“喜”。也许是喜庆的名字起了作用，也可能风俗压根就是迷信，喜并没有成为孤儿，弟弟也不少。

喜三岁，战国时代最大规模的战役长平之战爆发。白起大胜纸上谈兵的赵括，坑杀赵军四十多万人。这件残酷的历史大事，喜应该没有记忆。如果说他还依稀记得这一年的什么事情，那么大概就是十一月弟弟“敢”的出生。喜十二岁，秦昭王终于寿终正寝，享年七十五岁。同年，弟弟“速”出生。喜十三岁，当了十五年太子的秦孝文王即位，三天就死了。这件奇事可

---

① 《编年记》、“喜”与睡虎地M11号秦墓的关系，参见睡虎地秦墓竹简整理小组：《睡虎地秦墓竹简》，文物出版社1990年版，第3页。

② “喜”的生平，早期研究参见高敏：《睡虎地秦简初探》，万卷楼图书股份有限公司2000年版，第1—14页。近来陈侃理《睡虎地秦简〈编年记〉中“喜”的宦历》（《国学学刊》2015年第4期）有重大推进，梳理出完整的仕宦履历。本篇描述“喜”的仕宦经历，完全采纳陈先生的成果。

③ 喜的出生时间，《编年记》说是昭王四十五年“十二月甲午鸡鸣时”。干支日的转换，依据饶尚宽：《春秋战国秦汉朔闰表》，商务印书馆2006年版，第119页。

④ 睡虎地秦简《日书》甲种说“甲午生子，武有力，少孤”，乙种则说“甲午生子，武有力，寡弟”。

能会成为喜家庭的一桩谈资。庄襄王即位。喜十六岁，庄襄王也死了，十三岁的秦王嬴政即位。这个比喜小三岁的男孩，就是他口中的“今上”。

公元前246年，对于嬴政和喜来说，都是具有标志性的年份。这一年，是秦王政的元年。这一年，喜十七岁，按照秦国的法律，应当作为成年男子，被登记于国家的户籍簿上。这个登记手续，叫作“傅”，就是把信息“附”在竹简上的意思。“傅”的手续完成，意味着喜正式成为这个国家可以随时征用、调动的一名劳力、兵员、纳税人，成为支撑这架巨大战争机器的千万分之一。

不过，喜的情况比一般家庭的成年男子要好得多。他的父亲是秦朝的吏员，具有“史”的身份，相当于比较高级的文官。按照秦律，喜应当到南郡的郡守处报到，在预备官吏培养学校进行为期三年的学习。学习内容，主要包括：识字与书法、官吏道德修养、法律基础知识、日用百科知识。[①] 对于“史”的子弟而言，识字与书法的标准，比一般学生更高。喜必须熟识五千个单字，掌握大篆、小篆、隶书等八种字体的书写。

经过三年的艰苦学习，十九岁的喜参加了八月初一举行的全郡统一资格认证考试。考试合格者，获得“史”的身份，可以担任相应的公职。喜顺利地通过了考试，和他父亲一样，成为一名“史”。按照秦律，喜和所有新晋的“史”还需要提交八种书法的考试作品，由郡里提交中央的太史。太史会在每个县的考生中，选拔出第一名，直接担任令史，相当于县里的秘书长。不过，喜和绝大多数考生一样，并没有赢得这项殊荣。也许他本来也没有抱这样低概率不切实际的幻想。毕竟，能够在十九岁成为“史”，已经算出类拔萃了。里耶秦简记载，在蜀郡的资中县有位同行，直到二十三岁才获得“史”的资格。

喜二十岁成为安陆县的一名乡史，[②] 开始了基层公务员的晋升之路。喜二十二岁从乡政府上调到县政府，成为一名令史，终于可以常年出入县衙，在县令的手下工作了。从“史”到令史，他那位蜀郡同行爬了整整十三年，

① 张金光：《秦制研究》，上海古籍出版社2004年版，第716—738页。
② 将原本难以识别的字释定为“乡”，这是陈侃理的考证成果。

喜却只用了不到三年，可谓官运亨通。喜二十三岁，他被调到鄢县担任令史。

喜二十七岁时，家族中有一个叫获的男婴呱呱坠地，很可能是喜的儿子，诚可谓喜悦的收获。二十八岁，喜担任鄢县的狱掾，负责司法工作，长达十年左右。可能因为这个缘故，喜才会选择大量法律文书作为陪葬品。

喜二十九岁，随军出征。三十一岁，喜再一次随军远征赵国。这可能是他人生中第一次踏足北方。三十二岁，喜的父亲，这位赋予他“史”的家庭成分的老人离开人世。以喜的年龄来推算，喜的父亲应该享年五十岁以上。又过了四年，喜的母亲也去世了。

喜三十七岁，终于被上调到郡政府任职。这是《编年记》可见的最高职位，恐怕也是普通秦吏能够到达的最高职位。须知，泗水郡有个姓刘的大爷，四十多岁还在乡里做亭长呢。

喜四十二岁，天下统一，秦王改称始皇帝。可是在喜的私人大事记上，这一年却是空白的。可能天高皇帝远，伟大的政治意义传递到郡县官吏这一级，已经转化成了烦琐的行政文书和令人疲惫的工作任务。例如，里耶秦简有一块“更名木方”，下令更改许多事物的名称。这块木方一定也传到了喜的手中，给他带来无谓的记忆负担和工作任务。

职场已经平稳，那就干脆躺平造人。喜四十三岁，有个名叫“穿耳”的婴儿降生。秦简整理小组推测，这应该是女孩的名字。喜老来得女，一定倍加呵护。他在竹简上详细记录了穿耳的生日与时辰：八月二十七日上午七八点钟。我们读史，以后人的眼光来看，十二三年之后，天下即将陷入大乱。不知这个名叫穿耳的小女孩，能否平安活到汉朝？不过她的命运应该不会太好，很快就会成为一名孤女。

喜四十四岁这一年，秦始皇经过安陆县。秦始皇出游，一向喜欢大事铺排，招摇过市，以此展示王朝的雄风威仪。喜很可能现场目击了这个比自己小三岁却位居权力之巅的男子。他应该没有“彼可取而代之”的冲动，不过也许会有“大丈夫当如是”的阴羡，也许会有“王侯将相宁有种乎”的牢骚。人到中年，一地鸡毛，羡慕牢骚均无意义，不过是当一场热闹，看看罢了。

《编年记》的记录突兀地止于喜四十六岁这一年。据专家鉴定，棺材中的尸骨大约在四十四岁至四十五岁。由此可见，喜应该在这一年去世。时为秦始皇三十年，不仅《编年记》没有记录，就连《史记·秦始皇本纪》也罕见地写着“无事”。喜就在这个平庸的年份，留下一个四岁的小女儿，默默死去。帝国的机器并不会因一颗螺丝钉的老化脱落而停转，新的螺丝钉迅速填补了这个空缺。

巨大的权力机器，似乎永不疲倦、毫无人性地继续隆隆运转着。

第七章　帝国的暗处

暗潮汹涌

公元前 210 年，秦始皇最后一次巡游天下。这次出巡，有三个重要成员：

第一个，丞相李斯。李斯是秦朝的开国功臣，是秦始皇的左膀右臂，也是秦朝制度的设计师。

第二个，少子胡亥。秦始皇最看重的儿子有两个，一个是长子扶苏，一个是少子胡亥。长子扶苏是皇位的法定继承人。前两年焚书坑儒，扶苏提出反对意见。他认为这事做得有点过火，儒生读的都是圣贤书，手无缚鸡之力，不可能有什么实质的危害。如今天下初定，就用严刑峻法制裁一帮手无缚鸡之力的书生，使得天下人心惶惶，必将重新陷入动荡不安。扶苏的看法是有远见的。但是秦始皇听完以后很生气：我还没死呢，你就敢对我指手画脚，我要是断了气，你还不得把我的政策全盘推翻？一怒之下，将扶苏支到了边疆，负责帝国的防务。所以这次出巡没带扶苏。胡亥主动请求追随，秦始皇同意。

第三个，宦官赵高。赵高是秦朝的中车府令，负责给皇帝收发文书，照顾皇帝的衣食起居，同时也是胡亥的老师。秦始皇为什么会给自己的儿子找个宦官做老师？秦朝焚书坑儒，儒家经典、诸子百家都不许读了，唯一允许学的就是法律。所谓“以法为教，以吏为师”，这是秦朝的国策。赵高精通法律，所以做了胡亥的老师。（赵高故尝教胡亥书及狱律令法事）

秦始皇带了这么三个人，上路了。

秦始皇这一次出巡，是要巡游帝国东南方的会稽郡（核心区域在今天的浙江）。秦始皇渡钱塘江时，两边老百姓人山人海，夹道围观，争先恐后瞻仰当今天子的龙颜。秦始皇坐在车厢之中，撩开窗帘往外看，他肯定对围观民众汹涌澎湃的热情很满意。但实际上，就在这些围观的民众之中，有两个人也在观察秦始皇。其中一个二十出头的年轻人说：“秦始皇真够威风，我早晚有一天要取而代之！”（彼可取而代之）旁边一个中年人吓坏了，赶紧捂住年轻人的嘴说：“别瞎说，这可是灭门的死罪！”（毋妄言，族矣。）这两个人，就是楚国贵族的后裔——项梁、项羽叔侄。今年，项羽扔下了这句话；明年，他俩就拉起八千江东子弟兵，向秦朝正式宣战。再过三年，项羽成为天下的霸主，真正取代了秦始皇的位置。这是后话。

英雄所见略同。秦朝泗水郡的沛县有个年近半百的亭长，到咸阳去服徭役，碰巧赶上秦始皇出巡，大张旗鼓、威仪赫赫。这个亭长羡慕地感叹了一句：“哎呀，大丈夫就应该像这个样子啊！”（嗟乎！大丈夫当如是也。）这个人就是刘邦。

秦朝颍川郡的阳城县有个雇农，替人耕田。耕了一半，扔下锄头躺倒在田埂上，对旁边人说：“要是咱们中间哪天有个人富贵了，可别忘了穷哥们儿。”（苟富贵，无相忘。）旁边人说：呵呵，你一个耕田的，有哪门子的富贵？此人长叹一声：“嗟乎！燕雀安知鸿鹄之志哉！”这个人，就是陈胜。

为什么要连续引用三个互不相干的历史片段？

秦始皇巡游天下，威风凛凛。当此之时，他自以为高瞻远瞩，自以为铁打的江山可传千秋万世。但是，在他目光所不及的暗处，无论是六国的旧贵族、秦朝的基层吏员，还是社会最底层的雇农，到处人心思乱。只要有一个导火索，就能引爆看似安定繁荣的局面。这个思乱的人心，不是别人造成的，正是秦始皇继续沿用战时法制，不肯转向治理法制的结果。

阴谋环绕的皇帝之死

秦始皇抵达会稽郡，拜祭了大禹庙，一路北上。走到今天山东境内，秦始皇突发重病。皇上生病了，怎么办？治。眼看治不好了，怎么办？理当询问后事。但是，上到李斯、胡亥、赵高，下到随从百官，噤若寒蝉，没有一个人敢问。给皇帝治病，不是医学问题，而是政治问题。既然长官不发话，医官也不好提醒病人家属，只能当作可以治疗的疾病，继续徒劳地开方、喂药。整个帝国的精英团队，都在揣着明白装糊涂，没有一个人肯充当戳穿“皇帝新衣”的天真孩童。

为什么？因为“始皇恶言死，群臣莫敢言死事”。秦始皇本人对自己的健康状况没有明确表态，群臣谁敢冒天下之大不韪？秦始皇亲手剿杀了一切外在于君主的权威，帝国的纠错机制失灵了。

可怜秦始皇强撑病体、无人过问，在马车中又孤独地颠簸了两百多里地，撑到沙丘（今河北广宗境内），实在是撑不住了，只好自己主动安排后事。他给长子扶苏写了封诏书：我快死了，你赶紧到首都咸阳接我的遗体，主持葬礼。（与丧会咸阳而葬）这就等于明示：扶苏继承皇位。写完，密封。

秦代的诏书，写在木板上，也叫“诏版”。木板是由两部分组成的，一块大的有个凹槽，槽内写密诏的内容；一块小的，正好嵌在槽内，将密诏内容遮盖得严严实实。木板两侧有几道勒口，捆上绳索，打一个结。打结之处，用一块软泥封上，在泥上盖印。软泥风干变硬，密封措施就完成了。要看密诏的内容，要么剪断绳索，要么剥开封泥。无论用哪一种，都会破坏保密状态。

整个保密措施的核心，是皇帝的印玺。绳索、封泥可以换，但是印玺难以伪造。秦始皇将诏书密封，交给赵高盖印。赵高是中车府令，掌管皇帝玉玺。密诏从秦始皇手里交到赵高手里，赵高还没来得及盖完印交给送信的使者。就在这个节骨眼上，秦始皇驾崩，享年五十岁。

秦始皇之死，给秦朝带来了巨大的危机。

秦朝实行绝对君主专制。在这种体制下，全国一千多个县有任何事情，上报郡；三四十个郡，上报三公九卿；公卿的意见由丞相汇总到皇帝，由皇帝最后决策拍板。

这样的皇帝好当吗？不同的制度，对君主的要求是不同的。

吕不韦为秦朝设计的制度，君主不用事必躬亲，只需要因人成事。事必躬亲，那是臣子的事情。（因者，君术也；为者，臣道也。）《吕氏春秋》说：“过河的人，一定要依赖船；行路的人，一定要依赖马；想要成就大业的君主，一定要依赖贤能。”（绝江者托于船，致远者托于骥，霸王者托于贤。）君主一旦找到对的那个人，就只需要无知无为、垂拱而治了。结果吕不韦自杀了，“一字千金”的《吕氏春秋》成为一堆无人问津的简牍。

韩非为秦朝设计的制度，君主不仅要能选贤，还要能驾驭群臣。君主就像傀儡戏幕后的操纵者，虽然不出现在台面上，但是随时用手中的提线，让群臣随着自己的权力起舞。这种君主不需要（也不应当）具备专业技能、处理各项政务，但是必须具备“术”，也就是驾驭臣下的技巧。韩非曾经明确地说过：君主不应当沉溺于具体的文书案牍之中，而应超然事外，总揽一切。结果韩非下狱而死，《韩非子》成为君主秘而不宣的教科书。

秦朝实际上实施的制度又不一样，比韩非的设计更进一步。秦始皇每天给自己规定任务，用大秤称一百二十斤的奏折，不批完不睡觉。据统计，一百二十斤简牍大概可以容纳三十二万字。[①] 就算是读小说，一本三十多万字的小说，你得读多久？何况批枯燥无聊的奏折？秦始皇每天加班加点，巡行天下的时候，在马车里都在批奏折。唐朝杜牧的《阿房宫赋》描写秦始皇后宫的嫔妃“缦立远视，而望幸焉，有不得见者三十六年”，眼巴巴等秦始皇来临幸，等了三十六年都没见过皇帝一眼。说句玩笑话，一方面，形容后宫嫔妃之多；另一方面，秦始皇的工作压力太大，精力确实跟不上了。

绝对君主专制，皇帝就是整个体制的核心。老皇帝死了，新皇帝必须立刻补位，否则整个系统就要陷于瘫痪。如果在周朝，君主死了，关系并不很大。比如周武王死了，儿子周成王太小，可以让周公做摄政王，辅佐朝政。周厉王太残暴，被民众驱赶下台，周公、召公二人共同主持政务十几年之久，史称“共和行政”。现代汉语“共和国”的“共和”一词，即渊源于此。天下十几年没有君主，关系并不大。周代礼崩乐坏之后，天子仅仅具有象征意义。上无天子，下面还有诸侯，可以管好各自的一亩三分地。周制之下，权力是多中心的、分散的，相对的权力核心失灵，不会引起全局的崩溃。

但是秦朝就不一样了。秦始皇一死，李斯虽然贵为丞相，但在绝对君主专制下，没有拍板的权力。各地郡守与古代的诸侯大不一样，没有独立行政的权力。扶苏远在北方筑长城，等到咸阳会合，起码还得一两个月。

绝对君主专制之下，国不可一日无主，宰相无权代理国政。尤其秦始皇

① 王子今：《秦始皇的阅读速度》，《博览群书》2008年第1期。

身死之处，是过去赵国的故地。秦的兼并战争中，坑杀赵人无数，遍地都是潜在的仇敌。如果将秦始皇的死讯发布出去，很可能带来两个重大危机：

其一，君权交接出现一个月以上的空档，权力中枢陷于瘫痪；

其二，野心家趁势而起，或拥立新君，或攻击出巡车队。

出于这样的考虑，李斯万般无奈之下，决定隐瞒秦始皇的死讯。秦始皇之死，只有胡亥、李斯、赵高及贴身宦官五六个人知道而已。他就找了个宦官，在马车车厢之中与尸体待在一起，冒充秦始皇。每天该上奏上奏，该送饭送饭，好像秦始皇还活着一样。

李斯想要一直这样拖着，等到了咸阳，再公布死讯。这就给了野心家翻云覆雨的机会。而野心家就是赵高。

赵高是胡亥的老师。扶苏即位，他只能沉沦下僚；胡亥即位，他才能鸡犬升天。现在，掌握天下命脉的诏书在他手里，就等着盖章生效。一旦错过这个机会，帝国的体制又将一环扣一环地隆隆运作下去，再也与他无关。赵高决定改变自己的命运。这个宦官的决定，同时也从胡亥、李斯、扶苏逐层扩散开去，改变了无数人的命运。

赵高首先说服了胡亥。他说："本朝制度，长子即位为皇帝，其他诸子没有尺寸的封地。你甘心吗？如今天下的权衡，就在你、我、李斯三个人手中。你加上我，就是二比一，命运的天平必将向我们这边倾斜。"（长子至，即立为皇帝，而子无尺寸之地，为之奈何？……方今天下之权，存亡在子与高及丞相耳，愿子图之。）胡亥只有十二岁，没有主意，只能听从。

赵高接着说服了李斯。他说："扶苏的亲信是蒙恬。一朝天子一朝臣，扶苏称帝，蒙恬为相，你的丞相之位还能保住吗？不如与胡亥联手，世世代代长保恩荣。"李斯仰天长叹，经过痛苦的内心挣扎，终于垂泪同意。孔子说："没得到的时候，怕得不到；一旦得到，害怕失去。一个人如果害怕失去，那就什么没底线的事情都做得出来了。"① 李斯害怕失去现在拥有的一切，便丧失了为人的底线。但秦始皇与李斯设计的帝国体制，不允许任何臣子有超越生命个体的利益。他的欲望想要保住的东西，与他的理智认为应当

① 《论语·阳货》："其未得之也，患得之；既得之，患失之。苟患失之，无所不至矣！"

的制度，恰相冲突。这是李斯这个人物的悲剧内核。

赵高先后说动胡亥、李斯，便伪造诏书，赐扶苏自杀，立胡亥为皇帝，这就是秦二世。

在整个过程中，还有两件事值得一提：

第一，返回咸阳的路线。照理来讲，李斯等人应该护送尸体，采取直线距离迅速赶回咸阳。可是《史记·秦始皇本纪》记载的路线非常诡异："遂从井陉抵九原……行从直道至咸阳，发丧。"去北方兜了一个大圈子，到帝国的边境绕了一圈，才返回咸阳。这是什么原因？明人顾炎武揭开了其中的奥秘。他说："巡行北方边境，应该是此次出巡的既定目标之一。如果突然取消计划，直接返回咸阳，害怕惹人猜疑，所以用辒辌车拉着秦始皇的尸体去北方转了一圈。为了欺掩天下人的耳目，就算君主、父亲的尸体烂在车里也不管。真是残忍而没有良心到了极点了！"①

第二，秦始皇尸体的下场。秦始皇死于七月，尸体防腐难度可想而知。路上又兜了个大圈子，两个月后才得以下葬，秦始皇的尸体很快腐烂发臭。看来光掩人耳目是不行了，还得掩人口鼻。李斯、赵高买了一车鲍鱼（即湿的咸鱼），以鱼的腥臭，惑乱尸臭。（会暑，上辒车臭，乃诏从官令车载一石鲍鱼，以乱其臭。）

威严而不可犯，坏烂而不可收。不仅是尸体，亦是帝国的命运。这就是千古一帝秦始皇的下场。

权力的转移

请思考一个问题：李斯、赵高、胡亥为什么会要诈？为什么正好这么三个坏心眼的家伙凑集在秦始皇尸体之侧？为什么历史的改变如此偶然，竟取决于宦官的一个恶念？

政治事件的偶然，是制度效用的伪装。绝对君主专制一定会导致机械执

---

① 《日知录》卷二十七"《史记》注"条："若径归咸阳，不果行游，恐人疑揣，故载辒辌而北行。但欲以欺天下，虽君父之尸臭腐车中而不顾，亦残忍无人心之极矣。"（顾炎武：《日知录集释》，浙江古籍出版社2013年版，第1552页。）

法，机械执法一定会导致欺上瞒下。

顾炎武《日知录》说：“尽天下一切之权而收之在上，而万几之广固非一人之所能操也，而权乃移于法。”[①] 绝对君主专制下，皇帝想把一切权力都抓在手里。但问题是天下事务琐碎之极，头绪繁多，绝不是皇帝一个人能忙得过来的。皇帝忙不过来，怎么办？两个办法：第一，委托别人来办。这就是吕不韦主张的“托于贤”。但是皇帝对别人根本信不过，认为别人难以领会自己的精神、贯彻自己的意志。那就只能采用第二个办法，把自己的意志上升为法律，要求所有人按照法律办事，绝不能掺杂一丝一毫自己的想法，只要机械执法就行了。这就叫“权移于法”。

法家式的“权移于法”有如下三个恶果：

其一，权力越是集中，权柄越容易被窃。

权力分散在法律之中，权柄却抓牢在君主手中。越是集中的权力，权柄越容易被盗窃。近水楼台者，便是皇帝身边的人。自秦以后，两千年来外戚、宦官之祸，史不绝书，原因就在于此。《史记·秦始皇本纪》说：“事皆决于法。”又说：“天下之事无小大皆决于上。”《李斯列传》说：“事皆决于赵高。”从法家理想的“事皆决于法”，到秦朝制度实践的“事皆决于上”，再到秦朝政治堕落后的“事皆决于赵高”，这不是历史的偶然，而是制度逻辑的必然。

其二，权力不会消失在法律之中，只会操持在法律的末梢。

君主不想让自己的权力被大臣操窃，从而制定成法律。但须知，法律必须由人来执行。再明白清晰的法律，在千变万化的生活面前，都显得刻板僵硬，难以适用。谁来执行法律？行政的末梢——基层小吏。这就是《日知录》说的“天子之权不寄之人臣，而寄之吏胥”。基层小吏会忠实奉行法律吗？不妨看两个例子。据《史记·项羽本纪》记载：项羽的叔叔项梁曾被栎阳县传唤。他拜托了一位蕲县的狱吏曹咎，给栎阳的狱吏司马欣打了个招呼，便小事化了。据《高祖本纪》记载：刘邦常常违反法令，县掾萧何总是包庇

① 《日知录》卷九“守令”。（顾炎武：《日知录集释》，浙江古籍出版社 2013 年版，第 551 页。）

袒护他。大秦帝国法律的末梢，正是曹咎、司马欣、萧何这些狱吏县掾。在他们睁一只眼闭一只眼的执法活动之中，秦始皇与李斯精心编织的法网，漏洞百出。

其三，机械执法，导致欺上瞒下。

绝对君主专制要求以法为治，而法律只能制裁外在的行为和言论，不能制裁人的内心。人们为了躲避制裁，只好说违心的话，做违心的事，欺上瞒下。君主专制导致机械执法，机械执法导致欺上瞒下，这是事理之必然，没有什么好意外的。《史记·酷吏列传序》说："昔天下之网尝密矣，然奸伪萌起，其极也，上下相遁，至于不振。"秦朝的法网不可谓不严密，但是奸伪层出不穷。发展到极端，上司骗下属，下属骗上司，最后这个国家也就在互相欺骗中走向灭亡。

赵高、胡亥和李斯的这一场阴谋，赶巧秦始皇暴毙，赶巧诏书还在赵高手里没发出去，赶巧李斯还秘不发丧，好像非常偶然，要知道，历史的必然性隐藏于偶然性之中。秦朝既然选择了这种方式来维持它的统治，那历史自然就会选择这种方式来结束它的统治。

外三则　假冒高干子弟招摇撞骗案

2007年，湖南大学岳麓书院从中国香港抢救性地收购了一批珍贵的秦简。经整理，这批简牍比睡虎地秦简的时代略晚，包含了大量秦律、秦令和司法案例。岳麓秦简记录了一则秦国的假冒高干子弟招摇撞骗案，案件发生在秦王政二十二年（前225年）四月二十一日。以下略作翻译和演绎。

这一天，胡阳县政府负责财政的少内办公室来了一个少年人。此人锦衣白面，看着像是富贵人家的公子。他面带微笑，大摇大摆地走进办公室坐下，放下一份书信，十分自信地看着少内丞。少内丞开封一看，大吃一惊：署名居然是将军冯毋择！那可是秦国最高军事将领！少内丞慌张地瞥了一眼这个少年，继续往下看。信上写着："冯毋择冒昧问候胡阳县负责人：听说南阳的土地不错，小儿子癸想与人合伙种地，但是缺乏经费。在下老了，无从面谈，谨致书信一封，希望看在老夫的薄面，拨款二万钱、足够一年的粮食给癸。庄稼长成收获之后，自当加倍奉还。请勿回绝。如果回绝，老夫会重新考虑与阁下的关系。”信写得很客气，但话却说得很硬。

少内丞经手文书无数，觉得这封信有问题。他看看来人，请他稍坐，立刻拿着书信跑去报案。县丞带人前来询问，那个少年有点慌张，但还是强作镇定地说：“我是冯将军的养子冯癸，我母亲是冯将军的弃妻。这封信确实是冯将军的手书。”县丞不明真伪，决定将冯癸暂时扣留，派人去冯府求证。

冯癸见县丞和少内丞都不买账，又要来笔札，给县令写了封私信。信中说：“冯将军子癸问候县令大人：老爷子命我来胡阳县借钱种地。县里的少吏不认识我，说我是假的。我不想和他们计较，希望大人让他们借钱给我，放我走。”县令没有回复他。

不久，冯府派了一名舍人前来说明：“冯家从来没有这样一个儿子，请县里依法处置。”

在铁的事实面前，那个少年终于面色惨白，承认了一切。原来，他的真名叫“学”，今年十五岁，新野县人，曾经学过文书和刻印。他的父亲因为欠官府的钱，服杂役抵债，经常受到官吏的笞打辱骂。他为自己没有一个出身高贵的父亲而羞耻，遂决定利用精通文书和刻印的本事，冒充高官子弟大赚一笔，然后购买物资、携带巨款，逃亡楚国。但是没想到他的如意算盘没有打成，栽在了这里。

最终，这个叫学的少年可能被处以耐刑，贬为隶臣。

秦国实行“文书行政”，只认文书不认人。而文书制作的防伪关键，只有笔迹与用印。本案案犯试图抓住这一制度漏洞，利用自己高超的书写与刻印能力，伪造文书，骗取财物。他既赌自己伪造文书的能力过关，又赌本地天高皇帝远，县吏无法跑到首都咸阳印证真伪。不过他的对手是娴于文书的文吏，辨伪能力相当高明。秦国的文书网络四通八达，官吏上传下达的效率很高，很快就与冯将军取得联系，请来证人，拆穿了案犯的把戏。

第八章　游民之怒

是谁在造反

沙丘阴谋之后，秦朝的高层已经腐烂。现在把目光下移，看看民间蕴藏的危机。还是以项羽、刘邦和陈胜为例。

先看项羽。

项羽起家，靠的是八千江东子弟兵。这支嫡系部队从何而来？《史记》记载：项梁在老家杀了人，和侄子项羽一起避仇，跑到吴地（今苏州），隐姓埋名。照理来说，两个流窜的杀人犯，不可能有组织起义的机会。是谁给了他们机会？

秦朝经常兴起大规模的徭役、兵役，或北筑长城，或往新占领区移民，或建造宫殿、修筑陵墓。每有大规模的徭役发生，项梁就以其杰出的组织能力，被推举为主持者。项梁也就借此机会，用兵法组织当地民众，暗中观察每个人的能力。（项梁常为主办，阴以兵法部勒宾客及子弟，以是知其能。）有能力者，选拔为骨干。长此以往，一支训练有素的军队操练而成。

再看刘邦。

刘邦在老家沛县当亭长，算是一个基层干部。他每天喝喝酒、泡泡妞，日子过得挺滋润。秦始皇死时，刘邦年近半百，以古代人均寿命而言，算是半截子入土的人了。这样的人怎么可能造反？谁给他创造的机会？

《史记·高祖本纪》记载，刘邦有一次遵照上级指令，为县里押送一批刑徒去骊山服徭役。骊山是秦始皇陵所在地。刘邦要把这些人从今天的江苏徐州，千里迢迢地押送到陕西临潼服役，修筑秦始皇陵。一路走，一路就有人逃亡。刘邦琢磨：照这样下去，估计还没到骊山，人早跑完了。

一天晚上，刘邦干脆把剩下的人聚到一起，好好地喝了一顿散伙酒，对他们慷慨放言："公等皆去，吾亦从此逝矣！"都散了吧，你回你的高老庄，他回他的流沙河。我呢？放了你们，我也回不去了，我也跑路得了。众人敬佩刘邦的慷慨仁义，有十几人愿意追随他。他们就此落草为寇，等秦末大起义时，便趁势揭竿而起。

再看陈胜。

陈胜一个雇农，为什么会起义？秦二世即位的第一年，从阳城县征发了一次大规模的徭役，点了九百个人，让他们移民边境，戍守渔阳。相当于从今天河南徒步跑到北京去服役。结果陈胜、吴广在半路上揭竿而起，点燃了秦末大起义的熊熊烈火。

三个故事讲完了，找到共同点了吗？三群人虽然社会地位各不相同，起军原因各有差异，但他们造反有一个共同的背景——服役。

秦朝建立之后短短十几年，一直都在马不停蹄地兴建大规模的工程。据史书记载：北筑长城，征发三十万人；征服岭南，征发五十万人；咸阳的阿房宫、骊山墓两处工程，征发七十万人。这一百五十万人，凭什么白白给秦朝卖命？因为他们的身份都是"刑徒"，也就是罪犯。现代人可能觉得奇怪：以秦朝的人口基数，哪来这么多罪犯？很简单，罪犯是可以制造的。罪犯不够多，那就把法网调得密一些。法网够密，罪犯自然多。在君主绝对专制制度下，法网密不透风，没有清白之身，只有漏网之鱼。

秦朝为了征发足够的罪犯，将法网越调越密：第一步，黑户口、有罪官员、商人、赘婿，一律谪戍边疆。不够用，那就扩展到第二步，曾经做过商人的，一律谪戍。还不够用，扩展到第三步，父母、祖父母做过商人的，一律谪戍。还是不够用，直接进一个居民区，将小区大门左侧的居民全部打成有罪之身，发配边疆。① 除此之外，秦朝还有一百多万的强制移民。

历史学者葛剑雄先生认为，秦朝总人口大约是四千万，额外征发和后勤运输的人口大约在两千万。② 在天下百废待兴、人心思乱之际，大秦王朝的

① 《汉书·晁错传》：先发吏有谪及赘婿、贾人，后以尝有市籍者，又后以大父母、父母尝有市籍者，后入闾，取其左。

② 葛剑雄：《中国人口史》第一卷，复旦大学出版社2002年版，第306—311页。

国土之上随时都有两千万人背井离乡，疲于奔命！项羽、刘邦、陈胜、吴广，就是从这两千万人中孕育而生的。

这些造反者的共同特征是：从一个土地与宗法牢牢约束的“齐民”，变成了仅受法律约束的“游民”。

制造游民

不妨先脱离秦末汉初的历史背景，拉通中国史谈论一个问题：什么叫“游民”？

游民，是游离于正常社会秩序之外的人。①

一个人，受到什么秩序的约束？现代人很容易回答：“法律。”其实，一个人和法律直接打交道的机会并不多，传统社会更是如此。绝大多数人可能一生没有迈入衙门一步，从来不曾读过一条律文。一个人处于不同的共同体中，便受这个共同体的规则约束。和尚道士，受制于清规戒律；行商坐贾，受制于行会规矩；帮佣长工，受制于雇主东家。

以一个最普通的农民张三为例：他受制于户主的家法、家风、家训，受制于族长的族规，受制于本村本乡的乡规民约。相比起天高皇帝远的法律来说，这些对于张三才是最有效的秩序，最现实的约束。

游民就不一样了。游民脱离了土地，脱离了宗法，跳出五行外、不在三界中。王学泰先生认为：宋代以降的平话、小说，往往以游民为主角。

例如鲁迅的《阿 Q 正传》，阿 Q 就是一个典型的游民。阿 Q 没有土地，他打短工。长工与地主之间，存在人身依附关系。短工则意味着与任何雇主都没有长期的合作关系，雇主管不了阿 Q。还有一个耐人寻味的设定：阿 Q 没有姓。姓是宗法关系的重要标志。阿 Q 认为自己姓赵，他试图找族长赵老太爷“认祖归宗”。在宗法制下，“祖”是一个家族的远祖，是精神图腾；“宗”是一个家族的组织架构，是现实权力。结果赵老太爷给了他一个嘴巴，

① 本节关于“游民”的观点及主要资料，均参考王学泰：《游民文化与中国社会》，同心出版社 2007 年版。

骂道："你哪里配姓赵!"便将他拒斥于宗法制的大门之外，成了一个天不收、地不管的游民。游民是一个地区最不安定的因素，最容易造反。所以辛亥革命爆发，整个未庄只有阿Q造反。但游民又最易于投降。一旦不准革命，阿Q立刻服输。

试观明清小说，大多以游民为主角。《三国演义》的刘关张，只有张飞是屠户，工作还算稳定。刘备是卖草鞋的，关羽是杀人亡命者。《西游记》的孙悟空是石头缝里蹦出来的，后来占了花果山做了山大王。《水浒传》则是一百单八个游民。原本不是游民，有正当职业，那就通过种种情节从一切社会秩序中剥离出来，制造成游民。有趣的是，过去常说《水浒传》是农民起义题材。其实细究之下，一百单八将中没有一个农民或农民出身。菜园子张青疑似菜农，真实身份却是"开黑店"的。他们的出身各不相同，最后都成了游民。所谓"逼上梁山"，就是一个人脱离秩序、变成游民的过程。

游民脱离了宗法制，变成原子式的个人，独木不成林，必须通过其他方式结合成团体。他们想到的办法是"拟制宗法"，也就是"结义"，结拜义兄弟。《说唐》有贾柳店结拜，《三国演义》有桃园结义，《水浒传》一百单八将大聚义，《西游记》孙悟空七大圣结义，《金瓶梅》开篇就是西门庆义结十兄弟……结义兄弟轻视真正的家庭伦理。例如，李逵根本不把亲兄弟李达放在眼里，只拜异姓的宋公明哥哥。结义兄弟尤其轻视"夫妻"这一伦。在儒家价值观中，夫妻乃是五伦之始。但在游民价值观中，"兄弟如手足，妻子如衣服。衣服破，尚可缝；手足断，安可续"。游民价值观中，男性必须表现出对女性的冷酷无情。宋江必须杀阎婆惜，杨雄必须杀潘巧云。蔑视人伦、毁弃亲情的价值观，令人瞠目结舌。在此不妨引述一个《三国演义》成型之前的原始传说。

1967年出土的明成化年间刊刻的《新编全相说唱足本花关索出身传等四种》，开篇说刘关张三人结义，打算干一番大事业。刘备说：我孤身一人，你二人都有妻儿老小，我怕你俩牵挂太多，干起大事来放不开手脚。关羽说：我回去杀了家小，跟你一起干。张飞说：你怎么下得了手杀自己的家人？不如我去杀你家的，你去杀我家的。刘备说：如此甚好。结果张飞到了关羽家乡，杀了关家大小十八口，只是因于心不忍，放走了身怀六甲的嫂子胡氏。

后来胡氏生下小英雄关索，想要认父。关羽不肯，关索勃然大怒，威胁道：如果你不肯认我，我就投奔曹操，率领曹军，捉拿你们五虎大将！①

在这个故事中，刘关张的残忍、关索的大逆不孝，均突破了儒家伦理的底线，但却是作为正面价值来塑造的。原因无他，迎合了听众——也就是江湖游民的趣味。

今本《三国演义》经过清代士大夫的删改，但仍然留下了一些游民价值观的情节，令人不适。例如第十九回，刘备打了个败仗，逃亡路上饥寒交迫。他投靠在一个猎户刘安家中。刘安在厨房捣鼓半天，端出一碗香喷喷的肉给刘备吃。刘备饱餐一顿，打算去马厩时，“忽见一妇人杀于厨下，臂上肉已都割去”，惊问之下，才知道这是刘安的妻子。刘安家里没有吃的，为了招待刘备，将妻子杀了，割下臂肉给他吃。刘备的反应居然是“不胜伤感，洒泪上马”“称谢而别”，事后还以一百两金子酬谢。这种杀妻招待陌路人的做法，无论如何也违反儒家伦理，毫无人性可言；但从另一个角度，却凸显猎户刘安豪爽好客，为朋友两肋插刀的义气。这种义气绝非儒家五常的“义”，而是游民价值观。

李慎之先生给《游民文化与中国社会》作序，称“游民文化”是“隐性社会”，是“另一个中国”，这是很有见地的。在崇拜孔子、标榜儒家伦理的显性社会之外，还有一个崇拜关公、标榜江湖义气的隐性社会。而这个隐性社会，正是中国历代王朝的最不稳定的破坏因素。先秦的《管子》说：“治国的要务，就是禁止游民。”明代的朱元璋说：“不耕地的游手好闲者，就是游民。游民一律逮捕。”② 时隔两千年，禁遏游民的政策却一以贯之。

过去常说中国历史上有许多农民起义。其实试观历史：陈胜是雇农出身，起义时的身份是游动的戍卒；张角是江湖游医出身的秘密宗教领袖；黄巢是私盐贩子；朱元璋和李自成都当过脱离宗法的小和尚；洪秀全是无法挤进体

---

① 这个故事及相关解读，参见王学泰：《游民文化与中国社会》，同心出版社2007年版，第7—11页。

② 《管子·治国》：“凡为国之急者，必先禁末作文巧。末作文巧禁，则民无所游食。”《明实录·太祖实录》：“若有不务耕种，专事末作者，是为游民，则逮捕之。”（均转引自王学泰：《游民文化与中国社会》，同心出版社2007年版，第13页。）

制的底层知识分子——这些人几乎没有一个是农民，而是游民。

商鞅变法的一项基本精神就是“重农抑游”。他反对游士、游商、游侠、游民。他鼓励开垦荒地，把人口牢牢钉死在土地上，养成“安土重迁”的习惯。商鞅破坏了宗法制，将大家族打散为一堆小家庭，宗法制对游民的控制作用严重削弱。商鞅深知：如果一个人不受任何小共同体秩序的约束，直接暴露于国家法律之下，那就会成为最危险、最不稳定的游民。所以他用编户齐民、什伍连坐的方式，将民众控制在一层又一层的社会秩序之中。

一百多年之后，商鞅之法虽然还在遵守，商鞅之法的精神却早已经背离。现在的秦朝正在到处征发徭役。在帝国的土地上，每天都有成百上千万的人口在进行长距离的流动。以陈胜、吴广等九百戍卒为例，他们本来生活在阳城某个小区的闾左。突然之间，他们被连根拔起，脱离了土地的控制，脱离了宗法的约束，脱离了左邻右舍的严密监视，脱离了乡规民约的层层包裹，直接暴露于国家法律之下。约束他们的，除了虚无缥缈的秦律，就只有两名尉官。九百个戍卒就在两名尉官的控制下，千里跋涉。在这趟长途旅行之中，稍微出点岔子，一群游民就将诞生。无论从何种角度观察，这都是危险至极的事情。陈胜、吴广、项梁、项羽、刘邦的起兵都和服徭役有关，也就不足为怪了。

《战国策·魏策》说：“天子之怒，伏尸百万，流血千里。”而布衣之怒却只能“伏尸二人，流血五步”。的确，皇帝权力似乎至高无上，而单个平民的破坏力有限。但秦末的情况却很不一样。秦二世皇帝之怒，连个宦官赵高都奈何不了。而游民之怒，却令天下战乱不休，户口锐减大半，壮士疲于奔命，老弱死于沟壑，生民的苦难看不到终结的希望。

外四则　陈王之怒

正文之外，不知有没有人关心：当年与陈胜一起被雇佣耕地，听陈胜吹牛“苟富贵，无相忘”，笑话陈胜不可能富贵的那个人，后来怎样了呢？

《史记·陈涉世家》记载：陈胜成为陈王之后，当年一起耕作的那个雇农高高兴兴地赶来，跑到宫殿门口就上去敲门，大声嚷嚷：“开门！我要进去见陈涉！”陈胜字涉，所以雇农叫他“陈涉”。宫门令见状，立刻命令卫士将这个粗鄙的庄稼汉捆起来。雇农拼命挣扎，大叫大闹：“我是陈涉的老乡！我是陈涉的老朋友！你们敢抓我？我让陈涉把你们都抓起来杀头！”宫门令将信将疑，拿不准真假，觉得宁可信其有，只好挥叱手下：“算了，把他放了吧！”放人可以，但通报却绝不可能。

雇农没有办法，只好守在宫门口。终于，眼巴巴地等了半天，宫门大启，陈王的御驾果然出来了。雇农冲上去高兴地大喊大叫：“陈涉！是我！你说的，如果发达了不会忘了我的！你小子该不会说话不算数吧?”他还没有走近，早已经被安保人员控制住了。

陈王听声音很熟，命人把他叫过来一看，果然是当年那个雇农，还是那副没出息的样子。陈王摆摆手，让人松绑；又招招手，请他上车。雇农神气活现地推开卫兵，大模大样坐在陈王旁边。陈王点点头，车辆启动。

当天，雇农跟着陈王回到了宫殿。他迈过一道又一道门槛，穿越一幕又一幕帷帐，看着飞檐斗拱、大殿重楼，深入王宫大内，不禁感叹：“好家伙！陈涉，你小子这王当得够可以呀！”（夥颐！涉之为王沈沈者！）陈王只是笑笑，没说话。

雇农每天在王宫之内，被好吃好喝地招待着，“苟富贵，无相忘”的诺言果然兑现了。他一开始还挺拘谨，后来越来越放得开，再后来跟宫女、侍卫聊得火热，说话口无遮拦，把陈胜当年的糗事一桩桩添油加醋地往外说。

有人把这事报告给陈王，建议说：“大王您这位客人，愚昧无知，成天胡编乱造，这不利于您的形象和威严。”陈王怒了。他下令：将此人斩首。

雇农稀里糊涂地被砍掉了脑袋。他临死之前，一定还惶恐地大喊“陈涉，陈涉”。没有一个人搭理他。他哪里知道，世间早已没有陈涉，只有陈王了。

据说此人被斩首后，其他故人迅速散去，陈王变得众叛亲离，成为深居王宫的孤家寡人。他当了六个月的王，终于遭遇全面的溃败。他的驾车人庄贾斩下了他的人头，送给秦朝作为投名状。

游民一怒，天下云集响应，赢粮而影从，并起而亡秦族；陈王一怒，故人众叛亲离，同车为仇雠，高飞的鸿鹄终于跌落回尘埃。

第九章　大泽乡的罗生门

一条秦律撬开《史记》的裂缝

秦朝即将灭亡，而起义的火种就在大泽乡点燃。

据《史记·陈涉世家》记载：秦二世元年（前209年）七月，一支九百人的戍卒队伍从阳城出发，赶往帝国的边疆渔阳。但是连日大雨，绵绵不绝，行军非常困难。按照目前的行军速度，很难按照规定期限赶到目的地。军中开始人心惶惶，因为戍卒们流传着一条秦律："失期，法皆斩。"如果迟到了，这支队伍从上到下，所有人都要判处斩首的死刑。这支队伍由两名秦朝的军官带队，九百人也推选了两个队长，一个叫陈胜，一个叫吴广。队伍走到大泽乡，陈胜、吴广凑一块儿商量：你说咱现在怎么办呢？总不能坐以待毙，真的老老实实赶到渔阳受死吧？要不逃跑？但逃跑也是个死罪啊，怎么办？最后，两人达成共识：当逃兵，是个死罪；造反，也是个死罪。横竖都是一死，干脆一不做二不休。

有一天休息的时候，秦朝两个带队的军官你一杯我一杯地喝起了小酒，都喝得醉醺醺的。吴广一看，机会来了，趁着两个军官脑子不清楚，故意凑上去说：长官，我看咱们反正不可能按期到达了，不如干脆散伙吧，各自逃命得了！

军官勃然大怒：你说什么？抽出鞭子，作势要打吴广。吴广居然不躲不避，冲上去就和军官对打。军官拔出宝剑就要杀吴广。吴广眼疾手快，空手夺白刃，反手一剑就把军官杀了。剩下一个军官大惊失色，正要反抗，陈胜立刻冲上来协助吴起。电光石火之间，两个军官都当场毙命。

九百个戍卒都看傻眼了，这是演的哪一出啊？怎么好端端的，突然就杀人了呢？

陈胜见群情疑虑，当场发表了一个激动人心的演说。他说：“公等遇雨，皆已失期，失期当斩。”我们遇到大雨，肯定迟到了，迟到那可是杀头的死罪。“藉第令毋斩，而戍死者固十六七”，就算不杀头，戍守边疆打仗，多半也是个战死的下场。“且壮士不死即已，死即举大名耳，王侯将相宁有种乎”，大丈夫不死则已，死就要死个轰轰烈烈，王侯将相难道是天生的吗？事成之后，我们每个人都可以裂地封王、出将入相！

陈胜讲完，众人群情激奋：陈大哥说得对，干一票大的，青史留名！

他们手里没有兵器，早已经被政府没收了，那就随便找根木头削尖了当兵器，这叫“斩木为兵，揭竿而起”。有了陈胜、吴广挑头，天下豪杰风起云涌。不可一世的大秦帝国，带着它那些精确严密的法律，一起被埋葬在了历史的深处。

往事越千年，转眼间已经到了1975年。这一年年底，天气一如当时的政治气候般寒冷。湖北省云梦县睡虎地一位村民在修建水渠时，发现新挖的渠道里有一段青黑色的泥土。这种泥土叫青膏泥，非常细腻，致密性很高，常常作为古代贵族的墓土使用。所以此处很可能是一处古墓葬。

村民将情况上报，政府非常重视，立刻组织考古队进行科学发掘。谁也没有料到，这一铲子下去，挖出了震惊世界的云梦睡虎地秦简。这个墓的主人不是贵族，只是秦朝的一个基层小吏，主要负责司法工作。打开棺木可见，墓主人遗骸的周围放满了竹简。经过清理，一共有一千一百五十五枚。睡虎地秦简的主要内容就是战国晚期的秦国和秦始皇时代的法律。这样大规模出土秦汉时代的法律文书，在中国考古史上是第一次。

睡虎地秦简的发现，意义重大。以前我们想要了解秦朝的法律，唯有阅读《史记》。《史记》对秦律的记载，只言片语、不成系统。更要命的是，《史记》是汉代人的作品，汉朝的合法性是建立在灭秦的基础上的。所以汉朝一定会给秦朝泼污水。司马迁作为史官，再严谨客观，也既不能免俗于时代观念之外，更缺乏秦朝法律的一手资料。睡虎地秦简使秦朝法律直接出现在世人的面前，意义之重大不言而喻。

睡虎地秦简中，有一支简记录了一条《兴律》。《兴律》就是征发徭役的法律。这条法律的内容，对中国人耳熟能详的《史记·陈涉世家》提出了颠覆性的挑战，暗示陈胜吴广起义可能隐藏着一个不为人知的秘密。

先逐句细读一下这条两千多年前的法律：

第1款：御中发征，乏弗行，赀二甲。

试译：中央征发徭役，如果你胆敢不来，罚金两副铠甲。

照着后世对秦律的刻板印象，中央征发徭役，你不是迟不迟到的问题，而是压根就没来，那肯定是杀！不对，杀还不解恨，满门抄斩！而秦律的规定，却是罚两副铠甲，相当于现代刑法的“罚金”。不过现代罚金交钱，秦朝罚金交一般等价物，在秦律中就是铠甲与盾牌。两副铠甲，在秦朝大概能换九十斤米。盾牌比铠甲便宜一些。

那么，问题来了：压根不来，尚且只是罚金，陈胜、吴广迟到呢？罪不至死吧？继续看：

第2款：失期三日到五日，谇；六日到旬，赀一盾；过旬，赀一甲。

试译：迟到三天到五天，行政训诫；迟到六天到十天，罚金一副盾牌；迟到十天以上，罚金一副铠甲。

一个熟悉的词语出来了：《陈涉世家》“失期法皆斩”的“失期”，也就是迟到。按照迟到天数的不同，给予分别处分。处罚的起点是迟到三天以上。如果迟到一两天呢？这应该是法律允许的误差范围。现代人坐飞机尚且可能晚点，秦朝人靠两条腿走几千里路，迟到一两天很正常，无罪。

如果按照这条法律，陈胜、吴广“遇雨，失期”，什么处罚？最轻，无罪；最重，一人罚缴一副铠甲。

惊讶吗？别着急，有意思的还在下面：

但书：其得也，及诣水雨，除。《兴》

试译：如果工程已经提前完工，或者遇到下大雨等不可抗力，那就免除此次徭役，不追究任何罪责。[①]《兴律》

所谓“但书”，是现代法律的术语，即法条原则的例外情况。如果按照

① 过去的释文将“除兴”连读。此处遵从王伟：《〈秦律十八种·徭律〉应析出一条〈兴律〉说》，《文物》2005年第10期。

这条“但书”，陈胜、吴广属于典型的“诣水雨，除”，遇到下雨的不可抗力，可以免除徭役或免除罪责。根本不是什么“失期，法皆斩”。

两份史料发生矛盾或不一致时，怎么办？睡虎地秦简和《史记·陈涉世家》，谁更有科学依据？

历史的可能与真相

历史从来不是天经地义的客观存在。历史一边发生，一边流逝。你读到的每一本历史书，书上的白纸黑字，仿佛千真万确、不容置疑，实际上都是历史学者记录、整理、取舍、创作的结果。对这些东西，不应当无条件相信，而应该动用自己的头脑进行思考。这才是读历史的乐趣所在。接下来，我借大泽乡起义这个案例，邀请您一起来体验历史学者思考的乐趣。

第一步，鉴定两份史料的情况。

先看时间。睡虎地秦墓的墓主人死于公元前 217 年，比陈胜、吴广起义早八年；《史记》创作于汉武帝晚期，比陈胜、吴广起义晚一百多年。谁靠谱？

从时间上看，睡虎地秦简要近得多，但是不能排除这八年中修改过法律的可能性。再看史料性质，睡虎地秦简记录的是秦朝的法律，属于官方文件；《史记》是汉朝的史书，属于私人创作。睡虎地秦简更接近一手史料。最后看史料与史事的关联度。《史记》直接描写了陈胜、吴广起义的导火索是“遇雨失期，失期法皆斩”。而睡虎地秦简只说了“失期”的种种法律后果，具体到陈胜、吴广这一次“失期”到底该当何罪，这是后人推导出来的，睡虎地秦简本身没有也不可能作出说明。

鉴定完史料情况后，进入第二步，提出假设。面对矛盾的史料，读史者最好能提出一种假设，完美解释史料之间的矛盾。你认为睡虎地秦简为什么和《史记》的记载完全不一样？你能想到几种可能性？

第一种可能，法律改了。

睡虎地秦简是秦始皇三十年之前的法律，而陈胜、吴广起义发生在秦二世元年。很有可能这八年中，秦二世已经把秦始皇的法律改了，律条加重了。

原来无罪或者罚金，现在改成了“失期法皆斩”。《史记·李斯列传》就记载：秦二世刚刚即位的时候，曾经听赵高的话，“更为法律”，修改了相当一部分的法律。但是，赵高明确指出了此次修改法律的方针：“灭大臣而远骨肉，贫者富之，贱者贵之。”第一，这次修改法律主要是针对秦朝的贵族和大臣，尤其是为了杀死秦二世的兄弟姐妹，以免有人威胁他的皇位，这叫“灭大臣而远骨肉”；第二，新皇帝登基，必须讨好民众，发布大量惠民政策，这叫“贫者富之，贱者贵之”。2013 年，湖南益阳兔子山出土了一份秦二世登基时下发的诏书，内容主要是宽免刑罚、讨好老百姓的，这就是一个佐证。[①] 退一步而言，就算秦二世把《兴律》改得更重了，也不大可能把一个原本不算犯罪的行为，定为死罪。秦法就算再残暴，也不大可能如此任性。所以这种可能性有，但是不大。

第二种可能，当事人曲解法律。

秦朝的法律非常多，而当时人的识字率非常低。在这种情况下，法律普及的效果如何，有多少人能够准确知道“失期”的法律后果，这要打上一个大大的问号。陈胜、吴广和九百个戍卒很有可能都是法盲，并不清楚“失期”是什么罪。这支队伍中可能只有两个秦朝军官是懂法的。但是他们可能会在传播法律的过程中故意夸大其词，增强法律的威慑力。假设一个场景：陈胜、吴广一看，老下雨，估计无法按期到达了，就问那两个领头的军官：“长官，咱们迟到了是什么罪呀？”军官明知道迟到是罚金或者无罪，如果这么说，大家就不愿意赶路了，所以就吓唬他们：“失期法皆斩！迟到了都得死！赶紧赶路！”揣之常情，这也是有可能的。即便现代社会，有些地方宣传法律，也有类似于“放火烧山，牢底坐穿”这样简单粗暴的标语，秦朝发生这样的曲解也就在情理之中了。

第三种可能，后来人虚构历史。

汉朝建立的正当性，来自反抗暴秦。如果秦朝不残暴，那陈胜、吴广、刘邦、项羽造什么反呢？正当性消失了，起义就成了造反，革命者就成了野

① 秦二世元年牍文：“……元年与黔首更始，尽为解除故罪……毋以徭赋扰黔首，毋以细物苛劾县吏……”（参见湖南省文物考古研究所、益阳市文物处：《湖南益阳兔子山遗址九号井发掘简报》，《文物》2016 年第 5 期。）

心家。所以陈胜、吴广起义必须是因为秦法严苛。在这个叙事目的的驱使之下，“失期”的法律后果也就变成了“法皆斩”。至于秦律中“失期”到底该当何罪，这种具体的技术问题自然也就没人关心了。

以上三种可能性哪一种才是真相呢？在没有更强的证据之前，应该说都有可能。不过，法律史学者提示了一条新的证据，为历史呈现出一种新的可能性。① 陈胜、吴广的故事，又一次反转了。

又一次反转

战国时期，燕国和晋国联合进攻齐国。晏子给齐景公推荐了一位新人，名叫田穰苴。晏子说：此人“文能附众，武能威敌”，是一位出色的军事家。齐景公把穰苴叫来面试。果然，穰苴谈兵论战，头头是道，是个军事奇才。齐景公当场任命穰苴为将军，命令他带兵出征。

穰苴说：“我是个新人，出身卑微，人微言轻。您冷不丁把我提拔到高位之上，让我带这么多兵，恐怕不能服众。请您派个人给我当监军。”

齐景公问：“你想要个什么样的人呢？”

穰苴说：“最好是您面前的大红人，有威望，受人尊重的那种。”

齐景公说：“好啊，我手下有个庄贾，正好符合你的全部要求，那就让他给你当监军吧。”

穰苴回头就找庄贾：“庄大人，咱们的军队明天出发。我跟您约个时间吧，明天中午十二点，军门相会，不见不散。”

庄贾说没问题，明天见吧。

第二天一早，穰苴赶到军门，“立表下漏待贾”。“表”和“漏”是古代的两种计时器。他准备好两种计时器，算着时间，等庄贾来。等到中午十二点，庄贾还没来。一直到傍晚四五点，庄贾才醉醺醺地姗姗来迟。他解释说：“不好意思，亲戚朋友送行，应酬太多，多喝了两杯，来晚了。”

---

① 庄小霞：《“失期当斩”再探：兼论秦律与三代以来法律传统的渊源》，《中国古代法律文献研究》第十一辑，社会科学文献出版社2018年版。

穰苴立刻问军队的执法官："军法期而后至者云何？"按照军法，约定了时间却迟到，该当何罪？执法官的回答非常干脆："当斩。"迟到了是死罪，应该斩首。到这个时候，庄贾才明白，军令不是儿戏，这个田穰苴居然真想要自己的命，赶紧派手下向齐景公求救。但是已经晚了，等齐景公的使者策马狂奔、十万火急赶到现场，庄贾早已经身首异处。①

在这个故事中，史书明确记载"军法期而后至者当斩"，按照军队的法律，迟到是死罪，和陈胜、吴广所说的"失期当斩"是一样的。这样的例子，史书中比比皆是。例如，《史记·卫将军骠骑列传》记载，汉武帝时期通西域的张骞，有一次率领军队进攻匈奴，"失期，当斩，赎为庶人"，迟到了，应该斩首，结果花钱赎罪买了条命。

为什么如此严厉？因为这里的"失期当斩"不是一般的法律，而是军法。美国电影《将军的女儿》中有句台词："做事情有三种方式：正确的，错误的，军方的。"军队有军队的特殊规则。无论古今中外，军队的法律都不同于一般法律。军事上的迟到，与课堂上的迟到、公司里的迟到，造成的损失是不可同日而语的。张骞攻打匈奴"失期"，很可能造成一次战略合围的失败，很可能导致主力部队孤立无援，成千上万将士血洒疆场。这样的失期，判以死罪，并不过分。

陈胜、吴广等九百人是一群戍卒，他们去渔阳戍守边疆，适用的应该就是军法。所以《史记》的记载应该是准确的。睡虎地秦简关于"失期"的规定，应该是一般的法律，适用于徭役而非军役，也许并不构成对《史记·陈涉世家》的颠覆。

事情到这里还没有结束。在这个研究的基础上，可以再追问一句：这支军队迟到，按照军法，哪些人要斩首？是九百人全军斩首？还是只杀几个主要负责人杀鸡儆猴？

一般来讲，法不责众，这么多人一起处死是不可思议的。这样做，不仅会造成巨大的兵员损失，也会把帝国的军队成建制地逼上梁山。秦朝的立法者就算再不近人情，这点理智应该还是有的。从《史记》的叙事来看，真正

① 《史记·司马穰苴列传》。

"失期当斩"的很可能只有四个人：两个是秦朝的军官，还有两个就是陈胜、吴广这两名屯长。只不过那两名军官是老秦人，他们经历过商鞅变法以来一百多年法律文化的熏陶，养成了非常强的法律观念，所以仍然抱着侥幸心理催着大家赶路，希望能够及时赶到；而陈胜、吴广是新秦人，也就是原来山东六国的人，他们对秦法、对秦朝的统治本来就抱有抵触心理。再加上他们原来是老百姓，对于军法的严厉难以像职业军人那样去理解，所以选择了另一条更加冒险的道路。他们把四个人的"失期当斩"，一变而为九百人的"失期法皆斩"。秦法本来就以严苛著称，当此之时也就无人细究军法具体如何实施。陈胜、吴广先杀两个军官，把九百戍卒与他们的命运紧紧捆绑，这才振臂一呼，揭竿而起，点燃了秦末大起义的熊熊烈火。

历史的真相有着种种可能，有些可能性之间难以判定真伪，只能排列出信值的高低。"罗生门"不仅是重要的文学隐喻，在历史学中也层出不穷。面对历史的罗生门，既不应束书不观，认为一切都是假的，后人没有可能搞清真相；也不应游谈无根，咬定一种所谓的"真相"就迫不及待地大谈历史的经验与教训。历史对今人的意义，应当超越"古为今用"的层面，而直接作用于我们阅读文献的耐心、辨析史料的细心、推理真相的智识、保留空白的度量。

外五则　统一前夕的一件小事

一

《岳麓书院藏秦简（叁）》记录了一个案例，在秦朝统一的前一年，一群秦人、楚人在秦、楚两国之间来回逃亡，最终被一网打尽。这群人貌似无头苍蝇一样乱跑，其实他们的每一个临时决定都受到大时代、大事件的左右。让我们调高显微镜的倍数，从这个小小的案例，观察秦朝统一历史大势的细部。

秦王政二十五年（前 222 年）六月的一天，南郡代理郡守贾的案头放着一件案件卷宗。他打开一看，原来是辖下州陵县的代理县令绾、县丞越提交上来的，这起案件在法律适用方面存在困惑。按照秦国的制度，县令对法律适用存在疑惑，可以提交到郡，请求指示；郡如果也拿不准，可以逐级提交到中央的廷尉，乃至皇帝。

案卷材料上说：今年二月十七日，“达”前来报案。他说当天早些时候，一伙山贼突然出现，抢掠乡村，将一个名叫“好”的人杀伤。县里当即派出十六名治安官吏追捕盗贼。经过长期追踪、艰苦搏斗，治安官“尸”等八个人终于将盗贼团伙一网打尽，捕获了十四人。

县里立即对这十四名盗贼进行审讯，很快就搞清楚了这伙人的来历。原来，其中有四个人是秦国人，几年前逃亡到楚国的京州，结识了十个楚国人。他们便带着这十个楚国人再次逃亡，想要跑回秦国。走到秦国的州陵县境内，他们忽然后悔了。那四个秦国人说：“我们本来就是从秦国跑出来的，触犯了《亡律》，犯了逃亡罪。现在估计秦国不允许我们重新入籍。怎么办?”他们商量了一阵，决定在山谷之中落草为寇，靠武装抢掠为生。今年二月，在一次武装抢劫时，他们杀伤了一个秦国人，这才遭到围追，最终被捕。

这十四个人的罪名很清楚，他们犯了秦律中十分严重的攻盗罪、群盗盗杀伤人罪。等待他们的，将是法律的严惩。州陵县令和县丞头疼的问题是，怎么给立下大功的尸等八个人发放悬赏的奖金。

秦律规定：活捉本国群盗一名，赏金十四两。活捉外国群盗一名，赏金二两。问题就在于：第一，其中有四个秦国人，已经脱离本国国籍，逃亡楚国。活捉这四个人，按照活捉本国群盗还是外国群盗的标准来奖励呢？第二，在这群人落草为寇之后，杀伤秦国人之前，那十个楚国人的原居住地京州已经投降成为秦国的新领地。这十个人是否自动转为秦国国籍？活捉这十个人，又应当按照活捉本国群盗，还是外国群盗的标准来奖励？

南郡代理郡守看完案件，迅速作出批复：四个秦国人，按照活捉秦国群盗的标准发赏金；十个楚国人，按照活捉楚国群盗的标准发赏金。将赏金总额，平均分发给立功的八个人。

二

案件很简单。表面上看，这个历史细部似乎发生在另一个时空，与宏大的历史进程毫无瓜葛。实际上仔细推敲就能发现：

第一，本案涉及的秦地州陵、楚地京州，都在秦、楚两国的边界。

第二，在攻盗杀伤人案发前，京州易帜，从楚地变成了秦地。

第三，这伙人落草为寇之后，到杀伤人之前，没有显著的犯罪事实。由此可见，他们落草为寇的时间很短，应该在公元前222年二月之前，也可能在公元前223年左右。

翻查《史记·秦始皇本纪》可以发现，这几年秦国正在持续地进攻楚国，直至将其灭国：

原文：二十三年……（王翦）取陈以南至平舆，虏荆王。

意译：公元前224年，秦将王翦攻取陈地以南直至平舆的地方，俘虏了楚王。

原文：二十四年，王翦、蒙武攻荆，破荆军，昌平君死，项燕遂自杀。

意译：公元前223年，秦将王翦、蒙武攻打楚国，大败楚军。昌平君战死，楚将项燕自杀。

原文：二十五年……王翦遂定荆江南地；降越君，置会稽郡。五月，天下大酺。

意译：公元前222年，王翦终于平定了楚国在长江以南的腹地，原本臣属楚国的越族领袖投降。在越地设置了会稽郡。五月，天下饮酒狂欢庆祝。

京州易帜为秦地，应该就是这三次军事行动之一了，不妨逐一排除：

公元前222年，平定江南地、设置会稽郡的时间，应该在五月狂欢节之前不久，而且攻打的都是楚国腹地，而不是秦楚交界处，排除。

公元前224年，陈地以南直至平舆的土地，都在淮水以北，而州陵在淮水以南。与州陵交界的京州，虽然史料没有记载，但应该也在淮水以南，与新占领区距离太远，排除。

公元前223年，王翦、蒙武攻打楚国，主战场在淮南的楚国都城寿春，和本案的时间、地点都很吻合。京州归降为秦地，应该就是王翦攻占寿春之后，周边区域望风而降的结果。

这里出现了一个陌生的名字——昌平君。翻查《史记》可以发现，昌平君、昌文君曾经配合吕不韦，一起平定了“嫪毐之乱”。为什么一名秦国的功臣，会被围困在楚国都城之中？又为什么会成为秦灭楚之战的牺牲品呢？

三

《史记索隐》说：昌平君原本是楚国公子，是楚幽王的庶兄，是末代楚王负刍的兄弟。他可能是楚公子中比较疏远的一位，与兄弟昌文君一起长期在秦国任职。《睡虎地秦简·编年记》说：公元前226年，韩国故都新郑造反，被秦国俘虏的末代韩王安死于临近楚国的郢地。这两件事情应该不是偶然发生于同一年的。我猜测，韩王安是作为连坐对象，因为新郑造反而被杀的。韩王安死后，《史记》说昌平君迁移到了郢地。公元前224年，楚国最后的名将项燕拥戴昌平君为楚王，抵抗秦国。

为什么昌平君忽然又到了项燕的手里？在公元前226年与公元前224年之间，到底发生了什么？

原来，秦王嬴政想要对楚国发动灭国战争。他问老将王翦：你需要多少人？王翦说：项燕是名将，楚国实力雄厚，至少要六十万人。秦王皱眉，又问少壮派将领李信。李信拍了拍胸脯说：我只要二十万人。秦王很高兴，当场任命李信为灭楚战役的总指挥。王翦不得已，告老还乡。

公元前225年，李信讨伐楚国，大败而归。秦国曾经攻陷的楚国故地，大半重新沦陷。昌平君应该就是在这次战役之后，回到了他的母国。

回到之前的案件：为什么在秦国统一天下的前夕，那四个秦国人居然会逆历史潮流而动，逃亡楚国？也许不妨推测，李信率领的秦军惨败，项燕率领的楚国趁机收复失地，形势一片大好。正是在这样的背景之下，那四个秦国人才逃亡楚国，来到了京州。

但倒霉的是，公元前224年，秦王嬴政终于明智地起用了老将王翦，命他率领六十万大军，对楚国发动了灭国之战。战事非常顺利，不仅攻占陈以南至平舆的大片土地，还俘虏了楚王负刍。国不可一日无君，项燕毅然奉立同样拥有王室血统的昌平君为楚王，在寿春举起了最后的抗秦大旗。[①]《编年

① 昌平君的身世及反秦事业，参见田余庆：《说张楚》，《秦汉魏晋史探微》，中华书局2011年版，第1—29页。韩王安与昌文君之死的原因，是我根据《编年记》的体例推测出来的。

记》记载，还留在秦国的昌文君这一年四月死了。他的死亡，应该也是非正常死亡，因为昌平君的谋反，连坐而死。反过来推测，昌平君的谋反，应该就在这年的四月。

也许就在这一年，那四个出亡楚国的秦国人肠子都悔青了。他们带着十个楚国人，重新踏上了回国之路。可是走到州陵，他们感到进退两难，干脆在山谷中落草为寇，企图在秦、楚两强的夹缝之中观望形势，首鼠两端。

秦军主力迅速集结于寿春城下。就在这一年，在山谷之中为盗贼的那伙人所望不见的寿春城内外，有两个秦军的无名小卒往大后方写了两封家书。这两封家书，在两千多年后重见天日，成为中国历史上保存至今最早的私人信件。

四

湖北云梦睡虎地 M4 号墓出土了两块木牍，上面写着普通秦兵写往南郡安陆县的家书。

第一封信上说：黑夫协助原驻守淮阳的秦军，由淮水北岸向南岸进攻，围攻那座造反的城市寿春。我们现在还穿着冬装，请尽快寄可以制作夏装的布料来。落款时间是二月。

第二封信上说：惊已经进到那座造反的城市寿春了。如果再不寄夏布来，我们就要热死了。没有时间。但从天气转暖看来，应该在阳春三月之后。

黑夫和惊，是名将王翦麾下六十万秦卒之一。王翦依赖他们，在三月之后，攻陷了寿春城。昌平君战死，项燕自杀。京州易帜，变成了秦国的领地。转过年来的二月，在山谷之中穷无出路的十四个盗贼终于按捺不住，四处抢掠，遭到围追堵截，最终被一网打尽。

现在，让我们梳理出秦朝统一前后的历史进程，包括大人物嬴政、王翦、李信、昌平君、项燕和小人物黑夫、惊、十四人盗贼团伙，还有安陆县的秦吏喜：

秦王政二十年（前 227 年），末代韩王安被强制迁徙到郢地的某山。秦国鄢县司法官喜的母亲去世。

秦王政二十一年（前 226 年），韩国故都新郑掀起反秦斗争，韩王安受连坐而死。在秦国任职的楚公子昌平君被迁徙到郢地。王翦的儿子王贲攻打楚国，占领了十几个城。秦王嬴政想要发动灭楚之战。他任用少壮派将领李信，老将王翦告老还乡。鄢县司法官喜终于升官，担任南郡守的属官。

秦王政二十二年（前225年），王贲灭了魏国。李信发动灭楚之战，一开始战事顺利。楚国名将项燕发动奇袭，大破李信。秦国攻占的楚地，重新沦陷。昌平君趁机回到楚国。秦楚边界发生了大规模的逃亡潮。州陵县有四个秦国人逃亡到楚国京州，结识了当地的楚国人。

秦王政二十三年（前224年），秦王嬴政起用老将王翦，再度发动灭楚之战。王翦攻陷了陈以南到平舆的广阔土地，俘虏楚王负刍。项燕失去了他的封邑项地，誓与秦国不共戴天。四月，项燕立昌平君为楚王，在寿春举起了抗秦的大旗。昌文君在秦国受到连累被杀。秦楚边界又发生逃亡潮，无数楚人逃亡到秦国。那四个秦国人带着十个楚国人重新跑回秦国，想要归义。可是跑到州陵，他们后悔了，在山谷中落草为寇，想要在秦楚之间的这片“三不管地带”观望形势。

秦王政二十四年（前223年）二月，秦军士兵黑夫、惊参与围攻寿春的战役。他们写信给秦地安陆县的老家，索要制作夏衣的布。大约三月，王翦攻陷寿春。昌平君战死，项燕自杀。天气转暖，惊在寿春城中又写了一封索要夏布的家书。秦军趁机攻占寿春周边的楚地，京州易帜，归降秦国。

秦王政二十五年（前222年）二月，困居山谷的十四人盗贼团伙四处抢掠，杀伤了一个秦国人。案发，尸等十六个人展开追捕，最终将盗贼团伙一网打尽。经过审讯，弄清了案件的来龙去脉。但是怎么悬赏，却产生疑问。王贲活捉燕王喜，俘虏了代王嘉。王翦平定了楚国在长江以南的腹地，原本臣属楚国的越族领袖投降。秦国在东南沿海的越地设置会稽郡。五月，天下举行饮酒狂欢的节庆，庆贺秦国灭了楚国。五月十六日，州陵代理县令绾、县丞越将如何悬赏的法律适用问题提交到南郡。六月二十四日，南郡代理郡守贾给予批复。也许这份批复，正是精通法律的南郡守属官喜代为草拟的。①

① 本篇写作的史实部分，还参考了辛德勇：《云梦睡虎地秦人简牍与李信、王翦南灭荆楚的地理进程》，李学勤主编：《出土文献》第五辑，中西书局2014年版。

下篇　汉兴

（前 206—前 134 年）

第十章　约法三章

布衣将相之局

陈胜、吴广的起义以失败而告终。但继起的项羽、刘邦却取得了巨大的成功。公元前 206 年，刘邦率领大军进入咸阳，秦朝就此灭亡。从此以后又经过四年的时间，刘邦最终统一天下，建立了汉朝。

秦失其鹿，天下英雄共逐之。逐鹿群雄大多是六国王族、贵族的后代，要人有人、要钱有钱、要名头有名头。尤其西楚霸王项羽，是楚国贵族的后裔，军事能力出众，百战百胜，政治号召力极强，一呼百应。这么多贵族、豪杰最后都失败了，刘邦率领的一群“泥腿子”成功了，这是当时谁也没有想到的。那么，刘邦成功的秘诀，究竟是什么？

清代史学家赵翼撰写的《廿二史札记》中有一篇《汉初布衣将相之局》。他说，汉朝是中国历史上非常特殊的一个朝代。此前的朝代，无论夏、商、周、秦，都是贵族建立的王朝。夏、商、周、秦的祖先都是各自部落或诸侯国的君主，而且有着共同的祖先、高贵的出身。夏朝祖先是鲧和禹，都是尧舜的大臣。鲧的父亲是五帝中的颛顼，颛顼的祖父是黄帝。商朝祖先是契，也是尧舜的大臣。契的父亲是五帝中的帝喾，帝喾的曾祖父也是黄帝。周朝祖先是后稷，也是尧舜的大臣。后稷的父亲是帝喾，也是黄帝的后裔。秦朝祖先是伯益，还是尧舜的大臣，再往上追也可以追到黄帝。所谓“炎黄子孙”在今天是一句象征性的话，在当时却是真话。那些第一等的大贵族往上追，都可以追到炎帝、黄帝。

汉朝不一样。汉朝是中国历史上第一个平民建立的政权。汉朝的开国功臣，都出身于社会的底层。

萧何是小吏，曹参是狱警，都是基层官员，他俩算是出身好的。樊哙是杀狗卖肉的屠夫。周勃是乐队成员——什么乐队？丧乐队，给人办白事奏哀乐的。灌婴是卖布的，娄敬是拉车的。韩信、陈平更惨，他俩是“白徒”，也就是无业青年。

汉朝开国功臣之中，只有一个贵族——张良。张良是韩国的贵族，祖上“五世相韩”，连续五代人都是韩国的丞相，血统很高贵。所以张良站在刘邦那群“泥腿子”之中，显得格格不入。司马迁曾经看过张良的画像，认为张良“状貌如妇人好女”，长得像个美女，吃惊得眼镜都跌破了。为什么一个男子会长得像“妇人好女”？出身高贵，平时保养得好，站在一群风吹日晒的“泥腿子”中，自然绝尘脱俗。

这是汉朝的布衣将相。刘邦本人也是一个平民天子。以前的君主，无论禹、汤、文、武、秦始皇，都可以上溯几十代祖先，一直追到黄帝。刘邦呢？一代都追不上去。同样是平民天子，朱元璋好歹还知道他父亲叫朱五四，爷爷叫朱初一，名字虽然难听一点儿，好歹有个名字。刘邦的父亲，名字都没留下来。

《史记》中记载：刘邦的父亲是刘太公。所谓刘太公，就是刘大爷的意思。名字失传了，也可能是穷人家的孩子，没有起名字。刘邦的母亲更惨，姓都没留下来，叫刘媪。刘，是随夫姓；媪，就是大妈的意思。

刘邦原来叫刘季，也就是刘老三、刘老四的意思。刘邦的名字是后来起的，翻译成白话就是“刘建国”。

刘邦后来得了天下，当了皇帝，也觉得自己出身太低贱，就让手下的文官替他编造一个高贵的出身。汉朝的开国文官文化程度比刘邦能强点儿。他们写了个故事，给刘邦编了个高贵的出身。

故事说：刘大妈有一天在地里干完活，累了，躺在河边树荫下午睡。刘大爷可能带着便当去看老婆，远远地看到刘大妈午睡之处风云突变，电闪雷鸣。别的地方万里晴空，就树荫下电闪雷鸣。刘大爷觉得奇怪，走近一看，刘大妈躺地上睡觉，身上盘了一条龙。刘大爷看看龙，龙也看看刘大爷，问：您有事儿吗？刘大爷赶紧说：没事没事，你们忙！转身走了。后来，刘大妈就怀孕了，生个儿子就是刘邦。

这个故事想说明什么道理？文官们的意思是：夏商周秦的祖先都是炎黄子孙，皇上您不一样，您是龙的传人！这种传说欲显刘邦出身之高贵，恰形其低贱。

这就是汉初的平民天子、布衣将相之局。为什么要讲述开国君臣的出身？

刘邦和他的伙伴们，生活在秦朝的最底层。秦始皇和李斯高高在上，无法看到存在的问题，他们在底层有切身的感受。大兴徭役、苛捐杂税、严刑峻法，秦法的每一个弊端，都给他们带来实实在在的痛苦。唯其深受其害，故能深知其弊。

秦始皇和李斯从理论层面高屋建瓴，绝大部分时间都是在实践着法家思想的，认为儒家要不得，必须焚书坑儒。秦始皇和李斯觉得最要紧的事情，刘邦连听都听不懂。他压根儿不明白，为什么要急赤白脸地焚书坑儒，搞意识形态斗争。刘邦和他的伙伴们只知道，老百姓最痛恨的究竟是什么，老百姓最想要的又是什么。所以，刘邦集团在秦末群雄并起之时，恰似一股清流。当别的军阀都在为一些不急之务争得头破血流的时候，刘邦集团却能采取最得人心的措施。

先看汉朝制度史的起点——约法三章。

约法三章的奥秘

秦末，楚国贵族后裔项氏拥立楚怀王为名义上的领袖。楚怀王与麾下各路将领约定：谁能率先灭秦，谁就占有秦国故地，做关中王。公元前 207 年，项羽、刘邦兵分两路，向秦朝全面开战。项羽在钜鹿与秦军主力打了一场硬仗，以少胜多，取得了决定性的胜利。而刘邦则借此机会进入了秦朝的心脏地带——关中。

此时，秦朝高层爆发了一系列隐秘的权力斗争。丞相李斯被宦官赵高陷害，满门抄斩。赵高又杀死了秦二世胡亥，立秦始皇的一个侄子子婴为帝。但此时关东形势激变，反秦情绪高涨，子婴不敢再称皇帝，只好退帝位，称秦王。秦王子婴不甘心充当傀儡，便用计杀死了赵高。

但他并非咸阳城最后的胜利者。公元前 206 年，刘邦大军兵临咸阳城下。

末代秦王子婴见大势已去，无可奈何，只好乘白马、坐素车，脖子上挂着一条长长的白布，用盒子装着皇帝的玉玺，开门投降。曾经盛极一时的秦王朝，仅仅存在了十五年，就此灰飞烟灭。

如何处理亡秦的君主，当时有一番争议。部下都劝刘邦：秦朝暴虐无道，我们起兵就是为了灭秦。不如将秦王子婴斩首示众，向天下宣示正义的胜利。刘邦说："楚怀王命我统军入咸阳，就是看中我的宽容大度。如今子婴已经投降服输，不宜再杀。"（始怀王遣我，固以能宽容；且人已服降，又杀之，不祥。）刘邦是六国遗民。他三十多岁时，曾亲眼见证秦朝统一天下时对六国人的残酷杀戮与镇压，将心比心，不愿再以暴易暴。这种见识虽然卑之无甚高论，却是高高在上的秦始皇所不及的。

刘邦率领他那群"泥腿子"进了咸阳城，就好像刘姥姥进了大观园，乱花渐欲迷人眼。咸阳城经过商鞅以来一百多年的经营，城墙宫殿高峻巍峨，亭台楼阁富丽堂皇，后宫佳丽三千取之不尽，国库金银财宝用之不竭。

想当年刘邦到咸阳服役，看到秦始皇的威仪赫赫、骄奢淫逸，曾经感慨："大丈夫当如是也！"如今才几年时间，他居然梦想成真，站在了咸阳之巅，拥有了当年秦始皇曾经拥有的一切。试问谁能把持得住？所以刘邦的第一反应是搬进咸阳的宫殿，过一把皇帝瘾！

上有所好，下必甚焉。刘邦的手下一看，老大已经堕落了，我们还装什么清高？争先恐后地冲进后宫和国库，抢钱的抢钱，劫色的劫色，搞得一塌糊涂。

大将樊哙和谋士张良头脑比较清醒，站出来劝阻刘邦：咱们起兵推翻秦王朝，可不是为了睡龙床，而是为了解救黎民百姓于水深火热之中。如今秦朝虽然灭亡，但秦法之弊仍在，您可不能重蹈亡秦的覆辙啊！

刘邦一听，有道理，一个鲤鱼打挺就从龙床上坐起来，宣布：大伙儿都别抢了，关闭国库、封锁后宫，全军撤到咸阳城外驻扎，严禁骚扰百姓！

这就是刘邦，中国历史上的第一个平民天子。他有着小老百姓身上的很多缺点，但是从善如流，知道好歹，尤其知道以亡秦为反面教材。

刘邦退出咸阳之时，召开了一次大会。与会者是秦王朝统治核心地区（关中）各县的父老和豪杰。父老，就是地方上德高望重的老人；豪杰，就是地方上有钱有势的领袖。刘邦把这些人叫到一起开会。他说：我刘邦起兵反秦，不是为了争权夺势，而是为了救黎民于水火，解百姓于倒悬。当初，我和项羽有个约定，谁先打入关中、占领咸阳，谁就当关中的王。如今我来了，按照约定，我将来就是关中王。现在我也跟你们来个约定——约法三章。什么叫约法三章呢？你们不是痛恨秦法残酷吗？等我做了关中王，我就只保留三条秦法："杀人者死，伤人及盗抵罪。"第一，杀人者死；第二，人身伤害类犯罪，处刑；第三，财产侵犯类犯罪，处刑。其他的秦朝法律，一律废除！所有官员和民众，仍然待在自己的岗位上，不加变动。我是来灭秦的，为民除害的。如今秦朝已亡，大害已灭，请不要恐慌！[①] 咸阳的父老豪杰听了，欢欣鼓舞，一致拥戴刘邦。这就是历史上著名的"约法三章"的故事。

约法三章，耳熟能详，新的问题必须要有新的思路。不妨从法文化的角度提出两个问题：

第一，为什么要约法三章？

刘邦的约法三章，不是一部实际实施的法律，而是一个有条件的承诺。什么条件呢？等他做了关中王。如果刘邦没做成关中王，那么他跟关中父老的约定当然就无法兑现了。所以从本质上讲，"约法三章"是一个拉选票的政治行为，而不是一个技术治理的立法活动。刘邦是在画饼，在向关中父老描绘自己将来的施政蓝图。当时取得的直接效果是："人又益喜，唯恐沛公不为秦王。"关中父老非常高兴，就怕刘邦将来当不了他们的王。民意调查显示，刘邦通过约法三章，在关中地区取得了非常高的支持率。

后来的历史众所周知，项羽利用压倒性的兵力优势摆鸿门宴，把刘邦赶出关中，自己进了咸阳。项羽的表现如何呢？他在进咸阳之前，就活埋了二十万秦军俘虏。这些秦军俘虏，大多是关中父老的子弟。项羽进入咸阳后，采取了为楚人复仇的姿态。他杀死末代秦王子婴，火烧阿房宫，把秦人苦心经营几百年的关中地区抢掠一空。这样，项羽就和关中父老结下了血海深仇；

---

① 《史记·高祖本纪》：召诸县父老豪桀曰："父老苦秦苛法久矣，诽谤者族，偶语者弃市。吾与诸侯约，先入关者王之，吾当王关中。与父老约，法三章耳：杀人者死，伤人及盗抵罪。余悉除去秦法。诸吏人皆案堵如故。凡吾所以来，为父老除害，非有所侵暴，无恐！且吾所以还军霸上，待诸侯至而定约束耳。"

同时，关中父老也就更加想念当初刘邦和他们约定的承诺。后来刘邦重新出兵关中，父老豪杰夹道欢迎。善用民心者得民心，能得民心者得天下，楚汉相争的历史再次证明了这一点。

第二，约法三章够用吗？

天下事情，变化万千，区区三章之法够用吗？当然不够。早在刘邦刚进咸阳，他的手下争先恐后去抢财宝、抢美女的时候，有一个人避开汹涌的人群，默默地走进了丞相府和御史府，抱出一大堆秦律。他想要为“汉承秦制”做准备，为未来缔造的新政权奠定法制的基础。这个人，就是刘邦的首席文臣——萧何。

萧何到丞相府、御史府来找“律令图书”。图，就是地图；书，就是户籍文书。有了“图”与“书”，天底下哪里形势险要，哪里人口繁盛，哪里可以征多少粮食，哪里可以征多少兵员，就一目了然了。所以后来刘邦跟项羽两人相争的时候，刘邦好像打游戏开了挂一样，虽然前线不断吃败仗，但是后方的钱财、粮草、兵员源源不断输送前线。项羽武力强大，却越打越穷，后劲不足；刘邦武力不足，却败而不亡，很有韧劲，秘密就在这个“图书”。律令，就是秦朝的法律。萧何后来在秦律的基础上，制定了汉朝的基本法典《九章律》，全盘沿袭了秦朝的法制，史称“汉承秦制”。萧何曾经担任秦朝的基层官吏，深知律令的功用。别人都在抢财宝、抢美女的时候，唯独萧何默默抱着这一堆律令图书走了出来。由此可以看出萧何的眼光。

有一个问题很有意思：刘邦在前面的市政广场上拉选票，承诺将来废除绝大多数的秦律；萧何却在后面的丞相御史府搬文件，打算将来继承绝大多数的秦律。刘邦正在控诉秦法的罪恶，萧何却在接收万恶的秦法。萧何是不是在拆刘邦的台？“汉承秦制”和“约法三章”是否矛盾？

“悉除秦法”与“汉承秦制”

为了理解“约法三章，悉除秦法”与“汉承秦制”的关系，不妨作两个历史的假设。

假设一：只约法三章，不汉承秦制。

刘邦打进咸阳城，召集父老豪杰，宣布：所有秦法一律废除，只保留杀人、伤人、盗三条。后来刘邦夺取关中，统一天下，为了兑现承诺，真的只用这三条法律进行治理。

这种做法的荒唐，不言而喻。《汉书·刑法志》云："三章之法不足以御奸。"天下之大，无奇不有；犯罪情势，千变万化。三章之法怎么可能够用？如果刘邦真的约法三章、悉除秦法，那他就不仅仅是在废除秦朝的法律。他是在以简单的民粹头脑、粗暴的行政命令，将周公制礼、吕侯制刑、李悝制《法经》、商鞅制《秦律》以来上千年的法律文明一笔勾销。这个时空维度的刘邦，必将成为法律史的罪人；这个时空维度的"约法三章"，绝不是什么佳话，而是法律文明的浩劫，与秦始皇的"焚书坑儒"相比，不遑多让。

假设二：只汉承秦制，不约法三章。

刘邦打进咸阳城，召集父老豪杰，宣布：暴虐的秦王朝已经推翻，一个新政权即将建立。新政权的立法工作正在紧锣密鼓地进行，我们组织了一批最优秀的立法专家，以审慎的态度、科学的方法，认真审订秦法。秦法中有优秀的成分，我们力求取其精华；秦法也有不少为人诟病的因素，我们必将去其糟粕。我们相信，经过一段时间的努力，一定能够拿出一部成熟的、更能代表广大群众根本利益的法典，给民众一个交代，给历史一份答卷！

秦法当然既有精华、也有糟粕，理性的立法者当然应该取其精华、去其糟粕。那么关中父老豪杰听到刘邦这番陈词，会是什么反应？当然会觉得：什么取其精华、去其糟粕，冠冕堂皇的官话假话，其实根本就是天下乌鸦一般黑，换汤不换药！这个时空维度的"汉承秦制"，也许根本不会有发生作用的机会。

对历史进行假设，不是反历史，而是为了通过"平行时空"可能发生的情况，更好地理解这个时空实际的历史选择。"约法三章"与"汉承秦制"的性质其实截然不同。"约法三章"是政治事件而非法律事件，"汉承秦制"是法律事件而非政治事件。政治事件的功能是对秦朝合法性的革命，废除其"法统"，争取民心；法律事件的功能是对秦朝技术治理成就的继承，接管其制度，治理民众。两者的前后次序与功能不可混淆。

还是以儒家理想的模范王朝西周为例。周武王灭商之后，将纣王的尸体斩首示众，并祭告上天，说："我替天行道，革去了殷商的命，由周朝接受上天的新命。"（膺更大命，革殷，受天明命。）这就是政治革命，对殷商合法性的否定。接下来却向商朝遗老箕子请教治国的大法，在殷商故地继续沿用商朝鼎盛时期的优良制度。（乃反商政，政由旧。）这就是法律继承，对殷商制度的接管。接管殷商的制度，并不意味着毫发无损，而是有损有益。孔子说："周因于殷礼，所损益可知也。"对于殷的"命"，"革"之；对于殷的"礼"，"因"之。在"因"的大前提下，有"损"有"益"，从而逐步形成具有西周自身特色的周礼。因革损益的政治智慧与立法步骤，值得有国者深思。

刘邦以"约法三章"，"革"秦法之"命"；萧何以"汉承秦制"，"因"秦律之"制"；汉惠、吕、文、景数朝帝、后，对开国的制度"损"其恶法，"益"之以良法，到了汉武帝时期终于形成了"霸王道杂之"的"汉家制度"。

又如唐朝，高祖李渊废除隋律、约法十二条，这是"革"；太宗李世民因循隋律，制定贞观律，这是"因"；高宗、武后、中宗、睿宗加以"损益"，至开元之世集其大成，形成开元礼与开元律疏的制度体系。这就是中国古代王朝制度史的标准模板。

中国法律史几千年的实践表明，走对了，就能长治久安；走错了，要么补课，要么灭亡。有些王朝刚开国就打算前功尽弃、平地起高楼，结果只能导致当时的法律灾难或后世的法制不振。所以，刘邦在"约法三章"的同时，萧何却在准备汉承秦制，这个历史故事的背后，蕴藏着丰富的法律智慧。

刘邦与萧何的相反相成，并非有意设计的结果，而是凭着社会底层的实际需求，不期然而然的行为。后人读史，可以预知未来。但对于当时的刘邦而言，却前途茫茫、步步惊心，只要行差踏错一步，便可能重蹈亡秦的覆辙。

经过四年的楚汉之争，刘邦终于战胜项羽，夺取天下，建立汉朝。而制度的考验，才刚刚开始。

外六则　世间有无《九章律》

正文言之凿凿地描述了萧何制定《九章律》，好像西汉初年真的有这样一部法典。可是地下挖掘的材料，却好像不能支持这个“史实”。①

今天关于《九章律》的认识，主要来自《唐律疏议》和《晋书·刑法志》。这两种书都是唐朝的文献。它们说：战国初年，魏相李悝综合各国的法律，制定《法经》，一共有《盗法》《贼法》《囚法》《捕法》《杂法》《具法》六篇。商鞅从魏国跳槽到秦国，就带着这部《法经》。变法期间，商鞅将《法经》改为《秦律》，这就是所谓的“改法为律”。

秦末，刘邦攻入咸阳城，萧何从丞相御史府搬走了全套秦律，加上了《户律》《兴律》《厩律》三篇，六加三等于九，这就是《九章律》。后来叔孙通制定了十八篇《傍章律》，汉武帝时张汤、赵禹又制定了《朝律》六篇，《越官律》二十七篇。这四部律加在一起，就是《汉律》六十篇。其中，《九章律》被称为“正律”，其余五十一篇被称为“旁章”。

长久以来，人们对以上这个叙述流畅的法律史故事深信不疑。直到1983年。这一年，湖北江陵张家山汉墓出土了一大批竹简。和睡虎地秦墓一样，其中包括大量的律令文书与司法案例。经过整理，其中最大宗的一种叫作《二年律令》，这是竹简上本来就写着的题目。这批律令包含二十七种律，一种令。这究竟是哪一年的律令？为什么会有二十七种？

整理专家找到了两条断代的依据：第一，墓里还出土了一种《历谱》，其中最后记录的年份是吕后二年。第二，律文中提到要优待吕宣王的家属。吕宣王，是吕后元年给她死去的父亲追加的谥号。按照刘邦立下的“白马之盟”，非刘姓是不能称王的。所以可以想见：其一，《二年律令》应该在吕后元年之后；其二，汉文帝以后拨乱反正，废除了吕后时代的种种乱制，恢复了刘家天下的基本秩序，“吕宣王”这种违反祖宗之法的称号应该会被革除。

---

① 张忠炜：《秦汉律令法系研究初编》，社会科学文献出版社2012年版。

所以，《二年律令》应该是吕后二年的律令。

这就奇怪了：史书从没有说过吕后时期颁布过什么《二年律令》。按照史书记载，吕后二年应该只有萧何制定的《九章律》和叔孙通制定的《傍章律》，加在一起倒是二十七篇。可这二十七篇，与《二年律令》的二十七种并不吻合。《九章律》的九篇，在《二年律令》中有七篇，还少《囚律》《厩律》两种；其余七篇，也看不出在二十七种律中有什么“正律”的特殊地位。

如果再去翻一翻睡虎地秦律，又会发现：秦律也远远不止人们过去以为的六种。那么，是传世文献写错了吗？

这时候，人们才注意到《史记》可从来没有提到过什么《九章律》。关于萧何制定法律，《史记》只有一句总括性的话：“萧何次律令。”次，是排序、整理的意思。这批律令有几篇？《史记》可没说。到了东汉，班固《汉书》才明确说萧何“作律九篇”。看来，东汉人已经看到《九章律》了。学者们猜测：可能萧何继承的秦律有好几十篇，在西汉的立法工作与律学研究过程中，其中九篇的地位慢慢凸显，到了西汉末年或东汉初年，终于形成了《九章律》的文本。

那么，《二年律令》又是怎么回事？它为什么缺了《囚律》《厩律》？它是吕后立的法吗？它是吕后二年的全部律令吗？这座汉墓的墓主人又是谁？

其实仔细阅读《历谱》，会发现虽然这位墓主人比睡虎地秦墓的“喜”低调得多，但还是留下了一点蛛丝马迹。在汉王四年（前 203 年）八月，有“新降为汉”的记录。说明墓主人所在的地区，在这个月从项羽的楚地易帜为刘邦的汉地。在惠帝元年（前 194 年）六月，有“病免”的记录。说明墓主人在这一年脱离公职，因病退休。而公元前 203 年到公元前 194 年的近十年之间，这位墓主人应该在汉朝的基层政府担任职务。

这座汉墓还发现了一支鸠杖。按照《二年律令》，只有七十岁以上的老人，才能获得鸠杖，作为享受某些福利的凭证。而这位墓主人大概率死于吕后二年（前 186 年）前后。倒推回去，假如吕后元年此人七十岁以上，那么惠帝元年因病退休时，他应该在六十二岁以上。确实可以退休了。

问题来了。《二年律令》收录了许多惠帝元年到吕后二年之间的法律。

老同志都已经退休了，不在家含饴弄孙享清福，还抄那么多和他一点关系都没有的法律干什么呢？练书法吗？还是活到老、学到老？[1]

学者们推测：这个“二年”，不是吕后二年一次性制定、颁布了这批律令，而是吕后二年集中抄写了这批律令。抄写具有高度的选择性，很多律条抄得不完整，也很可能漏抄了《囚律》《厩律》之类的律篇。为什么要抄？很可能是用来陪葬。

《九章律》绝不是汉初律令的全貌，我们不应取消传世文献的时间性，轻信东汉至唐代的记录以判定西汉的情况；《二年律令》也不是汉初律令的全貌，我们不应捡到篮子里就是菜，抱定一个残断的出土文献，就想推翻传世文献。在传世与出土两种文献之间寻求弥缝，这才是学者应当保持的审慎态度。

2006年，云梦睡虎地清理了一座汉墓，发现了一批汉文帝时代的律令。2018到2019年，荆州胡家草场也发掘了一座汉墓，同样出土了一批汉文帝时代的律令。这两批律令与《二年律令》不同，都将十四或十五篇律编成一卷，背面写着“□律”（前一个字已无法辨认）；剩下的律编成一卷或二卷，背面写着“旁律”。[2]

“□律”是不是正律？是不是《九章律》的衍生或雏形？对《九章律》的理解，是否经过否定之否定的阶段，又可以获得新的认识？世间究竟有无《九章律》？

不断追索的过程，比答案好玩多了。

---

① 以上关于墓主人年龄的推测，参见李婧嵘：《〈二年律令〉简书性质探析》，《史林》2016年第5期。

② 陈伟：《秦汉简牍所见的律典体系》：《中国社会科学》2021年第1期。

第十一章　下马治国

辱儒与用儒

刘邦现在接管的天下，是一个怎样的形势？

春秋战国打了几百年的仗，秦朝好不容易统一，却没有一天消停日子，除了服军役就是服徭役。秦末群雄并起，四年楚汉之争，社会的元气消耗殆尽，天下早已疲敝不堪。

《史记·平准书》有几句话非常形象："汉兴，接秦之弊。"汉朝建立之时，接管了秦朝的烂摊子。此时的汉朝，还不如秦朝。"丈夫从军旅，老弱转粮饷，作业剧而财匮"，青壮年男子都去打仗了，老弱病残也都去运粮食、搞后勤了。这还是好的时候，战争激烈的时候，老弱也要上阵打仗。每个人都忙于国家的公共活动，家里的私财早已匮竭。不仅是民众匮竭，天子、将相也都捉襟见肘。"自天子不能具钧驷，而将相或乘牛车"，贵为皇帝之尊，想要找四匹毛色相同的马来拉车都找不着。哪去了呢？战死了。刘邦坐马车，只能一匹红马、一匹白马、一匹黑马，再凑一匹驴子，五颜六色，混搭风。这还是皇帝。将相呢？只能坐牛车。萧何上朝，骑头牛，跟太上老君似的，比刘邦还拉风。普通老百姓更惨，"齐民无藏盖"，齐民就是编户齐民；藏盖，即藏着的、盖着的东西。平头老百姓家里，没有任何东西值得藏着、盖着。不要说金银首饰了，口袋里没钱，米缸里没米，晚上睡觉都不用关门，小偷进屋转一圈，含着眼泪就出去了。要想实现夜不闭户，只有两种情况：一种是道德高尚，没人想偷东西；还有一种就是实在太穷了，赤贫，实在没什么可偷的。

汉朝开国，比秦朝开国之时惨多了。秦朝开国，战国七雄经过几百年的积累，都有大把财富，被秦始皇接管。所以秦始皇还能横征暴敛、穷奢极欲。汉朝开国，完全是个千疮百孔的烂摊子。刘邦当年感慨：“大丈夫当如是也!”大丈夫就应该像秦始皇那样威风凛凛！好不容易轮到他自己做皇帝，穿一身衣衫褴褛的龙袍，坐一辆五颜六色的马车，别提多憋屈了。

秦朝灭亡的一大教训，就是没有从战时法制及时转向治理法制，没有从武功转向文治。那么，刘邦作为汉朝开国皇帝，有没有这个自觉呢？完全没有。

秦始皇和李斯没有转型，是因为过于自信。秦始皇是贵胄之后、天纵之才，李斯是名师高徒、诸子百家的集大成者。他们都是非常聪明的人物，而聪明人勇于自信，他们相信他们创造的这套体制是最完美的，可以千秋万代，传之无穷。结果没有转型，很快灭亡了。

刘邦呢？刘邦是社会底层的平民，没有文化，没有见识，根本不懂得治国安邦的道理。照理说，君主自己没文化，关系不大。君主身边总有几个有文化的高人，只要礼贤下士、从善如流，自然可以垂拱而治。最要命的是，刘邦不仅自己没文化，而且最讨厌儒家的知识分子。

刘邦当年打仗，路过高阳。当地有个六十多岁的老儒生叫郦食其，想来投奔，就请刘邦的一个手下帮忙引见。手下很为难：“我家主公最讨厌知识分子了。但凡有儒生，穿一身儒服，峨冠博带、宽袍大袖来见主公，主公第一时间摘了这儒生的帽子，扔在地上，当着儒生的面往帽子里撒尿。尿完以后，还要破口大骂，把这个儒生给骂跑。我看您老也是个儒生，还是别自取其辱了。”

郦食其十分恼火，拔出宝剑，破口大骂：“谁是儒生？你才是儒生，你们全家都是儒生！你去告诉刘邦：老子不是儒生，老子是高阳的酒鬼!”

这个手下吓得不行：知识分子要流氓，比刘邦还流氓！赶紧进去报告刘邦。刘邦一听：酒鬼？这不错，跟我对脾气，让他进来！

郦食其进来，见刘邦正坐在床边洗脚，一左一右两个美女伺候着。战国秦汉人穿的裤子没有裆，坐着是很不礼貌的，容易走光。郦食其看到刘邦没礼貌，也不讲究礼数，随便鞠了个躬，就问：“你起兵是想帮群雄灭秦呢，还是想帮秦朝灭群雄呢?”

刘邦看到郦食其，哪里是什么酒鬼，明明穿着一身儒服，是个知识分子嘛！当场破口大骂："竖儒！"竖儒，相当于后世骂"臭老九"。刘邦说："臭老九！老子的军队是义兵，当然是要讨伐无道之秦了！"郦食其说："你既然自诩义兵，要讨伐无道，为什么现在却这么无道，坐着见我老人家呢？"刘邦赶紧擦了脚站起来，接见郦食其。

从这个故事可以看出两个特点：第一，刘邦确实很讨厌儒家知识分子；第二，在必要的时候，刘邦也善于利用儒家知识分子。所以，天下平定之后，刘邦的第二个特点很快战胜了第一个特点。

君主的惭色

刘邦手下有个儒生叫陆贾，能言善辩，精通儒术。他在刘邦面前讲话，动不动就引经据典。有一次，陆贾又当着刘邦的面背了一大段文言文，刘邦实在忍无可忍：你成天在我面前掉书袋，不就是欺负我没文化嘛！便旧性复发，破口大骂："乃公居马上得之，安事诗书！"乃公，就是"你爸爸"的意思，这是占人便宜的粗口。刘邦说："你老子我在马背上得的天下，你在老子面前拽什么文！"

陆贾听了，并不生气，反而哈哈大笑："居马上得之，宁可以马上治之乎？"你在马背上得的天下，这没错；但现在天下已经平定了，难道你还打算继续骑在马背上治天下吗？

接下来，陆贾又开始引经据典："汤武逆取而以顺守之，文武并用，长久之术也。"中国传统政治文化讲究"逆取顺守"。打江山靠武功，这叫"逆取"；坐江山靠文治，这叫"顺守"。一张一弛，文武结合，这才是长治久安之术。陆贾说：你看秦朝，没有及时从战时法制转向治理法制，结果二世而亡。"乡使秦已并天下，行仁义，法先圣，陛下安得而有之？"如果秦朝建立以后，就效法先王和圣贤，推行仁政，您现在还在泗水做亭长呢，哪来的天下？

刘邦听了，"不怿而有惭色"，心里不是很开心，但同时也感到很羞愧。

诸位，刘邦比秦始皇高明在哪里？就在"有惭色"这三个字。这也是汉朝能有四百年天下的善端。“有惭色”说明什么？说明刘邦虽然不高兴，但是他知道陆贾说的是对的，自己是错的，所以会惭愧，会有羞耻之心。如果换成秦始皇，只会“不怿”，甚至大怒，绝不会“有惭色”。因为秦始皇太自信，他认定自己是对的，别人都是错的。这就是秦朝只有十五年天下的恶端。有国者不可不明辨于此。

如果刘邦的“惭色”只是一闪而过，马上就恼羞成怒，那么汉朝的四百年天下也没了。刘邦的高明之处，就在于不仅“有惭色”，而且立刻采取了实际行动。他对陆贾说：“麻烦你把秦朝为什么失天下，我为什么得天下，以及自古以来治国成败的道理写成书，讲给我听。”陆贾奉命回去，写了一部书叫《新语》。《新语》这部书流传至今，其实没有多少高深的道理，可能是为了照顾主要读者刘邦的文化水平，也可能是作者陆贾的能力所限。但是这件事情，标志着刘邦的心态从马上转向了马下，从武功转向了文治。

与时变化的叔孙通

汉朝的立法从武功转向文治，始于叔孙通定礼仪。

叔孙通本来是秦朝的博士。秦二世时，陈胜、吴广起义，天下大乱。坏消息源源不断上报到中央。秦二世很着急，就把博士叫到一起开会，研究对策。博士都说：这是造反啊，社稷危在旦夕，必须立刻派兵镇压！秦二世听了，很不高兴，脸色都变了。

叔孙通敏锐地察觉到皇帝脸色不对，赶紧说：“你们不要夸大其词，危言耸听。如今天下太平，皇上英明，百官尽职，哪会有人造反呢？充其量是些鸡鸣狗盗的小毛贼罢了。派警察就给抓了，哪用得着出动军队呢？”

秦二世听了，非常高兴，重重赏赐叔孙通，把其他那些博士都给抓起来治罪。散会以后，叔孙通走出会场，别人就责怪他：“你这人怎么一点节操都没有？”叔孙通说：“你懂什么？我今天差点死在虎口，还要什么节操！”（公不知也，我几不脱于虎口！）说完就收拾金银细软逃跑，辗转各地，最后投奔了刘邦。

叔孙通投奔刘邦的时候，穿了一身儒服。刘邦一看叔孙通这身打扮，尿意又来了，又想摘了叔孙通的帽子撒尿了，以此羞辱儒生。叔孙通说：大王您先憋着，我回去换身衣服。赶紧回家，换了一身庄稼汉的短打扮。（叔孙通儒服，汉王憎之；乃变其服，服短衣，楚制，汉王喜。）

刘邦这次很满意，问他：先生远道而来，见多识广，有什么人才可以推荐给我吗？叔孙通说：有啊。张三以前是江洋大盗，杀人不眨眼；李四以前是山大王，力大无穷……推荐来推荐去，都是威武雄壮没头脑的武夫。

叔孙通投奔刘邦时，带着几十个学生。这些学生很不高兴，质问叔孙通："老师，我们跟着您好几年了，您不推荐我们，反倒尽推荐些武夫强盗，这算怎么回事儿？"叔孙通说："主公现在要打仗，你们能打吗？等着吧，仗迟早有打完的时候，主公也迟早有用到你们的时候。"

果然，机会来了。刘邦统一天下，做了皇帝。但是刘邦却一点都感受不到做皇帝的尊严与快乐。每天上朝，刘邦的那群功臣站没站相、坐没坐相。刘邦在上面讲话，下面人嗓门比刘邦还大。开宴会的时候，那哪是君臣啊，简直是一群土匪聚义，喝酒的喝酒，划拳的划拳，有的人喝醉了大呼小叫，有的人一言不合拔出刀来就砍柱子，使得刘邦一点安全感都没有。

叔孙通把这一切都看在眼里，趁着退朝，对刘邦说："皇上，我们儒生虽然没本事打天下，但是有本事治天下。臣愿与弟子们为主公制定朝仪，让朝廷井然有序。"

礼仪，对刘邦来讲那是上流社会的事情，完全是个陌生的世界。所以刘邦又有点向往，又有点排斥，怯生生地问了一句："礼仪这些东西我不懂，会不会很麻烦？"叔孙通说："没什么麻烦的。三王不同礼，五帝不同乐，礼仪是什么样子，还不是皇上您说了算？我给您量身定制一套就是了。"刘邦心动了，说："可试为之，令易知，度吾所能行为之。"那你试试吧，搞简单一点儿，别太复杂。你也知道我这人没什么文化，你那礼仪得估摸着我能做到。叔孙通说："没问题，包在我身上。"

叔孙通回去以后，对他那几十个学生说：看吧，机会来了，轮到你们出场了。但是人手还不够，叔孙通又去儒学的发源地鲁国招人。他说，现在国家有一个重大项目，正好和你们的专业对口，经费非常充裕，你们来不来？诸儒生一听，有发达的机会，都跟着来了。只有两个儒生不肯出山。

这两个儒生说：叔孙先生，你先后投靠的主子，没有十个也有八个了吧？在每个主子手下都混得风生水起，不就靠你拍马屁那点儿能耐吗？现在天下初定，战死的人还没来得及安葬，你又要搞什么礼乐。你读过儒经，我们试问一句，现在是制作礼乐的时候吗？“礼乐所由起，积德百年而后可兴也。”统治者要推行良法善治，积累德行一百年，社会元气恢复了，太平盛世才能制礼作乐。“公往矣，无污我。”你别说了，赶紧走吧，别脏了我们的耳朵。你走你升官发财的阳关大道，我们还是过我们青灯黄卷的独木小桥。

叔孙通也哈哈大笑，反唇相讥：“若真鄙儒也，不知时变。”你们俩只懂读死书、搞死学问，不识时务，真是抱残守缺的鄙儒！

叔孙通和鲁两生，谁走的道路更可取？

我觉得，人各有志，不必相强。没有叔孙通，儒学就没有用武之地，汉朝的文治转向也没有那么顺利，学术就无法服务于现实；没有鲁两生，学术完全服务于现实，批判现实的功能就会沦丧，也会丧失进一步发展的可能。叔孙通的学问，是经世致用，是为现实服务的；鲁两生的学问，是守先待后，是守护过去、导向未来的。

叔孙通让他的弟子和鲁国的儒生，协助文武百官一起操练。练了一个多月，终于熟练了。这一年，长乐宫落成，诸侯百官朝会。天刚蒙蒙亮，刘邦的卫队按照最高的安保规格站在指定位置。尤其是刘邦的龙椅附近，每级台阶上站了几百个卫士。

司仪引着文武百官，脱了鞋，踩着小碎步一路小跑，从两侧鱼贯而入，鸦雀无声。文官站在东边，面朝西方；武将站在西边，面朝东方。人都站定了，刘邦坐着小车缓缓出来，到御座上坐定。司仪这才领着百官，按照官位高低，依次上前敬酒朝贺。刘邦坐在上面，脸上假装面无表情，心里早就乐开了一朵花：你看下面这些武将，哪个不是桀骜不驯、杀人不眨眼的主？现在呢，一个个低着头，大气都不敢出，乖得跟小学生一样！

刘邦这天退朝以后，心里特别开心，对叔孙通说：“吾乃今日知为皇帝之贵也！”我今天才知道，做皇帝这么尊贵！本来差点儿都想辞职不干了。刘邦一高兴，封叔孙通为九卿之首的太常，赏赐黄金五百斤。叔孙通制定的这一套礼仪，刘邦下令赋予法律效力，将之存于廷尉，傍着汉朝基本法典

《九章律》一起收藏，史称《傍章律》。

这时候，叔孙通才推出他那些学生：臣的学生跟着臣好几年了，此次制定礼仪，他们也出了不少力。刘邦说：没问题，全都封为郎官。叔孙通出来，把五百斤黄金全分给了学生。学生们一个个喜笑颜开，说："叔孙生诚圣人也，知当世之要务。"老师您真是个圣人，能够抓住时代的脉搏。

这些学生见钱眼开，不值一笑。但是叔孙通背负没节操的恶名，抓住了汉初从战时法制转向治理法制的时代脉搏，不仅推动了政府的成功转型，也成就了个人的功业。《史记》称赞他是"与时变化"的"汉家儒宗"，实至名归。

刘邦的心态已经从武功转向文治，但是汉朝的法制却全盘继承了秦朝，史称"汉承秦制"。在汉承秦制的背景下，汉朝将会怎样规避秦法的弊端，创造出蒸蒸日上的升平之世呢？

第十二章　萧规曹随

“反秦”又“承秦”

刘邦意识到马上得天下，不能马上治天下，从武功转向文治，从战时法制转向治理法制。陆贾、叔孙通在此过程中都起了不可或缺的作用。但真正的推手，是萧何。

萧何是刘邦的老乡。当年刘邦在乡里做亭长，萧何就在县里做县吏，算是刘邦的顶头上司。前文讲过，刘邦进咸阳，诸将都在抢夺金银财宝和美女佳丽，唯有萧何，去丞相御史府抢救性地保存了图书与律令。后来刘邦打仗，萧何就靠着这批“图书”，在大后方搞后勤工作，劳苦功高。

刘邦统一天下后，有一次和功臣们一起喝酒。喝到高兴时，刘邦问：你们说说，我为啥能够得天下，项羽为啥打不过我？大家一听，来了劲了，八仙过海各显神通，花式拍马屁。有的人说：皇上您是赤帝之子、龙的传人；有的人说：皇上您是美貌与智慧并重、英雄与侠义的化身。

刘邦一摆手，你们说的多少也有点道理，但是还没说到点子上。我是靠三个人得的天下。“运筹策帷帐之中，决胜于千里之外，吾不如子房”，第一个就是擅长出谋划策的谋士张良张子房；“连百万之军，战必胜、攻必取，吾不如韩信”，第二个就是战无不胜、攻无不克的大将韩信；“镇国家，抚百姓，给馈饷，不绝粮道，吾不如萧何”，第三个就是擅长搞后勤的丞相萧何。这三个人，都比我厉害，都是一时之人杰，但是又都能为我所用，所以我能战胜项羽。

由此可见，萧何干的工作虽然不起眼，却对刘邦打天下起到了举足轻重的作用。后来刘邦大封诸侯，一百三十七个功臣，萧何作为一个文官，偏偏排名第一，绝非偶然。

萧何从秦朝的丞相御史府拿了两套文书：一套图书，用来帮刘邦取天下；一套律令，用来帮刘邦治天下。

汉朝建立以后，原来的“约法三章”明显不够用了。萧何就从秦律之中选择合适的部分，制定了九篇法律，这就是汉朝的基本法典《九章律》。《九章律》上承战国时期李悝的《法经》、商鞅的《秦律》，下启曹魏律、晋律和唐律，是中国法律史的一座高峰。但实际上，秦律和汉律的内容是差不多的。汉律对秦律继承的成分相当高，史称“汉承秦制”，这一点已经得到了出土文献的有力证明。

刘邦集团起兵于楚地，当年也接受楚怀王的号令，算是反秦大军的一员。他们的敌人就是暴虐严苛的秦法。但是历史开了一个奇妙的玩笑。随着时势的变化，以“反秦”为号召的刘邦，最终阴差阳错，竟然变成了秦王朝政治遗产的最大继承者。

“鸿门宴”之后，刘邦被封为汉王，蛰伏于汉中一隅。后来刘邦暗度陈仓，吞并三秦，终于全有了巴蜀、关中之地。而巴蜀、关中，就是过去秦国的核心统治区。刘邦既然据秦之地、用秦之人，也就不得不入乡随俗，承秦之制，向关中文化妥协。①

至此，刘邦与项羽的对立，从地理形势来看，似乎恢复了秦与六国（尤其是楚）东西对峙的格局。刘邦以秦的基业为基础，经过多年努力，终于统一天下。萧何继承的秦制，也就不仅是区域性的法制，而势必要像秦朝初年一样，从秦故地推向整个天下了。

那么，问题就来了：秦朝的法制，以严刑峻法、繁杂苛刻而著称。汉朝几乎全盘继承了秦朝的法制，为什么却能避免重蹈亡秦的覆辙？要知道，中国古代法律史不太看重纸面的立法，而更看重实际的治道。重治，而不重制——重治理而不重制度。汉朝虽然制度上全盘沿袭秦朝，但在治理上却呈现出迥然不同的面貌，于法制史上独树一帜。要理解这一点，且看汉朝初年的第二位相国、萧何的接班人——曹参的治国智慧。

---

① 陈苏镇：《〈春秋〉与“汉道”：两汉政治与政治文化研究》，中华书局2011年版，第57—65页。

曹参在东方

曹参，也是刘邦的老乡，当年在县监狱做狱警。刘邦打天下的过程中，曹参攻城略地、斩将搴旗，身受重伤七十多处，立功无数。汉朝建立后，曹参在功臣榜上排名第二。压在他头上的，就是文臣萧何。应该说，对这个结果，曹参很不服气。

历史上常将“萧曹”并称，又有成语云“萧规曹随”，好像两人孟不离焦、焦不离孟。其实萧何、曹参在刘邦集团扮演着截然不同的角色。随着事业的成功，两人的私交也在不断恶化。萧何是后勤主管，是相；曹参是前锋主力，是将。萧何常年坐镇西方，足食足兵；曹参常年转战东方，屡战屡胜。汉朝开国，二人的功绩在伯仲之间。真要说起来，曹参的功绩更加夺目，毕竟攻城略地、斩将搴旗，那都是账面上真刀真枪的成绩，做不了假。所以汉初功臣论功排序的时候，曹参第一的呼声很大。但是结果萧何第一，曹参肯定不服气。[①] 他一定会觉得：你萧何无非是因为常年待在刘邦身边，溜须拍马，轻摇三寸之舌就取得了第一功臣的名号；我曹参在前线拼死拼活，反而赶不上你个文臣！

两人矛盾大到不可开交，刘邦当然心知肚明，干脆把萧何留在中央，把曹参支出去，让他俩“王不见王”。当时刘邦的庶长子刘肥被封为齐王，刘邦就让曹参去齐国做丞相。

曹参也乐得远离萧何。他到了齐国，认为自己是个大老粗，只会打仗，不懂治国，必须虚心求教，问问专家的意见。没想到请来的专家学者七嘴八舌，十个人有二十个学术观点，争执不下。曹参听得头都大了，莫知所从。有人就给他推荐了个高人，在胶西有个盖公，研习道家学说，精通黄老之术，您可以向他请教。

曹参立刻请来盖公，虚心讨教。盖公来了，只说了一句话：“治道贵清静而民自定。”大乱之后的治国之道，没别的，就一点：清静。你清静了，

① 《史记·曹相国世家》：“参始微时，与萧何善；及为将相，有隙。”

老百姓自然就安定了。老百姓安定了，自然就会繁殖人口，自然就会从事生产，剩下的事儿就不用你操心了。曹参一听，太有道理了。从此就奉盖公为师，以清静无为之道治理齐国。只用了九年的时间，齐国就在当时天下郡国之中率先恢复了元气。

这是《史记》讲的故事，将复杂的政治局势、制度举措，用一个简单的、戏剧性的小故事就表述完了。而现代人读史应当做的工作，就是将当时的复杂形势从简单的故事中还原出来。①

秦汉的政区地理以“东西对峙”为主，东、西的分界线主要是崤山和函谷关，所以又叫关东、关西（关中）或山东、山西。战国至汉初，西、东对峙分别表现为秦与六国、秦与关东义军、刘邦与项羽、汉廷与诸侯国的对峙。

刘邦建国的过程，就是先在西方占据关中、巴蜀的秦国故地，再向东方吞灭项羽为主的各路诸侯的历程。在此过程中，萧何负责稳定西方，承袭秦制；曹参负责攻打东方，占领新地。刘邦约法三章，相当于给了秦国人一个承诺：六国人绝不会对秦人打击报复，我们的政权向秦人开放。萧何汉承秦制，进一步兑现承诺，沿袭了秦朝的制度。

秦人吃了定心丸，接下来轮到东方人恐慌了：刘邦是不是忘记了初心、背叛了革命？汉朝是不是已经变成又一个秦朝？汉朝会不会再一次履行秦朝的政策，把残暴的秦法强行向东方推广？

如果说萧何是汉朝西方政策的总代表，那么曹参就是东方政策的总代表。刘邦在西方实行郡县制，以强力贯彻中央的意志与法令；在东方则实行封国制，允许各诸侯因地制宜、观俗立法。曾经被秦始皇彻底否定的郡国并行制，在汉初发挥了意想不到的功能。历史学家陈苏镇先生说：“郡国并行的本质可能是东西异制，主要意义则是允许东方王国在某些方面和程度上从俗而治。”② 这是深察历史腠理的洞见。

曹参的“贵清静而民自定”，就是克制中央政府对齐国的干预，在诸侯国内实行高度自治。秦朝初建之际，长子扶苏曾经劝说秦始皇：“天下初定，

---

① 陈苏镇：《〈春秋〉与“汉道”：两汉政治与政治文化研究》，中华书局2011年版，第7—132页。

② 陈苏镇：《〈春秋〉与“汉道”：两汉政治与政治文化研究》，中华书局2011年版，第66页。

远方黔首未集，诸生皆诵法孔子，今上皆重法绳之，臣恐天下不安。”以秦朝视角来看，所谓“远方”就是山东六国故地。“集”是一个会意字，表示一群鸟栖息在树木上。扶苏说：天下大乱初定，百姓犹如惊弓之鸟，还没有在树枝上停稳，您就开始摇晃这棵大树，我怕天下惊恐不安，百姓集而复飞，一去不返。如今盖公传授曹参的方针，正是保持树干的稳定，让惊恐的群鸟逐渐安定下来，恢复往日的啁啾嬉戏。（相齐九年，齐国安集。）

果然，在齐国的示范之下，各诸侯国纷纷安抚民众，顺应地方风俗习惯。萧何制定的汉律令几乎止步于函谷、崤山以西，东部则是曹参“清静无为”的东方政策在发挥实效。

但是不久之后，萧何病故。未央宫向曹参释放出友好的信号。长期被排斥在中央权力核心之外的曹参，终于有机会入主相国府，扬眉吐气、一展抱负。他会推倒萧何的政策，新官上任三把火吗？

这次，又轮到西方的秦人担心了。

曹参的糊涂与精明

公元前 195 年，刘邦病危。妻子吕后在病榻之前询问后事。

吕后问：陛下您眼瞅着就不行了，太子又小，我又是个女流之辈，没法抛头露面。您百年之后，谁来主持政权呢？

刘邦说：萧何不是在做相国吗？把政事托付给萧何就行了。

吕后说：萧相国年事已高，恐难持久。他死了，谁来做相国？

刘邦说：曹参可以。

吕后说：曹参年纪也很大了，他死后，谁做相国？

刘邦说：王陵可以。但是王陵脾气太臭，容易得罪人，估计做不久。谋士陈平可以当王陵的副手。陈平人很聪明，但毕竟是个文官，没法独当一面。可以让武将周勃担任太尉，协助陈平。将来安定我刘家天下的，一定是周勃。

吕后说：那王陵、陈平、周勃都死了，谁来做相国呢？

刘邦坐起来说：你还有完没完？还让不让我咽气了？这之后的事情，就不是你能知道的了。

后来历史的发展，果然一一如刘邦所料，这里埋个伏笔，后面再讲。[1]

刘邦病死，太子刘盈即位，史称汉惠帝。转过年来，萧何也病死了。萧何的死讯传到齐国，曹参立刻让管家收拾行李，准备搬家。管家问：咱们这是搬去哪儿呀？曹参说：去首都长安。管家说：您在齐国为相好好的，去长安干吗呀？曹参说：去做相国。管家说：这任命状还没下来呢，您怎么知道就是让您做相国呢？万一咱们去了，不是您，那多尴尬呀。曹参说：放眼天下，舍我其谁？

果然，行李刚收拾完，朝廷的使者到了，任命曹参为相国。曹参临走之前，他的接班人、齐国的下一任丞相请教：您这就要走了，有什么要交代的吗？曹参说：别的倒也没什么，就一点，管理齐国的市场和监狱，千万不要太认真，不要去惊扰。（以齐狱市为寄，慎勿扰也。）

接班人很纳闷：齐国这么大，头绪这么多，难道就没有比市场和监狱更重要的吗？曹参说：倒也不是。关键是市场和监狱这种地方，龙蛇混杂，是藏污纳垢的地方。就好像一杯水，渣滓都沉在下面，整杯水都显得很清澈；你要是搅动沉渣，沉渣泛起，整杯水都会浑浊。所以市场和监狱，不要去惊动，免得奸人没有容身之处，引起社会的混乱。（夫狱市者，所以并容也，今君扰之，奸人安所容也？）

这个小故事，充分说明了曹参治国之道的特点，也暗示了这种治国之道的弊端。

曹参当了汉朝的相国，继续奉行清静无为的治道。他只有一个要求：一切都按照前任相国萧何的成规来办，按照《九章律》来办，不要问我，我没主意。（举事无所变更，一遵萧何约束。）

曹参任用的手下，有三个特点：第一，年纪大；第二，忠厚老实；第三，笨嘴拙舌。（择郡国吏木诎于文辞，重厚长者。）要是有谁来相府求职，说我能言善辩，我有远大抱负，我想做一番革新事业，这种人第一个不要。有的官员明察秋毫，疾恶如仇，搁在别的朝代可能是包公、海瑞、曹参也一律不

① 参见《史记·高祖本纪》。这段记载是司马迁“好奇”的表现，可以作为谈助，但不必当真。

用。（吏之言文刻深，欲务声名者，辄斥去之。）

曹参在相府也无所事事，天天喝酒。有人来检举揭发，说某人违法了，请您治罪。曹参不等举报人开口，就把他拉过来一起喝酒，还问：会划拳吗？来划两把！让举报人始终没有开口的机会。一直把这个人彻底灌醉，扔出相府。（至者，参辄饮以醇酒。间之，欲有所言，复饮之，醉而后去，终莫得开说。）

上有所好，下必效焉。有的相府官吏也学曹参的样子，在宿舍楼饮酒作乐，划拳的声音传到隔壁。有的官吏实在看不过眼，就来找曹参；但又不敢举报，怕被曹参灌酒，只好说：曹大人，您出来一下，我找您有事儿。曹参不明所以，跟了出来。

两人边走边聊，官吏就一路把曹参往涉事的宿舍楼走。走到附近，划拳饮酒嬉闹的声音传出来了。官吏就站住脚步，也不说话，看着曹参，意思是：您自己看看吧，这都闹成什么样了。

曹参当然心知肚明。但他揣着明白装糊涂，立刻满脸惊喜地跑进宿舍楼，和那群官吏一起饮酒划拳，与民同乐。（乃请参游园中，闻吏醉歌呼。从吏幸相国召按之。乃反取酒张坐饮，亦歌呼与相应和。）

曹参为什么要这样做？

“萧规曹随”的奥秘

中国传统法文化，既讲制度，更讲治道。汉承秦制，秦法的特点就是繁密，所谓“秦法繁于秋荼，而网密于凝脂”，秦朝的法律文本比秋天漫山遍野的野花野草还要多，秦朝的法网比凝固的脂肪还要密，滴水不漏。汉朝继承了秦朝的法律文本，这是不得已的事情，也是一下子没办法改变的，只能一点一点去改。但是汉朝的“治道”（刑事政策）却可以调节，可以把秦朝严密的法网，调得宽松一点儿。

请问：法律是越多越好，还是越少越好？法网是越密越好，还是越疏越好？

有人说：多了也不好，少了也不好，密了也不好，疏了也不好，应该正好才好。这个回答等于没有回答。

按照古代人的想法，法网应该保持最低限度的密度，换句话说，越疏越好。同样面积的一张网，网眼越密，漏洞就越多。明末大儒黄宗羲说：“法愈密，而天下之乱即生于法之中。”君主想用法网去网罗民众，可是法网越密，这张严密的法网本身反而会成为天下大乱的乱源。

有人说：我如果用塑料袋呢？塑料袋又致密，又没有网眼漏洞，多好。要知道，渔网之所以有网眼，就是为了把小鱼和水给漏掉。用塑料袋打鱼，滴水不漏，塑料袋承受得住水的重量吗？“哗”的一下就给冲破了，这叫“冲决网罗”。所以，中国古人讲究“法网恢恢，疏而不漏”。

曹参以他的清静无为之道，调节秦朝的法网。法还是那些法，但是网已经不是那张网了。《史记·酷吏列传序》说汉朝的法网是“网漏吞舟之鱼”。不要说鱼苗了，就连吞舟的大鱼，都可以从网眼里逃跑，可见这张法网有多稀疏。

现代人可能觉得，这根本就违反依法治国的基本原则嘛！要知道，依法治国有个前提：法律得是良法，不是恶法。而良法、恶法没有绝对标准，依据时代、地域、文化而异。正所谓甲之佳肴，乙之毒药。汉朝继承的秦律，与六国的法律文化格格不入。秦人经历了商鞅变法以来百余年的法律史进程，形成了独特的法律文化，能够承受秦律的高压；但同样一套法律，移植到六国，可能就是生命中不可承受之重。

曹参在执行“恶法”的时候睁一只眼闭一只眼，打个折扣，这就是他的补救之道。这种做法当然不是长久之计，但是在特定的历史时期起到了特殊的过渡作用。

曹参这样做的深意，小皇帝汉惠帝理解不了。他觉得这曹相国每天喝酒划拳，是不是欺负我年轻，故意荒废政事？但他又不敢直接质问曹参，毕竟是父亲留下来的前朝老臣。不过曹参有个儿子，叫曹窋，在皇帝身边任职。汉惠帝就把曹窋找来，说：“你回去探探令尊大人的口风，你就说：‘先帝刚刚去世，皇上年纪轻轻，天下大事都在您肩上担着呢。您就每天喝酒，无所事事，这样真的好吗？’”曹窋答应了。汉惠帝又交代了一句：“你可千万别说这是我让你去问的。”曹窋说没问题。

曹窋回家就质问曹参：父亲，这先帝刚刚去世，皇上年纪轻轻，天下大事可都在您肩上担着呢。您就每天喝酒，无所事事，这样真的好吗？

曹参听了，勃然大怒道："我在外面清静无为，在家里还治不了个你了？"当场让曹窋趴在地上，裤子扒了，操起竹板子狠狠打了两百下，骂道：滚！

曹窋受了这冤枉气，回去找汉惠帝哭诉：皇上，我这板子可是为您受的。要不是您出那馊主意，我也不至于挨这顿打呀！父亲这哪是打我的屁股呀，这分明是在打皇上您的脸！汉惠帝脸上红一阵白一阵，尴尬地说：明天上朝，我自有理论。

第二天上朝，汉惠帝问曹参：曹相国，昨天你儿子问你那番话，是我让他问的。你居然把他毒打了一顿。你这哪是打他的屁股呀，你这分明是在打我的脸呀！

曹参一听，吓坏了，赶紧把官帽一摘，跪倒在地。

汉惠帝说：新官上任三把火，朕刚刚做皇帝，正想摩拳擦掌大干一番，您怎么一点儿动静都没有呢？

曹参问：皇上，您觉得您比您父亲汉高祖刘邦如何？

汉惠帝想了想，说：应该不如。

曹参又问：那您觉得我比萧何萧相国如何？

汉惠帝说：差太远啦，根本比不上啊！萧何制定了《九章律》，你干吗了？你光打我脸了！

曹参说：没错。汉高祖和萧相国已经把法律制定出来了。而您比不上汉高祖，我又比不上萧相国，我们能把他们传下的法律遵守好，就很不错了，何必另搞一套呢？

汉惠帝听了，点头称是。曹参任相三年，社会元气慢慢恢复，天下渐渐上了轨道。曹参死后，老百姓编歌谣怀念他："萧何为法，顜若画一；曹参代之，守而勿失。载其清净，民以宁一。"也就是说，萧何定法律，整齐又划一；曹参接了班，守法不违纪；清静又无为，百姓笑嘻嘻。这就是"萧规曹随"的典故。

“萧规曹随”还蕴藏着一个深厚的政治智慧：第二任领导人怎么当。

第一任领导人，决定制度怎么设计；第二任领导人，决定制度能否立起来，能否从纸面上的制度，真正变成实践中的制度。

比如商朝，国王死了，谁来继承？有的时候父死子继，有的时候兄终弟及，很不稳定。周朝开国，确立了嫡长子继承制度，国王只有一位正妻，正妻的第一个儿子就是嫡长子，他来继承王位。

你以为这样一来，一项制度就建立起来了？这只是纸面上的制度。周武王死后，周成王年幼，武王的弟弟周公辅政。有人就劝周公，您德高望重，众望所归，干脆您来做天子吧！这时候周公如果答应，那就又回到兄终弟及的老路上去了，嫡长子继承就会变成一纸空文。这是历史的惯性。历史上，周公毅然抵制了诱惑，辅佐周成王。这样一来，制度就算立起来了，后面的人再要想改，阻力就很大，就不容易了。

“萧规曹随”也是如此。如果曹参上任，就想搞政绩工程，更要青史留名。你萧何不是制定《九章律》吗？我就制定《十八章律》。两个结果可想而知：一来《九章律》变成废纸，人亡政息；二来曹参的接班人肯定会制定《二十七章律》《三十六章律》……制度的表面越来越花哨，而民众得到的实惠却越来越少。制度逐渐脱离了政治与社会生活的实际需要，成为标榜领导政绩的花招。

法律史学者俞荣根先生长期担任立法工作，有一句慨叹很深的话：“立法容易，不立法难。”曹参做相国，不做加法，只做减法，宁可留下无所事事的平庸之名，也要让刘邦、萧何创下的法律落到实处，这是他的大智慧。也正因为如此，汉朝“清静无为”的国策才真正确立起来，整个国家才上了轨道。后面的接班人顺着曹参的轨道，继续推行无为之治，终于开创出史称“文景之治”的升平之世。

就在曹参死后不久，吕后全面执掌政权，给新兴的汉朝带来一场瓶颈危机。那么，诸吕之乱究竟是怎样平定的？汉王朝的权杖又将花落谁家？

外七则　日近长安远

公元前 202 年，项羽自刎乌江，楚汉之争结束。二月，刘邦即皇帝位，天下重新归于统一。

天下真的统一了吗？不妨看一则张家山汉简《奏谳书》的案例。

公元前 197 年，刘邦登上皇帝位已经五年。小规模的战事虽然还在发生，但总体局势已经安定。七月初三，胡县制作发出一份奏谳文书。文书由县啬夫状、县丞憙联合署名。他们遭遇到了一个法律适用的疑难问题，依照帝国的奏谳程序，将此问题提交到上一级的内史府。

他们说，去年十一月，皇帝曾经下令，强制迁徙齐国、楚国的五个大族昭氏、屈氏、景氏、怀氏、田氏，全都落户关中，充实首都及其附近地区。当然，政策上也给予了相当的优惠，给他们分配了肥美的田地与豪华的住宅。关东的五大家族，正在接续不断地向关中迁徙。这个大迁徙过程中，涌现了一系列新的犯罪现象与法律问题。

前不久，关东、关中之间的要塞函谷关抓获了一名嫌犯。此人是齐国临淄郡的监狱官，名叫阑。案发时，他正驾着一辆车，打算出关。关员审查证件时发现，车里还有一个人，穿着宽袍大袖，戴着高高的冠，躺在车厢里。关员感到奇怪，便上前去询问。阑说："哦，这是大夫虞，他生了重病，无法下车。这是他的证件，请您行个方便吧。"关员看了证件，没有问题，可是疑惑更深了：生病的人为什么戴着冠？此人为什么一言不发，连一句解释、一声呻吟都没有？他们要求进行检查。阑神色慌张地阻拦。关员立刻将阑控制起来，打开车厢，这才发现车中之人并不是什么大夫虞，而是一名女子。

阑和女子都被押解到胡县的县政府，狱吏立刻展开审讯侦查工作。经审讯得知：阑是齐国临淄郡的监狱官，负责监护齐国大族田氏的部分家庭成员迁徙关中。这位女子名叫田南，就是田氏的一名成员。两人在漫漫旅途中，日久生情，最终海誓山盟，结为夫妻。可是这时，他们已经进了函谷关。田南要留在关中定居，阑要返回齐国临淄的监狱继续工作。两人恋恋不舍，干脆决定乔装打扮，冒用他人证件，蒙混出关，希望能够在关外过上美好的生活。可是没想到，在函谷关被识破抓获。

案情清楚明白，可是法律适用却很为难。关于本案，有两条汉律似乎都适用。一条规定：“从诸侯国来勾引汉民，以及从诸侯国潜入汉国当间谍者，处以死刑并碎尸。”另一条规定：“与罪人发生性关系，并包庇窝藏的，判以黥刑，罚作重劳役。”阑的行为构成后者，肯定没有关系。问题是，是否构成前一条重罪呢？第一，田南是否算汉民？从理论上说，她只要在关中的户籍上登记，就算汉民。第二，阑是故意“从诸侯国来勾引汉民”的吗？田南这个汉民，明明是阑亲手送来的，而且他俩在入关之前就已经日久生情。

复杂的社会生活情态，往往在打法律的擦边球。胡县啬夫与县丞为了谨慎起见，便将这起案件提交内史府。可是内史府也产生了争议。一种意见支持前罪，一种意见支持后罪。没有办法，只好继续提交到最高司法官廷尉的手中。当时廷尉官正好缺员，由交通部长（太仆）公上不害暂时代理。公上不害也拿不准，便将此案提交给皇帝。皇帝日理万机，不知将此案交由哪位法律专家拟出了批复意见，很快下达最高指示。全部案卷材料连带最高指示，重新回到廷尉府。公上不害批复：“这确实是个法律疑难，胡县选择走奏谳程序，很对。本廷已经提交皇帝，皇帝指示：阑应当被处以黥刑，罚作重劳役。其余未尽事项，请严格按照法律处理。”

奏谳文书到此为止。可以想见：这个批复下达内史府，内史府下达胡县，胡县遵照执行。阑按照奸匿之罪判处黥刑，终身劳役；田南按照逃亡罪，也被处以相应的刑罚。这对大时代下的痴情男女，这辈子很可能再也不能见到对方。他们只能与其他刑徒结合，生下一个小隶臣，永远在公家的劳改场工作，死后被草草埋葬，只能在一块粗糙的砖头上刻下自己的名字，作为标记。

且让我们从这个哀伤的爱情故事中抽离出来，考虑一个奇异的法律问题：关中与关东，同样是大一统的大汉王朝不可分割的神圣领土，为什么关中的汉廷防备关东的诸侯国，犹如防贼？为什么汉国会有那么多人被诸侯国诱拐而去，诸侯国会有那么多间谍潜入汉廷，以至于必须设立法律予以严打？

再看一个张家山汉简的律条吧。《贼律》一开篇就说："带着整个城市、军事堡垒投降诸侯国，或诸侯国来进攻时不肯坚守、弃城逃跑，一律腰斩，父母、妻儿、兄弟姐妹全部处死。"汉文帝时，贾谊说："为什么关中要修建武关、函谷关、临晋关？就是为了防备东方的诸侯国。如今汉廷与关东诸侯的关系，就好像秦国与山东六国的敌对关系。"

源远流长的历史大势，不可能随着汉王朝的建立，就瞬间消失。后人认知历史，可能会把建国的年份看成一种截断众流的标志。公元前205年前后，就是新旧两个社会。事实上，历史之流是不可能因人设的时间而打断的。战国后期，秦与山东诸侯的对峙，是两种不同地域文化、社会组织、法律制度的对峙。秦末，刘邦"据秦之地、承秦之制、用秦之人"（陈苏镇语）与东方的项羽对抗。汉初，刘邦以萧何主持西部政策、全面汉承秦制，曹参主持东部政策、因地制宜无为而治之余，并没有放松军事的防备。天下虽然统一，却在中部修筑了函谷关、临晋关、武关等一系列防御工事，东西之间的敌对关系并没有消弭。①

对于关东诸侯而言，"日近长安远"。太阳可以直照大地，东方与长安之间却隔着无数屏障。普天之下莫非王土，东西王土之间却拦着一道"柏林墙"；率土之滨，莫非王臣，东西王臣之间却严禁通婚。

正是在这样的大背景之下，刘邦才需要强迁齐楚五大族入关，令东部缺乏强有力的社会势力。也正是在这样的背景之下，汉律规定"令它国毋得娶它国人也"，田南一旦入关成为汉民，便与齐国人阑生死永隔，再也没有结合的可能。他们舍生忘死，企图蒙混出关，到千里关外放牛牧马，过上天高皇帝远的逍遥生活。可惜秦制之下，集权的力量早已无远弗届，"帝力于我何有哉"只能是远古的童话了。不知若干年后，当他们早已习惯了刑徒生活，早已被沉重的劳役磨光了锐气、染白了两鬓，在狭小牢房的昏暗烛光之下，是否还会想起当年在函谷关下的脸红心跳与海誓山盟？

---

① 陈苏镇：《〈春秋〉与"汉道"：两汉政治与政治文化研究》，中华书局2011年版，第38—132页。

后人有词叹云：

千里茫茫若梦，
双眸粲粲如星。
塞上牛羊空许约，
烛畔鬓云有旧盟。
莽茫踏雪行。

——引自金庸《天龙八部》

第十三章　文景之治

帝国的瓶颈危机

经过萧何、曹参的努力，刚刚建立的汉王朝渐渐步入正轨，开始恢复元气。但是就在这个时候，发生了瓶颈危机。

中国古代的王朝，在建立不久，尤其是开国君主刚去世时，往往会爆发一场瓶颈危机。比如，周朝的三监之乱，晋朝的八王之乱，唐朝的玄武门事变，明朝的靖难之役，等等。要是处理得当，平稳过渡，就能长治久安；要是处理不当，就会像秦朝、西晋、隋朝一样短命而亡。汉朝的瓶颈危机，是诸吕之乱。这要从吕后讲起。

刘邦的生命中有不少女性，比较重要的有三个。按照时间顺序：第一个，外妇曹氏。所谓“外妇”，就是明媒正娶之外，私通的女性。当年刘邦还没结婚，与村里的曹氏生了个儿子，名叫刘肥，这是他的庶长子。第二个，夫人吕氏。刘邦明媒正娶的夫人是大财主吕公的女儿，叫吕雉，后来立为皇后，史称吕后。他俩生的儿子，就是嫡长子刘盈，也就是后来的汉惠帝。第三个，戚夫人。刘邦发达以后，又喜欢上一个年轻貌美的妃子，叫戚夫人。戚夫人给刘邦生了个小儿子刘如意。刘邦特别喜欢小儿子，好几次都想要废了刘盈，改立刘如意为太子。后来因为吕家势力太强，太子羽翼丰满，才作罢。

刘邦死后，刘盈做了皇帝，吕后成了吕太后，大权在握。吕太后对戚夫人母子恨得牙痒痒，先毒死了刘如意，又将戚夫人的手脚砍断，挖掉眼珠，弄聋耳朵，灌了哑药，扔在厕所，还请儿子汉惠帝来欣赏自己的杰作。汉惠帝根本看不出这是个人，就问吕太后：妈，这是什么？吕太后说：这就是你父亲最宠爱的戚夫人。

汉惠帝根本没办法把眼前的场景跟当年貌美如花的戚夫人联系在一起，当场大吃一惊，回去便得了重病，从此饮酒作乐、不理政事，二十几岁就死了。①

吕太后见儿子被吓死了，就另外从后宫找了个小皇子立为皇帝，自己临朝称制。秦始皇定下的制度，皇帝说的话才有资格称“制”。现在吕后说的话也称“制”，那就是代理皇帝的意思。

此时，曹参已经死了，吕太后就按照刘邦的遗嘱，立了一个右丞相王陵，一个左丞相陈平，又让周勃做太尉，管理军事事务。吕太后临朝听政这几年，一心想要提拔自己的娘家人，封姓吕的人为王。右丞相王陵是个硬脾气，看不过去，站出来反对：“当年汉高祖斩白马为盟，非刘氏不得称王，违者天下共诛之。你这样做，违反祖制！”

吕太后很不高兴，又不便当场发作，便转问左丞相陈平：“陈相的意思呢？”陈平说：“此一时也，彼一时也。高祖姓刘，当然非刘氏不得称王了；如今您姓吕，当然应该姓吕的称王了。表面上看，违反祖制的字面意思，其实制度的精神是一样的。”

吕太后大喜，又问太尉周勃。周勃说：顶楼上，吕氏可以称王。

吕太后很高兴，就罢了王陵的丞相。王陵罢相以后，很生气，指责陈平、周勃：你们两个没节操的家伙！陈平、周勃反唇相讥：“当面跟太后吵架，我们不如您；将来平定刘氏天下，您不如我们。”② 果然，吕太后一死，陈平、周勃便联手杀死了姓吕的那几个王，废掉了吕太后立的小皇帝。这场政变，就是汉朝的瓶颈危机，史称“诸吕之乱”。“诸吕之乱”是统治集团内部争权夺利的冲突，对民间影响不大。

诸吕之乱平定后，最高权力出现了空缺。谁来做皇帝呢？

嫡长子刘盈被吓死了，刘邦最疼爱的小儿子刘如意被毒死了，庶长子刘肥早几年也病死了。刘肥倒是有个儿子，现在也在做齐王，算是刘邦的大孙

---

① 《史记·高后本纪》：“孝惠以此日饮为淫乐，不听政，故有病也。”按：这种因果联系，不宜当真。

② 这种记载，一般也是事后的溢美之词，不可当真。陈平、周勃在当时阿媚吕氏，这是真的；他俩作为功臣集团，与外戚吕氏有着利益冲突，这也是真的。

子。但是这个大孙子的娘家人非常强势，不利于控制。如果立大孙子做皇帝，恐怕会出现第二个吕太后，酿成第二场诸吕之乱。

去哪儿找个人，既是刘邦的嫡裔，娘家人还平和无害呢？想到这里，陈平和周勃不约而同地把目光瞄向了帝国的北方。在那里，居住着一对平淡无奇的母子，他们已经快被世人遗忘在历史的角落里了。

薄姬的乱世浮沉

这个母亲叫薄姬。薄姬的命运，犹如惊涛骇浪之中的浮萍，完全不由自主，随着动荡的乱世浮沉。

薄姬的父亲是吴人，地位并不高，照理没有机会进入更高的社会阶层。但正好，秦始皇吞并六国，原先高不可攀的公主、王妃，纷纷跌落凡间，成为普通人。薄父就与一位魏国的远房公主私通，生下薄姬。但这位薄父一生的好运用完了，不久便死了。

孤女薄姬由母亲带大。正长到青春期，秦失其鹿，天下群雄并起。母亲带着薄姬，找当时一位相面大师许负算命。许负说："你这个女儿命很贵，将来会生个天子。"母亲大喜，便想要投机。当时有一个魏国的宗室公子起兵，成为一方诸侯，史称魏王豹。薄姬的母亲原本就是魏国的远房公主，此时借着亲戚关系，将女儿薄姬献给了魏王豹，为自己谋个前途。

母亲献上薄姬时，想必绘声绘色地讲了许负的预言。魏王豹非常高兴，心想：我的命可能不过是个诸侯了，但我儿子能当天子也不错。便将薄姬纳入后宫，倍加宠幸。而且魏王豹还有恃无恐，仗着未来的儿子天命在身，在楚汉两强之间首鼠两端。他也不想想：许负说的是你老婆的儿子能做皇帝，谁说你儿子能做皇帝了？

魏王豹的反复无常，引起了刘邦的不满。刘邦派人灭了魏王豹，将薄姬作为战利品带回去，纳入自己的后宫。但是薄姬长得平淡无奇，刘邦后宫又人满为患，根本不记得还有薄姬的存在。

薄姬虽然得不到刘邦的临幸，但是一点也不气馁，还找了两个同样得不到临幸的姐妹互相励志：苟富贵，无相忘！将来一旦得到机会，不要吃独食，要互相引荐！

后来，这两个姐妹果然得到了被刘邦宠幸的机会。有一天，这两个姐妹躺在刘邦怀里，“扑哧”就笑了。刘邦问：你们笑什么？两姐妹说：当初我俩和薄姬一块儿励志来着，说等哪天被您临幸了，要互相引荐，现在想想都觉得好笑。

刘邦一听，顿时对这个普通又励志的薄姬心生怜悯。他本着同情弱者的心情，将薄姬召来。薄姬很高兴，信心满满对刘邦说：“昨晚我梦见苍龙盘踞在我肚子上。”刘邦同情地看着这个姑娘，说：“那我替你梦想成真吧。”

一个难忘的夜晚之后，刘邦又去南征北战，彻底忘了薄姬。后来薄姬生了个男孩叫刘恒，给刘邦报喜。刘邦说：哦，原来我还有这么个儿子，那就封个代王吧！薄姬你也一块儿去吧。

刘邦根本没有将薄姬召到长安、纳入后宫的意思。薄姬只好随着儿子刘恒，去了北方边境的代国。

吕太后掌权，把刘邦生前宠幸的妃子、宠爱的孩子都杀了，唯独漏过了这对平淡无奇的母子。现在诸吕之乱平定，陈平、周勃放眼天下，目光锁定了代王刘恒。公元前 180 年，陈平、周勃把刘恒迎接到长安，立为皇帝，这就是汉文帝。一个长达四十年的盛世——“文景之治”，就此拉开了帷幕。

“无”的意义

文景之治的核心，还是当年盖公教曹参的那句话，贵清静而民自定，要清静无为。具体来讲，有两个要点。

第一个要点，管好自己。

秦始皇是中国历史上第一个皇帝，他就从来不管好自己，而是滥用他的绝对权力，想干什么就干什么，所以秦朝二世而亡。汉文帝吸取前车之鉴，以身作则，管住了自己的权力触角。

有一次，汉文帝想要盖一个露台，作为休闲娱乐场所。他让工人先做个预算。工人说：要不了几个钱，一百斤黄金而已。汉文帝听了，左思右想，反复盘算，最后咬咬牙说：“算了，不造了。”工人说：“一百斤黄金算什么，值得您这么左思右想？这要搁秦始皇那会儿，都不够塞牙缝的，随便吃顿饭就没了。皇上您也太寒碜了。”汉文帝说：“我算了算，一百斤黄金相当于十户中等收入家庭的财产总和，就为供我一个人的消费，划不来，还是算了吧。”

汉文帝为人非常节俭。汉朝臣民用简牍给皇帝上书，简牍外面要套一个布袋子，相当于今天的信封，起到保密的作用。汉文帝批阅上书，就顺手把这些布袋子搜集起来，裁开变成布，再缝起来，做成窗帘、帐幔。现代哪个咖啡馆、民宿这么干，那叫创意；但是皇上这么干，就未免太寒酸了。这就是汉文帝。

汉文帝不仅管好他本人，而且对自己的亲人也严格要求。

汉文帝的母亲是薄姬，现在升格为薄太后。薄太后只有一个弟弟，叫薄昭，是汉文帝的娘舅。汉文帝即位以后，薄昭做了车骑将军，就开始有点膨胀了。有一次，薄昭擅自杀害了一名汉朝使者。皇亲国戚杀人，不算多大的事儿，一般就是扣个俸禄，削个封地，免个官职，交个罚金。但是汉文帝对这位舅舅严格要求。他不好意思下诏书直接处死舅舅，就命令一群公卿大臣，你们去陪薄昭喝酒，喝到差不多的时候，暗示薄昭自杀。这样一来，我可以保全法律，薄昭可以保全脸面。

大臣领命前来，对薄昭说：皇上赐您御酒，让我们来陪。薄昭觉得很奇怪，我杀了个使者，正在家里忐忑不安，不知道会削封地还是减俸禄，结果不仅没有惩罚，居然还赏酒喝！

酒过三巡，薄昭喝得脸红脖子粗，问大臣：你们说皇上这葫芦里卖的什么药？大臣一听，问到正题了，就冲薄昭眨了眨眼睛，手往脖子上比画了一下。薄昭醉眼迷离，没看明白。大臣没辙，只好照实说：“皇上的意思，是让您自杀。”薄昭一口老酒全喷大臣脸上：“啥？芝麻大点事儿，要我自杀？凭什么？我不干！”把这群大臣全给赶跑了。

大臣回来，找汉文帝哭诉：薄昭不肯自杀，还喷我一脸酒！汉文帝咬咬牙：“他不肯死，那就当他死了，你们上薄昭家哭丧去！”大臣没辙，穿了丧服，披麻戴孝，堵在薄昭家门口哭丧。薄昭明白，这回我是非死不可了。万般无奈之下，只好拔出宝剑，当场抹脖子自杀。

孔子谈论为政之道，说："政者，正也。子帅以正，孰敢不正？"政治的"政"，与公正的"正"相通。做君主的正了，民众谁敢不正？中国古代的以德治国，不是用一个道德标准要求民众，自己却胡作非为。德，只能要求自己，不能要求别人。汉代董仲舒有云："以自治之节治人，是居上不宽也。"德是用来治自己的。如果用治自己的德去治别人，这是统治者不宽仁、不厚道。那德只能治自己，不能治别人，"以德治国"如何实现呢？以德治国不是对民众的要求，是君主对自己提出的要求。正人先正己，君主把自己管好了，下面的人自然有样学样。汉文帝在这一点上，堪称德治的楷模。

第二个要点，不管别人。

所谓"治道贵清静而民自定"，君主清静无为，臣民自然走上正轨，用不着君主指手画脚。汉文帝刚做皇帝的时候，丞相陈平就给他上了这一课。

当年平定诸吕之乱，谋臣陈平负责幕后指挥，武将周勃负责实际操作。所以周勃的功劳比较大。汉文帝即位，封周勃为右丞相，陈平为左丞相。汉朝右比左尊贵，换句话讲，周勃比陈平高半级。

有一天，汉文帝问右丞相周勃：现在全天下一年要判多少个案子？周勃是个大老粗，打仗在行，治国确实不行，一听就懵了，说："臣不知道。"汉文帝又问："那现在一年的财政收入是多少啊？一年的粮食产量是多少啊？"周勃吓得汗都出来了，满脸通红，老着脸皮说："臣不知道。"汉文帝一听，啥也不知道，你个废物！转过头又问陈平。

陈平说："这些事情，各有主管的人各司其职。"汉文帝问："主管的人是谁呢？"陈平说："陛下问决狱，可以找司法部长（廷尉）；陛下问钱粮，可以问财政部长（治粟内史）。"汉文帝觉得很奇怪，所有事情，都有主管的人，那你这丞相是管什么的？陈平说："管官的。上佐天子，下管群臣，让各位主管各司其职，这就是丞相的职责。"汉文帝听了，非常满意。

退朝之后，周勃埋怨陈平："这些道理你怎么不教教我呀？"陈平哈哈大笑："君居其位，不知其任邪？"你坐了丞相的位置，却不知道丞相是干什么的吗？抓大放小的道理你不懂吗？如果陛下问长安有多少个小偷，你也要一个一个数清楚了去汇报吗？周勃这才明白，论治国的才能，自己远远不如陈平，就辞了丞相的职务，还是专心做他的武官去了。

陈平这番话，既教育了周勃，也教育了汉文帝。作为皇帝而言，一定要懂得抓大放小、垂拱而治的道理。古人早就明白了这个道理，还将之融入器物文化之中。中国古代的皇帝，都要戴一种帽子，叫作冕旒，影视剧中很常见。帽子顶端有一块长板，板的前端垂下来十二串珠子，遮住皇帝的眼睛，这叫“旒”，让皇帝的眼睛不要太“明”；板的两侧垂下来两个玉坠子，挡住皇帝的耳朵，这叫“瑱”，填什么呢？填充皇帝的耳朵，所以又名“充耳”，让皇帝“充耳不闻”，耳朵不要太“聪”。《汉书·东方朔传》说：“冕而前旒，所以蔽明；黈纩充耳，所以塞聪。”充分说明了冕旒的象征意义。

与之相反，一个自作聪明的皇帝，事无巨细、事必躬亲，天下是治不好的。皇帝自作聪明、精力过人，就会破坏两样东西：一是制度；二是职官。皇帝什么都不干，政权能否有效运作？当然可以。各部职官，依据制度，运作政权。如果皇帝的触手伸得太长，总是对宰相这也不满意、那也不满意，恨不得每天对各个机构搞突击检查，那么：第一，会破坏该部门长官的权能，长官就会乐得做个甩手掌柜，把一切问题上交皇帝决策，这样一来宰相就沦落为秘书机构；第二，会破坏制度，因为部门都是依据规章制度办事，而皇帝经常干预，会使部门将办事依据从制度转为皇帝的意志，制度也就破坏了。

《尚书·蔡仲之命》中有两句告诫：“无作聪明，乱旧章。”不要自作聪明，不要变乱既有的制度。清静无为，恰可以恢复职官的功能，恢复制度的常态。汉文帝在位期间，一方面管好自己，严格约束皇权的触角，清静无为、垂拱而治；另一方面不管别人，充分放权，让百官各司其职，让民间自由发展。

要知道，秦始皇确立的皇帝制度，是一种高度专制集权的制度。这种制度一旦确立，就会尽可能把权力集中到中央，再集中到皇帝本人的手中。无论多么道德高尚的人，一旦坐上这个位置，都不会例外。这不是道德高低的问题，这是制度问题。那么，汉文帝为什么却甘愿自缚手脚、充分放权呢？有两个原因。

从必然性来讲，汉文帝顺应了乱极思治的潮流，延续了萧规曹随的国策。中国经过春秋战国以来几百年的战乱，已经折腾不起了，乱极思治。萧何、曹参两任相国顺应这种趋势，萧规曹随、清静无为。即便是在吕后掌权、诸吕之乱期间，政变也只在上层爆发，民间没有出现动荡。汉文帝顺应形势，延续国策，是顺理成章的事情。

从偶然性来讲，汉文帝以外藩入继大统，孤立无援，不敢造次。汉文帝本来没有做皇帝的资格，完全是因为诸吕之乱，才由一个藩王入主长安，做了皇帝。汉文帝入长安，只带了六个亲信，无拳无勇、孤立无援，政权完全掌握在陈平、周勃等一群老臣手中。老臣想要的，就是维持现有局面，就是稳定压倒一切。在这种形势下，汉文帝就算想要有所作为，也处处掣肘，无从施展自己的抱负。必然性与偶然性汇流，形成了文景之治的历史现象，为汉朝带来了四十年的安定繁荣。

汉文帝十三年（前 167 年），一位十五岁的少女从山东的齐国千里迢迢赶到长安，给皇帝写了一封信。正是这份上书，推动了汉朝历史上最重要的刑法改革。从此，中国法制文明乃至世界法制文明，迈出了重要的一步。那么，这位少女是谁？她给皇帝写的这封信，内容是什么呢？

外八则　消失的爱人

汉初政局诡谲，其中有许多不可解的历史片段。例如，汉文帝刘恒当初在代国做诸侯王时，他的王后是谁？台湾地区学者郑晓时的论文《汉初“诛吕安刘”政变的过程与历史意义》针对这个问题提供了一个有趣的猜想，值得评介。① 这个猜想虽然无法证成，却不失为一种具有学术价值的历史想象，有助于后人理解历史的复杂面相。

现在一般知道，汉文帝刘恒的妻子是窦氏，后来活到汉武帝初年，成为对汉初政局有重大影响的人物。但其实，在窦氏之前，代王刘恒还有一位“代王后”。只是此人没有留下姓名来。《史记·外戚世家》说：代王后为刘恒生了四个儿子。（《景帝纪》中记载是三个儿子）代王去长安做皇帝的前夕，代王后病死了。等代王做了皇帝，代王后生的四个儿子先后病死。三个

① 郑晓时：《汉初“诛吕安刘”政变的过程与历史意义》，《台湾政治学刊》2004 年第八卷第二期。

月后，大臣们请立一位皇太子。当时刘恒的儿子之中，最年长的就是窦氏生的刘启。他顺理成章被立为太子。

这一段记载，疑窦丛生：为什么一位堂堂代王后，连个姓都留不下来？为什么她那么倒霉，偏偏在夫君即将登上帝位之际病死？为什么她的四个儿子也这么倒霉，在短短三个月内全部病死？为什么等她的儿子们死完了，大臣们才心血来潮，请求立太子？

郑晓时推测，代王后母子五人（或四人）并非自然死亡，而是被杀死的。这一切都可能与代王后的姓氏有关。

她可能姓吕。

吕后很喜欢打造刘吕共治天下的婚姻联盟。清代史学家赵翼说："吕氏有女，不以他适，而必以配诸刘，正见后之欲使刘吕常相亲。"（**《廿二史札记》**）例如，她不顾辈分的错乱，将外孙女嫁给儿子汉惠帝刘盈；将吕禄的女儿嫁给少帝刘弘，成为皇后。其余还将吕氏诸女嫁给刘氏的赵王、梁王、营陵侯、朱虚侯。由此来看，吕后将吕氏女嫁给代王的可能性很高。

刘邦的八个儿子，除了吕后自己生的刘盈，只有代王刘恒没有遭到迫害。正文引用《史记》，说这是因为薄姬母子不得宠幸的缘故。郑晓时推测，其实是因为刘恒的王后是吕氏的缘故。

依照这个前提，诸吕之乱平定之后，周勃、陈平寻找皇帝的人选。齐王、淮南王都因为母家强大，被排除。代王刘恒倒是合适的人选，但可惜代王后是吕氏。于是，一桩政治交易就开始了。

代王刘恒入长安前夕，代王后病死。刘恒登基即位之后，代王后所生的四个具有吕氏血统的儿子，在短短三个月内依次病死。

大臣们确认吕氏的血液已经流尽、擦干，便抓紧时机上书请求立太子。经过装模作样的政治表演，最终确立窦氏的儿子刘启为太子。

这是历史的真实吗？现已无法确证，甚至以学术标准来衡量，可信度不高。但我们应当保留对历史进行合乎学术规范的想象。这样的历史才具有更丰富的可能层次，才能对伟大的历史人物保持一分警惕与疑虑。

第十四章　少女写给天子的信

少女的书信

汉文帝十三年（前 167 年）五月，发生了一起案件。犯罪嫌疑人是齐国的太仓令淳于意。太仓令是管仓库的官。除此之外，淳于意还是一代名医。《史记》有一篇《扁鹊仓公列传》，写两大名医，一个是秦越人扁鹊，另一个就是仓公淳于意。

淳于意看病很有个性，他挑病人。可能有些人他看不上，可能有些病他预判治不好，就会拒绝出诊。一些有权有势的病人就将淳于意告上法庭，按照当时的汉律，应当处以肉刑。

所谓肉刑，是一种损伤身体的刑罚，会对肉体造成不可逆的伤害。中国上古时代，刑罚主要有五种，分别是：墨、劓、膑、宫、大辟。墨，在脸上刺字涂墨。《水浒传》常见梁山好汉脸上刺金印，终生去不掉。就算服完了刑，别人一看就知道你是“贼配军”，这就是墨刑。劓，看字形就知道了，用刀割掉鼻子，也是在人脸上留下一望即知是犯罪人的标志。膑，挖膝盖骨或者砍脚，目的在于破坏人的行走功能。战国时期的军事家孙膑，就是受的膑刑。宫，就是宫刑，破坏生殖功能。大辟，腰斩或砍头。其中，大辟是死刑，剩下四种就是肉刑。现代人看来，肉刑非常野蛮。但是全世界的上古时期，都在实施肉刑，只不过砍的部位各有不同。这是人类早期的刑罚文明。

淳于意要被处以肉刑。具体什么刑罚，史书没有交代，可能是砍脚。皇帝下诏，用公车将淳于意押解长安，在长安实施刑罚。淳于意生了五个女儿，没生儿子。他被官差从家里拷走的时候，大发牢骚，痛骂女儿：“生子不生男，缓急非有益！”光生女儿没生儿子，关键时刻没一个顶用的，全是废物！四个女儿为了证明父亲的话是对的，都很不顶用地呜呜哭起来。其中有个最小的女儿叫缇萦，当时才十五岁。她虽然也伤心落泪，但是哭完以后，毅然决定跟着父亲一起去长安，找人说情。

找谁说情呢？皇帝。

父女二人在官差的押解之下，千里迢迢赶到长安，洒泪挥别。父亲进了监狱，缇萦回到客栈，铺开简牍，提起毛笔，饱蘸悲伤，满怀希望，给当今天子汉文帝写了一封信，为自己的父亲说情。写完以后，她拿着这封寄托着她全部希望的信件，来到未央宫北阙门口，交给了守卫，千叮咛万嘱咐，一定要转交给皇帝。做完这些事，她满怀憧憬，回到客栈，静候佳音。

这个十五岁的小女孩，未经世事。她居然天真地以为，贵为天子的汉文帝真的能够收到她这封信；她居然天真地以为，日理万机的汉文帝真的会答复她这封信。

一封书信触发的刑罚改革

一个好的时代，可以让天真的梦想变成现实。文景之治，就是这样一个好时代。《汉书·刑法志》记载这件事情，最打动我的是四个字——“书奏天子”。缇萦这封信，经过有关部门的层层提交，居然深入大内，最终摆在了汉文帝的桌案之上。

汉文帝缓缓展开简牍，看到了一列列稚嫩而娟秀的笔迹。信上说：我是一名来自齐国的小女孩。我的父亲担任太仓令，整个齐国都称赞他廉洁公平。如今不小心触犯法网，要处以肉刑。对此，我感到很伤心。伤心什么呢？“妾伤夫死者不可复生，刑者不可复属”，我伤心的不是我爸爸一个人的遭遇，而是伤心那些处以死刑的人，生命不可失而复得，再也没有机会看到明天的太阳；那些受了肉刑的人，肢体不可断而复长，从此必将饱受异样的目光。“虽后欲改过自新，其道无由也”，受过肉刑的人，身体留下了不可磨灭的印迹，从此以后受人歧视、低人一等，就算将来想要改过自新，也没有任何机会了。“妾愿没入为官婢，以赎父刑罪，使得自新”，小女子愿意被剥夺良民的身份，生生世世为官奴婢，以此来为我的父亲赎罪，给我父亲一个改过自新的机会。

现代人看多了宫斗剧，可能看到“没入为官奴婢”还会生发出一些浪漫的想象：从毫无心机的小小奴婢起步，与帅气的皇子来一场阴差阳错的浪漫邂逅，一步步斗败心机宫女、恶毒嬷嬷、跋扈贵妃、黑化姐妹，最后打倒当朝娘娘，人生荣耀登顶……这些都是不符合历史实际的职场想象。要知道，官奴婢属于贱民阶层，在法律上是作为牲畜、作为财产看待的。而且官奴婢的孩子，生生世世都是官奴婢，永远生活在暗无天日的深宫之中。除非遇到特赦，一般来讲，不能再恢复良民的身份。由此可见，缇萦为了拯救父亲，下定了多大的决心。

汉文帝读着这封信，被信中所表现出的那种悲天悯人的情怀深深打动了。他既不忍心拒绝一个小女孩的小小心愿，更难以无视普天之下饱受肉刑摧残的劳苦大众。其中也许还有更深一层的考虑，那就是郡国并行之下东西异制的弥合。

在汉初萧何、曹参当政的时代，关中郡县通行汉律，关东则由诸侯国各自为政、因地制宜、观俗立法。但汉文帝深知，如此绝非长久之计，东部的异样会酝酿分裂的离心力，不利于统一。所以他已经着手将汉律逐步推行到东方，“范天下之不一而归于一”。但这个推行，不能是简单地用西部统一东部，否则就和秦朝吞灭六国没有区别了。两大板块要合成一个中国，东部需要被西部改变，西部也必须为东部而作出妥协。

汉朝继承的秦法，一大特点是刑罚残酷，肉刑就是其中最令人恐惧的部分。山东六国的法律制度，并非没有肉刑。但是六国受周制影响较重，一般来讲仍保留着“刑不上大夫”的传统。淳于意是齐国太仓令，属于传统意义上的士大夫。对这样的大夫砍手砍脚，必将引起山东地区的恐慌与抗拒。东部人为了保全手脚，可能会不惜跟着野心家搞分裂。

但是关中的法律文化，早已趋于平等。秦法不允许士大夫阶层搞法律特权。宁可大家一起砍脚，也不能选择性地不砍。汉文帝可能出于这一层考虑，干脆决定废除肉刑，将士大夫阶层的这一特权分享给普通民众；同时也作为将来汉律越过函谷关，推向东部的立法准备。换言之，这场刑罚变革的触发点是东部（缇萦）、西部（汉文帝）法律观念的碰撞，推动力是东部（宽仁）、西部（平等）法律文化的融合，衡量因素则是当时错综复杂的政治局势。①

汉文帝下了一道诏书。他说，我听说尧舜的时代，根本就没有残酷的刑罚，犯罪率却很低。我们这个时代呢？有那么残酷的肉刑，还是有那么多人铤而走险。民众犯罪，究竟是谁的责任？是老百姓脑子坏了，不懂得趋利避害吗？当然不是。“非乃朕德之薄而教不明与？吾甚自愧”，这不就是因为我这个做皇帝的，道德不足以为人表率、教化不足以徙民从善吗？相比起尧舜，我感到羞愧万分，无地自容。（非乃朕德之薄，而教不明与！吾甚自愧。）这是汉文帝在“罪己”。学者统计：中国古代自汉文帝起，至清朝止，至少有88位皇帝下过260份以上的罪己诏，将天灾人祸、生民苦难引为自己的过错。② 现代人可能会觉得这些罪己诏大多是一种政治表演，但如果连表演都不必了，那就意味着权力没有任何约束与忌惮了。

诏书的最后说：请有关部门讨论废除肉刑，换成其他刑罚；并将过去的刑徒终身制的制度废除，找出替代方案。

群臣聚在一起开会，研究讨论后提交了一个方案：本来应该判墨刑的，改判服劳役；本来应该判劓刑的，改判笞刑，打三百大板；本来应该砍左脚的，改成打五百大板；本来应该判砍右脚的，改成死刑。汉代右比左尊贵，所以砍右脚比砍左脚的刑罚要重，替代刑也要拉开档次。此外还具列出刑徒终身制的废除方案。

汉文帝收到这个提案，表示满意。从此以后，肉刑虽然在法律实践中偶尔还会启用，但是大多属于法外之刑，是不合法的。中国历朝历代的法典之中，基本上就没有肉刑了。过去有一种争议，认为文帝没有废除宫刑。例如司马迁在武帝时期，就受了宫刑。后世还有那么多宦官，也是宫刑没有清除干净的表现。其实，对宦官实施的是去除生殖器的外科手术，而不是惩罚性

---

① 这一观点受到陈苏镇先生的启发，他说：“在王国全面遵行汉朝法律还不久的背景下，缇萦的上书有重大意义，可视为东方社会向文帝提出的抗议。”参见陈苏镇：《〈春秋〉与“汉道”：两汉政治与政治文化研究》，中华书局2011年版，第126—130页。

② 参见萧瀚：《“罪己诏”与中国古代政道》，法律史学网。按：该统计的资料仅是二十五史。

质的宫刑，两者性质完全不一样。就好像不应该把截肢手术与斩左脚的刑罚混为一谈。至于司马迁所受的宫刑，是死刑的替代刑，不是一个独立的刑种。司马迁当时面临三个选择：要么服本刑，也就是死刑；要么服第一种替代刑，也就是交钱赎罪；要么服第二种替代刑，也就是宫刑。司马迁家贫拿不出那么多钱，又不甘心放弃《史记》的写作就此默默死去，便毅然接受了宫刑。在当时的立法中，宫刑反而是一种优待，是一种减死之刑。从史料记述来看，汉文帝时代已经废除了宫刑。[①]

改革的继续

当然，汉文帝废肉刑也留下了很多遗憾。《汉书·刑法志》评价说："外有轻刑之名，内实杀人。"表面上好像废除了肉刑，只要打打板子就可以了，而实际上打板子打得太狠，动不动就是三百下、五百下，往往就把人给打死了，很不合理。最直观的，砍右脚的刑罚改成了死刑，这是从轻变重，更不合理。

所以，汉文帝的儿子汉景帝登基以后，又下了两道诏书，对父亲的改革成果进一步改良。

第一道诏书：减笞数。

汉景帝说：打五百大板，常常把人活活打死，这就和死刑没什么区别了。就算侥幸没打死，也往往打残了。这不符合废除肉刑的初衷。从此以后，五百大板一律减为三百大板，三百大板一律减为两百大板。尽管如此，还是常常有人被打死。汉景帝又说："加笞者，或至死而笞未毕，朕甚怜之。"打板子的，有时候人都打死了，板子还没打完，我感到很心痛。从此以后，三百大板减为两百大板，两百大板减为一百大板。也就是说，经过汉文帝、汉景帝父子两代人的努力，砍脚的膑刑最终改为两百大板，割鼻子的劓刑最终改为一百大板。这样一来，刑罚就得到了切实的减轻。

---

① 《汉书·景帝纪》："孝文皇帝临天下……除宫刑，出美人，重绝人之世也。"

第二道诏书：定箠令。

箠，就是打人的板子。当时全国各地的箠，材质、规格各不相同。有的是用竹子做的，有的是用木头做的，有的是用荆条做的。汉景帝下令：一律用竹子做。因为竹子有弹性，质地相对轻一点，打起来没那么痛苦。汉景帝还说：竹子上的竹节，必须一律削平。要不然，万一打人的位置正好有个竹节凸在那儿，那打起来是非常痛的。对箠的大小也有规定：长五尺，手握的地方厚一寸，打人的末端厚半寸。如果对刑具的规格没有规定，同样是打一百大板，疼痛程度不可同日而语。汉景帝还规定：行刑手必须是同一个人，行刑的过程中不能换人。因为行刑手打人也会累，累了打得就轻了。如果老换人，一个行刑手才打了十下，就说：我累了，你来吧。下一个人精力饱满，抡圆了照死里打，那对受刑的人也很不利。最后还规定：行刑的部位，只能是臀部，不允许劈头盖脸乱打。因为屁股上的肉是死肉，没有什么经络穴位，不致命。所以打屁股，一般人都没有意见。后来一直到清朝，“扬州八怪”之一的郑板桥才对此提出抗议。他在给朋友的一封信里说：“夫堆雪之臀，肥鹅之股，为全身最佳最美之处，我见犹怜，此心何忍！”臀部雪白粉嫩，是全身最美好的一块肉，你们怎么忍心下得去手？这是才子的幽默感，要真打起板子来，估计大多数人还是愿意被打屁股而不是打脸。对犯罪分子的关怀，具体到了刑杖的末梢，具体到了犯人的屁股，这就是汉文帝和汉景帝。从中可以感受到文景之治的特殊魅力。

汉文帝、汉景帝废除肉刑的刑罚改革，是世界法制文明史的一大进步。要知道，即便法律文明比较发达的欧洲，普遍废除肉刑也要等到十八、十九世纪。在中国，早在两千多年前，就因为一个普通小女孩的上书，推动了刑罚制度改革，在法律上废除了肉刑，跨出了文明的一大步。千年之下，明人丘濬摸着自己完整的手足，仍忍不住感恩：“自是以来，天下之人犯法者，始免断肢体、刻肌肤。百世之下，人得以全其身、不绝其类者，文帝之德大矣！”[①]

① 《大学衍义补·慎刑宪·定律令之制上》。

法律的减法

“文景之治”时期，除了废除肉刑以外，在法律上还有很多值得称道的地方。

先看立法。

汉初萧何作《九章律》，汉承秦制。汉文帝在制度上没有大的创设，但是做了很多减法，废除了一些恶法。举三个例子：

第一，废收孥相坐律令。相坐，就是连坐，一人犯罪，全家受罚；一家犯罪，邻里连坐。收孥，就是把犯人的全家罚为奴婢。汉文帝认为“恶恶止其身”，不应该搞连坐制度，就把收孥相坐律令给废除了。

第二，废诽谤妖言之法。所谓诽谤，就是给政府提意见。传说尧舜时代是允许诽谤、鼓励诽谤的，还专门设立“诽谤之木”，就是将一根木头削了皮，每天半夜里卫兵把这根白白净净的木头扛出来立在宫殿门口，然后就撤了。对政府有意见的人，趁着夜幕的掩护走出来，在木头上写字提意见，写完就撤。天亮了，卫兵再把诽谤木收回去，文官把木头上的意见抄下来交给君主。君主看了，有则改之，无则加勉。天安门门口的华表，前身就是诽谤木。秦始皇时代，严禁老百姓诽谤政府，“诽谤”就被污名化，变成一个坏词语了。现代人说的“我告你诽谤”，追溯词源，就是从秦朝来的。妖言，就是指没有根据地说政府的坏话，散布谣言。现在汉文帝废除诽谤妖言之法，一定程度上重开言论自由。秦朝以来的文化高压终于撤去，社会逐渐轻松活泼起来。

第三，除秘祝之法。秦朝有一种法律，叫秘祝之法。皇帝生病了，或者最近比较倒霉，就派一个巫师祈祷作法，把皇帝的病或者霉运，转移到大臣或者百姓身上去。这在现代人看来是迷信，应该没有什么效果，但是作为一种国家行为，总让人觉得很猥琐。汉文帝说：“大丈夫一人做事一人当，怎么能用这么卑鄙龌龊的办法就给废了呢？”

譬如萧何、曹参时代，为了让秦朝的恶法不起太坏的作用，就在执法的时候打个折扣，睁一只眼闭一只眼。到了汉文帝时代，更进一步，干脆把那些公认的恶法给废除了。这样一来，就为此后汉朝法制的全面革新铺平了道路。

再看司法。

汉文帝时期，有一位杰出的司法官张释之。此人司法，公正不阿。当时有人评价："张释之为廷尉，天下无冤民。"廷尉，相当于最高法院院长。

有一天汉文帝出行，路过一座桥。突然之间，桥底下钻出来一个人，把汉文帝的马给吓坏了，乱跑乱跳。汉文帝差点儿从马车里颠出来。侍卫们一拥而上，将此人拿下，问汉文帝：皇上，这人怎么办？要杀要剐，您一句话的事儿！汉文帝说：丞相陈平曾经说过，犯罪分子由廷尉主管，把他交给张释之廷尉吧。

张释之审问此人，此人说：我是本地一个老百姓。那天我在桥上走路，突然看到皇上的车驾远远地过来了，我想我也没处躲呀，就躲到桥底下去了。我听着，桥上的车轮声、马蹄声已经过去了，这才从桥底下钻出来。没想到，过去的只是前面的仪仗队。我钻出来的时候，正碰上皇上的座驾，就把御马给惊到了，被抓这儿来了。

张释之审问清楚，得知确实不是刺客，便报告汉文帝：皇上，此人是犯跸之罪，惊了皇上的车驾，按律应该罚金。汉文帝一听，都不相信自己的耳朵：什么？罚金？这人惊了我的马，幸亏我的马性子随我，比较温和，要换了别的马，我还不得摔死了？你就给判个罚金？

张释之说："法者，天子所与天下公共也。"法律不是皇上您一个人的，是天子与天下共同遵守的约定。如今法律的规定就是罚金，您却要重判，怎么取信于民呢？再说了，"廷尉，天下之平也"，廷尉乃是全国司法界的一杆天平，廷尉判案具有指导意义，全国各地的司法机关可都瞧着我的一举一动呢。我这天平要是不平，天下司法都会有所轻重。望皇上明察。

汉文帝想了很久，说："你说得对，那就按法律办事吧。"

明朝人卢舜治评价："读《张释之传》，见家人父子之风。要之，有是君即有是臣，可鉴哉！"读《张释之传》，可以感受到汉文帝、张释之君臣之间，就好像家人父子那样其乐融融，有什么样的君主才有什么样的臣子，值得后人深思，值得后世借鉴。

汉文帝、汉景帝清静无为、任用贤臣，治理的效果有目共睹。经济上，

"太仓之粟，陈陈相因"，粮仓里的粮食多到溢出来，放烂了都吃不完；"贯朽而不可校"，国库里穿钱的钱串子都腐烂了，钱都花不完，全国农民连续十三年免税；在社会上，从汉初的"天子不能具钧驷"到现在大街小巷马满为患，找个停车位都困难，骑一匹母马出门都不好意思跟人打招呼。（众庶街巷有马，阡陌之间成群，而乘字牝者傧而不得聚会。）法律上，"断狱四百，有刑错之风"，一年之中只判四百个刑事案件，刑罚搁在一边都不用。

你觉得这个时代好不好？

这是一个最好的时代，这是一个最糟的时代。看到前一点，就可以安享太平盛世；看到后一点，才能推动时代进一步前行。在文景时期，安享太平盛世的人比比皆是，而洞若观火、能看到时代症结所在的，只有区区两个半人而已。接下来的历史，将由这两个半人来推动。那么，文景之治下的汉朝究竟有哪些症结？看到症结所在的这两个半人又是谁呢？

外九则　名医的关系网

在正文中，缇萦的父亲淳于意只是个配角。但《史记》却为这位名医列了一篇篇幅颇巨的传记。《仓公列传》中说：淳于意被释放回家后，皇帝又下诏将他请到长安城，事无巨细地询问了淳于意的医疗经典案例、师承渊源、带徒弟的情况等。淳于意罗列了二十五个医疗案例，也详细回答了其他问题。这篇应该抄自原始档案的问对，反映出这位名医隐秘的师承与复杂的背景。

先说隐秘的师承。

淳于意大约生于秦始皇三十二年（前215年），临淄人。他从小喜欢医药，自学成才，可是治疗效果不佳。后来他听说齐国淄川的公孙光掌握着许多古方，便前往学习。学了一段时间之后，淳于意感觉公孙光留了一手。他请求老师倾囊相授。公孙光说："我就连秘不外传的'禁方'都已经全部教给你了。你千万不要传给别人。"淳于意承诺就算死也不会外传。

淳于意虽然学完了公孙光的本事，但仍然没有离开，继续侍奉老师。终于有一天，淳于意谈论医道至精深处，公孙光感叹说："你是几百年一出的医学奇才啊！实话告诉你吧，临淄有个阳庆，医术远在我之上。我曾向他求教，他不肯教，说：'你还不够资格。'如今看来，你应该有资格做他的传人。"

淳于意三十六岁这年，终于拜在七十多岁的阳庆门下。这位阳庆师承关系隐秘，也没有医名。就连他的子孙都不知道他懂医术。阳庆特意叮嘱淳于意：我传授你医术这件事情，千万不要让我的子孙知道。淳于意一口答应。此后，他在阳庆门下学了三年，终于医术大成。

此后，淳于意也隐匿自己的医术，轻易不为人治病。他深入齐国与其他诸侯国的王宫深院，为诸侯王及高层权贵治病。他的"匿迹自隐"终于引起一些病家的不满，将他告上法庭。

为什么淳于意师徒都把自己的医术搞得如此隐秘？不妨看看《黄帝内经》的记载。

《黄帝内经》成书于汉代。《素问》中记载，黄帝向岐伯求教医术时，赌咒发誓："我请求向您学习精深的医术。这些医术将来会印入我的脑髓，藏在我的肝肺，传给我的子孙，绝不敢随便泄露给其他人。我愿歃血为盟，接受您的传授。"《灵枢》又记载，雷公向黄帝求教时，先斋戒三日，再割臂歃血，再对天盟誓。最后黄帝握着雷公的手，郑重其事地将医书传给他，还再三叮嘱："慎之！慎之！"由此可见，民间医学以秘密团体的方式，隐秘地传授。要不是淳于意出了这起案子被皇帝诏问，从而留下了口供资料，恐怕他的那些医案一个也传不下来。①

再说淳于意的关系网。

根据学者张朝阳统计，淳于意的二十五个医案一共牵涉三十一人。其中包括：

诸侯王、王太后4人；

二千石权臣5人；

齐国为主的官吏、后宫姬妾、王室成员、外戚18人；

---

① 马伯英：《中国医学文化史》，上海人民出版社2010年版，第212—214页。

庶民 4 人。[1]

由此可以看出淳于意的关系网络。在此背景之下，张朝阳先生提出一个问题：按照汉初的制度，诸侯国拥有国内包括死刑案件在内的终审权。为什么淳于意这起医疗纠纷，汉文帝居然要启动诏狱，将他逮捕到长安审讯，执行刑罚？他猜测：汉朝初年，齐国始终是东方最大的诸侯王国。吕后死后，上一任齐王以诛诸吕之名，一度发兵西进，实际上是图谋帝位。后来周勃、陈平平定了诸吕之乱，商量皇帝的人选，齐王也是重点考虑对象。文帝元年，齐王病死，其子即位，年仅四岁不到。如今十二年过去了，当年的四岁幼童已经成长为一位体格健硕的“壮王”，与周边的楚国、吴国打得火热。

汉初东西关系十分敏感，文帝一定会收到许多诸侯王谋反的谣言。其中齐国当然是首先防范的对象。在这样的时刻，文帝将这位游走于东方诸侯高层的名医“诏狱逮系长安”，很可能带有调查情报、敲山震虎的意味。[2]

不过，十五岁的少女缇萦并不了解这些宫廷黑幕。她只是凭着一个单纯的心思，写下了那封饱含感情的信件。而真正能推动历史前进的，既不是淳于意苦心经营的关系网，也不是汉文帝隐忍暗黑的政治权谋，而是不知世事的少女直截了当的心声。

---

① 张朝阳：《〈史记·仓公列传〉探微》，《中华文史论丛》2018 年第 1 期。

② 张朝阳文还将诏问淳于意与齐文王之死联系起来，具有想象力但尚乏证据。

第十五章　正面盛世，反面忧患

关外的诸侯

北宋苏东坡有一篇著名的史论《晁错论》，开篇就说："天下之患，最不可为者，名为治平无事，而其实有不测之忧。"治理一个国家，最危险的是什么？表面上繁荣安定、太平无事，而粉饰太平的底下，是难以测量的深重忧患。为什么太平的忧患，比乱世的祸患更难挽救？真的等到祸患爆发了，人人都看得到，都会齐心协力去解决。但是太平盛世之患，就好像人体处于亚健康状态。第一具有隐蔽性，不是每个人都看得到；第二具有全局性，好像哪儿不对，真要着手去解决，又不知从何下手；第三具有麻痹性，人人贪恋太平，不愿意揭开伤疤、直面现实。因此，只有具备大智慧、大勇气、大手段的人，才能切中病灶，才能防患于未然。

这样的人，有汉一代四百年，包括东汉在内，我只看到两个半人。第一个人，是文帝朝的洛阳少年贾谊；第二个人，是武帝朝的一代儒宗董仲舒；还有半个人，是景帝朝的智囊晁错。晁错看到了问题所在，但是他提出的对策治标不治本，反而酿成了七国之乱，自己也死于非命，所以只能算半个。这两个半人，将构成接下来故事的主角，此处先埋个伏笔。那么，文景之治下的汉朝，究竟有哪些不测之忧。

文景时期的不测之忧，就其大者而言有三个：

第一，诸侯坐大。

刘邦开国之初，封了许多功臣为异姓诸侯王，这是不得已的时势使然。后来他坐稳了天下，便亲自动手，将异姓诸侯王一一消灭，同时改封自己的子侄为同姓诸侯王。以其中的吴王刘濞为例，看看刘姓诸侯王的情况。

刘濞是刘邦的大侄子，受封之年才二十岁，为人骁勇善战。《史记》记载了一个传说：刘邦已经封了刘濞为吴王，又心血来潮，给刘濞看了个相，看完大吃一惊：此人面有反相。刘邦心中后悔，但是王已经封了，无法收回。刘邦就拍着刘濞的背，说："五十年后东南有一场大乱，该不会是你小子吧？"刘濞吓得汗流浃背，连说不敢。

汉朝控制诸侯王，有什么办法？主要是两个，第一个是纳质子，就是把诸侯王的太子抵押在长安做人质。古代嫡长子继承制，诸侯王最看重的就是太子。第二个是诸侯王定期到长安朝见皇帝。如果有反心，就当场把人抓起来。但是这两个约束，很快就对吴王不管用了。

先说纳质子。吴太子抵押在长安，跟汉文帝的儿子汉太子刘启，也就是后来的汉景帝一起下棋。汉太子棋技差，下几局输几局，一把没赢过；吴太子虽然棋技高超，但是棋品差，嘴碎，一个劲儿地羞辱汉太子：你这臭棋篓子，你太臭了，就你这样的，我一个下你十个！说得汉太子热血上涌、恼羞成怒，操起棋盘就猛砸吴太子。等汉太子冷静下来的时候，吴太子已经被活活打死了。汉文帝见惹下大祸，立刻派人一路扶丧，回到吴国。吴王见儿子死了，勃然大怒，拒收。他说："天下都是刘氏，吴国与汉廷也是同宗。既然死在长安，那就葬在长安，何必运回吴国？"这句话说得很有气性。吴太子的尸体又运回长安。汉文帝没有办法，谁让自己理亏？只好妥善安葬。

从此以后，吴王称病不朝。汉文帝对吴王的无礼感到不悦。有一次，吴国使者到汉廷，汉文帝当面责问："你们吴王真的生病了吗？"使者意味深长地说："'能够洞见潜伏深渊的鱼，不吉利。'皇上明察秋毫，可不是什么好事情。何不睁只眼闭只眼，大家互相装个糊涂呢？"这番应对，背后的意思就是：汉廷如果苦苦相逼，吴国可能就要采取非常手段了。汉文帝没有办法，只好就坡下驴。他颁赐吴王一根鸠杖，允许他在吴国养老。就这样，纳质子和定期朝见两个约束手段，全部作废。

吴王获得了特权，就开始放飞自我。吴国靠山面海，吴王就铸山为铜、煮海为盐，私自发行货币，吴国民众一律免税。同时，吴王暗中招降纳叛，谁在汉朝领土上犯了罪的，来我吴国当兵，我提供庇护。这样一来，吴国财力越来越雄厚，兵力越来越强大。

像吴国这样的诸侯国，在当时的汉朝还有很多。汉朝广袤的领土，函谷关以东几乎都被这些诸侯国占领着，中央朝廷无法实施直接的管辖与制裁。汉初实行无为之治，对这些诸侯无能为力。诸侯日益坐大，与汉王朝的矛盾也日趋尖锐。矛盾一旦爆发，轻则生灵涂炭，重则覆家亡国，后果不堪设想。这是汉朝的第一个不测之忧。

法外的游侠

第二，豪强横行。

在汉王朝可以统治的那一半领土之内，也存在着巨大的统治隐患。汉初无为之治，收缩权力触角，对一些小打小闹小官司，能不管就不管。你去相府告状，曹参就拉你喝酒，堵你的嘴。你去衙门打官司，县老爷就给你做思想工作：国家现在正在实行无为之治呢，你来添什么乱？别折腾了，回去吧。国家做了甩手掌柜，但是民间总有纠纷需要解决，怎么办呢？无为之治留下的巨大权力真空，地方豪强迅速崛起，予以填补。

所谓“豪强”，《史记》又称之为“游侠”，也就是靠武力主持公道的人。官府不管的事情，他们管。这些人“武断乡曲”，凭借武力，私设地下法庭，维持地方秩序。举两个人的例子。

第一个人，景帝时期的洛阳大侠剧孟。景帝时期，吴王刘濞煽动七个诸侯国造反，史称“吴楚七国之乱”。朝廷派周勃的儿子名将周亚夫平叛。周亚夫来到前线，第一时间派人去洛阳，看看游侠剧孟有没有被吴楚七国拉拢。使者回来报告：“剧孟还在家里待着呢，没有被吴楚拉拢。”周亚夫大喜过望，他说：“吴楚七国举大事而不找剧孟，他们肯定成不了事。”史书称：“天下骚动，大将军得之若一敌国云。”天下大乱之际，汉廷的大将军周亚夫得到游侠剧孟，就相当于得到一个诸侯国的战力。剧孟的母亲去世，各地前来奔丧，有一千辆车。战国时代所谓“千乘之国”，就是一个中等诸侯国。剧孟的势力之大，由此可见一斑。

第二个人，武帝朝的郭解郭大侠。郭解此人，短小精悍，义薄云天，同时又残忍阴毒。有一次，洛阳有两个黑社会大佬发生冲突，闹得地方上鸡犬不宁。当时剧孟已死，没人压得住，官府也摆不平。洛阳地方上的其他十几个大佬出面调和，这两个人完全不听，一定要拼个你死我活。洛阳地方上的大佬们没办法，只好派人请郭解出面。郭解连夜秘密赶到洛阳，劝说他们和解，这两个大佬当场就和解了。倒也不是郭解口才有多好，他就说了一句话：你们俩和不和解？那两人吓得当场搂抱在一块儿：和解啊，当然和解了，本来也没什么仇，大家都是好兄弟！郭解又说：你们先不要和解。那俩人都蒙了：您要我们怎么样啊？一句话。郭解说：之前洛阳的十几位大佬出面调解，你们不肯和好。现在我一来，你们就和好，这样本地的大佬太折面子，将来还怎么在这一片混？这样，你们先别和解，我今晚回去，你们明天再请洛阳本地的大佬来调解，再当着他们的面和解。今晚我来过的事情，不要让任何人知道。这两个大佬在洛阳地面上，好歹也是呼风唤雨的人物，在郭解面前却跟小学生一样乖，连连点头，依样照办。由此可见郭解的势力。

后来汉武帝打算迁徙一批关东豪强，填充关中，真实目的是将这些豪强调离本土。官方定了一个标准，资产多少以上就算豪强。调查下来，郭解的资产居然达不到标准。大将军卫青就替他说情，说郭解不应该被迁徙。汉武帝大吃一惊："这郭解已经通天了！"他冷冷地说："一个布衣，能让大将军为之说情，看来他家不可能穷嘛。"便强制迁徙，实际上动了杀心。像郭解这样的豪强游侠，整个汉王朝到处都是。他们生杀予夺，武断乡曲，控制了地方，操纵了司法，成为汉朝的又一个不测之忧。

塞外的匈奴

第三，匈奴进犯。

秦汉之际，北方大草原上也有一个游牧帝国正在崛起，这就是匈奴。当时匈奴出了一个杰出的领袖，史称冒顿单于。冒顿还在做太子的时候，眼看着中原秦朝那么强大，而自己的父亲老单于却不求上进，心里很着急，决定夺权。可是他手下只有一支骑兵卫队，人数很少，不能强攻，只可智取。

冒顿制作了一种响箭，射出去，借着风势，会像哨子一样发出嘹亮的响声。冒顿给他的骑兵队下了一条命令：我的响箭往哪里射，你们的箭也往哪里射。这是一条法令。一条法令颁布以后，并不能完全生效。我往哪射，你们就往哪射，听上去很明确，一点歧义都没有。但是骑兵队没有几个人真正明白这句话的意思，还打算观望这条法令的执行尺度。

冒顿带着这群骑兵出去打猎。他一箭射向兔子，几十支箭一起射兔子。冒顿一箭射向小鹿，几十支箭一起射向小鹿。这都没有任何犹疑。突然，冒顿一箭射向自己的爱马，结果骑兵队没全部反应过来，有的人射了，有的人没敢射。冒顿就把那些没射的人全给杀了。有一天，冒顿又一箭射向自己的妻子，骑兵队又愣住了，有的人射了，有的人没射。冒顿又把那些没射的人全给杀了。经过这几次实践，骑兵队终于明白了那句法令的真正意思：我射哪里，你们就射哪里，意思真的就是无论我射哪里，你们就射哪里。

时机成熟。终于有一天，冒顿冷不丁一箭射向自己的父亲老单于。骑兵队箭无虚发，一起射向老单于，把老单于射成了个刺猬。政变之后，冒顿单于掌握了部落的最高权力。

就在此时，中原刚刚经过四年的楚汉相争，刘邦消灭了所有的军阀，除掉了劲敌项羽，瞪着一对血淋淋的眼睛拔刀四顾心茫然，喝问：还有谁？他一眼瞟到长城对面有个冒顿单于嬉皮笑脸，就率领三十多万大军北上，打算借此余威消灭匈奴。但是战斗并不顺利。刘邦的大军内战内行、外战外行，面对匈奴人的骑射战术很不适应，被包围在白登山七日七夜，救援断绝，差点惨遭活捉。最后谋士陈平用计，刘邦才得以脱身。

陈平用的什么计策？不清楚。《史记》说："其计秘，世莫得闻。"这个计策非常隐秘，没人知道。总之肯定是很不光彩的下三滥的计策。这一事件，被汉朝人视为"白登之耻"，是讳莫如深的国耻。此后，汉朝只好用和亲的办法，把宗室之女嫁给匈奴单于，再送上金银财宝，花钱买和平。这等于是签订了一个不平等条约。即便如此，匈奴人还是经常骚扰边境，侮辱汉朝。

吕后执政的时候，冒顿单于还给吕后写了一封信，说："陛下独立，孤偾独居。两主不乐，无以自娱。愿以所有，易其所无。"我是个鳏夫，你是个寡妇，我很无聊，你也无趣，不如我跟你好，你跟我住。这简直是赤裸裸地羞辱与挑衅。

吕后的妹夫、大将樊哙叫嚣：太欺负人了！请陛下给我十万兵，让我横行匈奴!

当时就有大臣泼他冷水：当年高祖皇帝精兵强将数十万大军，尚且有白登之耻。当时怎么没见你横着走啊？你现在跟这儿说什么大话，万一激怒了匈奴，真打过来，你去横着走吗？恐怕到时候你就成缩头乌龟了，而汉朝将永无宁日。

吕后没有办法，只能低声下气地回了一封信，大意是："我现在年纪大了，牙齿松了，皮肤皱了，头发掉了，路也走不动了，没法伺候大王您了。还是让那些年轻貌美的小姑娘伺候您吧!"从此加倍送财宝，送美女。冒顿单于实际上对吕后也没兴趣，只是调戏一下，点到为止，现在得了实惠好处，也就暂时消停了。后来匈奴对汉朝打打停停，骚扰不断，这是汉朝的第三个不测之忧。

洞穿历史的目光

文景之治光鲜亮丽的外表之下，为什么会有这么严重的不测之忧呢？

自从西周崩溃以来，历经春秋战国，直到秦朝，整个大转型时代产生的种种社会问题，从来没有得到过真正的解决。秦始皇雄才大略、聪明过人，但他只是完成了政治的统一，确立了一个统一王朝的基本规模，完成了最基本的第一步而已。其他那些或明或暗的问题，不但没有解决，反而变本加厉。

汉朝初建，汉承秦制，全盘接收了秦朝的制度，当然也就接收了秦朝制度可能带来的弊端。汉朝初年，无论萧规曹随还是文景之治，在继承秦法的同时，是如何避免秦法之弊的呢？无非是一个拖字诀。

秦朝废除封建，对边远地区鞭长莫及，那汉朝就把东方暂时分给诸侯管辖，任由诸侯坐大；秦朝实行郡县制，一竿子捅到底，管得太宽，那汉朝就做甩手掌柜，暂时把地方秩序丢给豪强去维持，任由豪强横行；秦朝为了驱赶匈奴，北筑长城、滥用民力，那汉朝就暂时用和亲拖着，花钱买和平，任由匈奴进犯。

这个拖字诀，一方面缓和了矛盾，让秦朝在短短十五年间爆发的矛盾，拉长到半个世纪去细水长流；另一方面也积累了矛盾，姑息养奸。到文景之治的后期，放眼中国大地，长城以外是虎视眈眈的匈奴，经常越过雷池，威胁长安；长城以内，汉朝的领土和人口有一半掌握在诸侯王手中，根本无法直接支配；剩下这一半土地，遍布着大大小小的豪强游侠，像螃蟹一样在脚下横行霸道，他们凭借武力，建立人身私属关系，私设地下法庭，维持法外秩序。

当此之时，文景之治下的汉朝，表面好像人间天堂，而实际上却危如累卵。普通人在这里醉生梦死、安享太平，而真正有眼光的人却看到了岌岌可危、不测之忧。就如电影《西游降魔篇》里的高老庄，普通人看到的是山珍海味、烛光晚餐，而唐玄奘看到的却是杀人的凶器、遍地的死尸。在文景之治这样的美好时代，董仲舒却写了一篇《士不遇赋》，感叹："生不丁三代之盛隆兮，而丁三季之末俗！"我没有赶上夏、商、西周那样的黄金时代啊，却赶上了衰世、末世般的暗无天日。

董仲舒的时代，怎么会是最糟的时代呢？董仲舒生于汉高祖时代，成长于文、景之世，成名于汉武全盛时代。以后世的眼光来看，他明明生活在中国历史上最好的时代。所谓"三季之末俗"，未免危言耸听了吧？

对这句话，应当从两个层面去理解：第一，未来的进步源于对现实的不满意；第二，对现实的不满意，正是以历史为坐标观察的结果。

普通人没有能力超越几十年的生命长度，在更长的历史时间内评估自己设身处地的时代。所以没有读过历史的人，鼠目寸光，没有能力推动现实进一步发展。秦朝君臣就否认历史，认为自己生活在最好的时代，所以秦朝的进步到此为止；正因为汉朝的有识之士以历史为鉴，认为自己生活在一个最糟的时代，所以汉朝还有进步的可能，文景之治之后才能接续一个辉煌的汉武盛世。

这不是董仲舒一个人的观察。无独有偶，早在董仲舒之前，就有一位翩翩少年，目光如炬，指出了时代的问题所在。此人十八岁出道，二十岁面圣，三十三岁郁郁而终。流星般的一生，在汉朝四百年的历史上划下了一道耀眼的光辉。他，就是洛阳少年贾谊。

第十六章　洛阳的少年

天选之才

文景之治表面治平无事，而内实有不测之忧。当时只有两个半人看到了问题所在，第一个就是洛阳少年贾谊。贾谊此人，特别受上天的厚爱，是天之骄子。他相比起普通人，有着得天独厚的优势，占尽了天时、地利、人和，令人艳羡不已。

先说天时。贾谊生于汉朝统一的第三年，是建国后的一代，活跃的年代是汉文帝时期，赶上了最优秀的君主，最繁荣的盛世。

次说地利。贾谊是河南郡洛阳县人。洛阳居天下之中，是汉朝经济最发达的地区。

再说人和。唐代陆德明《经典释文序录》中记载：战国晚期的大儒荀子曾经收过一个弟子叫张苍，传授《左传》。张苍是汉朝的开国功臣，建国以后主持财政工作。平定诸吕之乱、迎立汉文帝的功臣之中，张苍排名第四。汉文帝登基之后，张苍做了丞相，位极人臣。张苍非常注意养生，晚年不吃饭，只喝人奶，活到一百零四岁。张苍晚年收了个学生，把荀子当年传下来的《左传》传给了这个学生，这个学生就是贾谊。所以论起师承关系，贾谊是荀子的徒孙，是李斯和韩非子的小师侄，可以说是天纵英才、系出名门。

贾谊不仅得天独厚，而且少年得志。十八岁时，他就已经精通《诗》《书》，文才出众，闻名于河南郡。刚巧，当时河南郡的太守叫吴公，吴公的老师是秦朝丞相李斯，而李斯的老师就是荀子。论起师承，吴公和贾谊都是荀子的再传弟子，算是师兄弟。吴公非常看重这位才华横溢的小师弟，把他招在身边，有什么问题都向他请教。在河南郡任职的这几年时间，贾谊得到了可贵的实践机会，对汉王朝的政治与法律都有了充分的了解。

诸吕之乱平定以后，汉文帝登基。在一次全国的年度绩效评比中，河南太守吴公排名天下第一。汉文帝一看吴公的简历：哦哟，居然还是秦朝丞相李斯的高徒，那一定很精通法律吧！他下诏，将吴公请到中央，担任廷尉。吴公到长安赴任，带上了小师弟贾谊，并且把他推荐给汉文帝。吴公认为：我的幕下，不是你的久留之地。你不是池中之物，而是百年难得一遇的天才，不能困在区区廷尉府，你需要更加广阔的舞台。

有了廷尉吴公的极力推荐，再加上时任御史大夫的老师张苍的保举，汉文帝破格录用贾谊为博士。当时任博士的，都是七老八十的老先生，只有贾谊一个人才二十岁出头。

《汉书·百官公卿表》中记载，博士“掌通古今”。博士要懂得古往今来的治乱兴衰之道，要能为现实政治提供历史经验。汉文帝遇到事情难以决策，常常下诏让博士们讨论。那些老先生反应迟钝，动作缓慢，慢慢地拿出笔墨纸砚，慢慢地磨墨，慢慢地思考。他们这边思路还没形成呢，那边贾谊都已经写完了。他一看：老先生墨汁刚磨完，这也太慢了。有道是“下雨天打孩子，闲着也是闲着”，干脆我帮你们写了吧！贾谊又帮几位老先生每人写了一份对策，一块儿交了。难得的是，贾谊帮这些老先生写的对策，符合每个人的个性和文风，就好像这些老先生自己想出来的一样。（诸老先生未能言，谊尽为之对，人人各如其意所出。）所以一年之中，汉文帝连续破格提拔，让贾谊做到太中大夫。太中大夫是二千石的高官，相当于副部级干部。这一年，贾谊才二十二岁。

贾谊担任太中大夫之后，就有了更多和皇帝接触的机会。这一时期，他以读书十年的所学所悟，从政四年的所见所闻，写下了一系列奏章。这批奏章在后世被编为一篇雄文，史称《陈政事疏》，又名《治安策》。钱穆《国史大纲》中说：“董仲舒《天人三策》与贾谊《陈政事疏》，两篇大文，奠定了西汉一代政治之规模。”由此可见，《陈政事疏》的历史地位与学术分量。

《陈政事疏》切中了时代的脉搏，洞见了制度的病灶，是给当时的汉朝下的诊断书。贾谊在《陈政事疏》的开篇就说：“臣窃惟事势，可为痛哭者一，可为流涕者二，可为长太息者六。若其它背理而伤道者，难遍以疏举。”

人人都说这是一个最好的时代，赶上了盛世可以享太平。但是在我看来，当今天下有一件事情让我抱头痛哭，有两件事情让我泪流不止，有六件事情让我深深叹息，至于其他那些伤天害理的事情，数都数不清楚。

他紧接着说：您平时阅览上书，一定看惯了“当今天下安定繁荣”这样的鬼话，也就真信了。事实上，说这些话的人，要么是看不清时势的愚昧之人，要么是阿谀奉承之辈。（曰安且治者，非愚则谀。）当今天下的真正形势，就好像在烈火之上压了高高的柴禾堆，在柴禾堆上高枕无忧，觉得还挺舒服、挺暖和。火还没烧屁股，就觉得安定繁荣，这是严重的错觉！（夫抱火厝之积薪之下而寝其上，火未及燃，因谓之安。）

这就是贾谊，一句话就戳穿了文景之治的粉饰太平，直指盛世表象之下的顽疾沉疴，令人触目惊心。联系到董仲舒“生不丁三代之盛隆兮，而丁三季之末俗”的观察，正可谓英雄所见略同。

那么，贾谊所说的到底是哪几件大事，让他痛哭、流涕、长太息呢？

痛哭与流涕

诸侯坐大，这是让贾谊为之痛哭的事情。

贾谊说：汉高祖当年封建子弟为诸侯，目的是让他们拱卫汉室。汉室和诸侯的关系，应该“如身之使臂，臂之使指”，就像身体指挥手臂、手臂动用手指一样灵活自如。可现在呢？诸侯坐大，中央朝廷根本使唤不动地方诸侯，“一胫之大几如要，一指之大几如股”，小腿肿得像腰一样粗，手指肿得像大腿一样粗。这样的国家病入膏肓，有亡国之忧。

诸侯坐大，就一定会有不臣之心，一定会造反，这不是道德品质问题，而是制度问题，是时势使然。

贾谊举例：汉初封了七个异姓诸侯王。谁先造反，谁后造反？观察一下，结论很清晰：“大抵强者先反。”越强大，反得越早。最强大的楚王韩信第一个造反，次强的梁王彭越紧接着，淮南王英布第三。兵力强大，都造反了。七个异姓王，只有一个长沙王吴芮没有造反。汉高祖刘邦还在《令甲》中说：“长沙王最忠心！”是他最忠心吗？不是！是他最弱小，没有能力造反！

贾谊还作了假设：你别看樊哙、周勃一个个好像老实巴交、忠诚善良，如果当年封他们为广土众民的诸侯王，肯定也造反了；你也别以为韩信、彭越、英布都是野心家，如果当初封他们为小小的列侯，肯定也忠心耿耿，不会造反。所以，这个不是道德的问题，而是制度问题。制度的问题，就只能用制度来解决。

怎么解决呢？

贾谊提出："欲天下之治安，莫若众建诸侯而少其力。"想要天下太平无事，诸侯国安安稳稳，没有野心，最好的办法是：把现有的几个大诸侯国拆成一堆小诸侯国，数量变多，力量变小。

比如，现在有个齐国，面积很大，辖有七十几个县。本来齐王死了，应该嫡长子继承，其他孩子没份儿。现在可以下一道法令：平等继承，人人有份。齐王有五个儿子，那就把齐国一分为五，每人十几个县，五个儿子都做小诸侯。这样的政策，只有嫡长子一个人会反对，其他四个儿子肯定举双手赞成，制度推行的阻力就很小。小诸侯再生儿子，一个小国再一分为五。随着时间的流逝、子嗣的繁衍，诸侯国越拆越小，几代人以后，天下就没有大诸侯国，只有一堆不成气候的小诸侯国了。

贾谊的这个计策，在汉文帝晚年开始温和地推行。到汉武帝时期，终于以"推恩令"的形式彻底落实。汉王朝的诸侯国问题，由此得到了最终的解决。从此大汉天下再也没有兵强马壮的诸侯王，只有衣食无忧的富家翁。

匈奴进犯，这是让贾谊流涕的事情。

贾谊说：汉朝搞和亲政策，表面上好听，大汉天子嫁个女儿给匈奴单于，再以岳父的名义给女婿赏钱。实际上这根本就是嘴上占便宜，吃的是哑巴亏。说穿了，这就是国耻。皇上您怎么能以天子之尊、皇帝之贵，向匈奴人卑躬屈膝呢？咱们汉朝怕匈奴怕得要死，实际上呢？匈奴总人口不过百万，仅仅相当于汉朝的一个大县。"以天下之大，困于一县之众，甚为执事者羞之"，您以天下之大，受困于一个县，我真替您感到羞愧。

其实，汉文帝何尝愿意受辱于匈奴？问题在于，和亲丢面子，打又打不过，怎么办呢？

贾谊提出：我们汉朝相比匈奴，有两大优势，一是有文化，二是有钱。我们应该充分利用自己的优势，去和平演变匈奴人。如何和平演变呢？

第一，汉朝人应该在情感上接纳匈奴人，大家都是兄弟民族，不要有华夷之分；第二，汉朝人应该喜欢匈奴的特产，让匈奴人感到自己被需要，有存在感；第三，汉朝应该向匈奴大量输出物质和精神文化，匈奴人一旦穿惯了绫罗绸缎，吃惯了山珍海味，皈依了孔孟之道，也就离不开汉朝了。这样一来，汉匈之间你中有我，我中有你，水乳交融，也就分不开了。[①]

总的来讲，贾谊的策略，是利用汉朝的强势文化，搞民族融合，分化匈奴人，争取其中可以团结的部分，孤立其中一味顽抗的部分，再予以军事打击。

汉朝有个宦官叫中行说。汉文帝送一个公主去匈奴和亲，让中行说陪同。中行说说：匈奴环境太差了，我不爱去。汉文帝说：让你去你就去，你一个宦官还敢挑三拣四？中行说咬牙切齿地说：我要是去了，可就不回来了，我一定帮匈奴打汉朝，到时候您可别后悔。汉文帝一听乐了，你还有这能耐？行啊，有本事你就别回来啊。结果中行说到了匈奴，果真留在了那边。当时的匈奴人，已经贪恋汉朝的绫罗绸缎、美食餐饮，无法自拔了。所以匈奴人的野性慢慢消退，文明程度增进。只要汉朝愿意开关市互通有无，匈奴人也懒得打仗。中行说一看，这怎么行？当场穿一身绫罗绸缎，在荆棘丛里策马狂奔，绫罗绸缎全碎了。中行说问单于：穿这种东西，能打仗吗？哪有匈奴的皮毛实用？中行说又把汉朝人的美食全扔地上，问单于：吃这种东西，能长力气吗？哪有匈奴的牛肉羊奶扎实？中行说告诫单于：匈奴人万事不如汉朝，尤其是人口太少，唯有打仗厉害。如果匈奴人放弃长处，贪恋富贵，那么汉朝只要出百分之二十的财富，就可以让匈奴人百分之百地堕落。要提高警惕啊！

中行说的警告，恰恰反衬出贾谊策略的有效。正是因为长期民族融合，辅之以军事战争，汉朝才在几十年后基本解决了匈奴问题。

---

① 王兴国：《贾谊评传》，南京大学出版社 1992 年版，第 172—177 页。

可为长太息者

礼法沦丧，这是让贾谊长太息的事情。

礼法沦丧的例子很多，且以君臣关系为例。《论语》有云："君使臣以礼，臣事君以忠。"君主对臣子，要以礼相待；臣子对君主，要忠心耿耿。如果君主对待臣子毫无礼貌可言，那么有骨气、有血性的人就会远离，奴颜婢膝的逐利之徒就会聚拢。这种人完全追逐权势而动，根本不会忠于国君。所以，从短期而言，违反礼法似乎有利于君主集权；从长远来看，却会危及社稷。

在秦朝，君主对臣子就毫无礼貌可言，完全是当奴才一样使唤，当猪狗一般屠杀。李斯贵为丞相，帝国的二号人物，居然全家被拉到刑场上公开斩首。李斯本人已经是六七十岁的老人了，也被公开扒光衣服，割掉鼻子，脸上刺字，砍掉双脚，乱棍打死，枭首示众，尸体剁为肉泥，毫无尊严可言。

汉承秦制，汉代的君臣关系并没有什么改善。梁王彭越就以"谋反"之罪，被剁为肉泥，分赐诸侯。文帝时，功臣周勃犯了一个小错，立刻被关进监狱。曾经贵为丞相、立下不世之功的周勃，在监狱里被牢头狱卒呼来喝去，一点脾气都没有。出狱的时候，周勃感慨了一句：我曾经统率雄兵百万、杀人不眨眼，哪里知道狱卒比我厉害多了！

贾谊认为，如果臣子得不到丝毫尊重，那就没有尊严；没有尊严的人，就没有羞耻之心；没有羞耻之心，做人就没有底线。尊重臣子，才会有直言敢谏的忠臣，才会有可以托孤的重臣；不尊重臣子，只会有欺上瞒下的奸臣、犯上作乱的乱臣。重建君臣之间的礼仪关系，这是重塑礼法的重要一环。这个建议得到了汉文帝的采纳。

除此之外，贾谊还认为，整个国家的制度都必须重新来过。现在的制度是秦法，是以刑罚为基本手段的；必须改为礼法，以礼义德教为基本导向。所以，贾谊建议汉文帝：不要再小修小补了，是时候重新制定制度了。汉朝建立至今已经二十多年了，是时候"改正朔，易服色，定制度，兴礼乐"了。

汉文帝听了，血脉贲张。但是汉文帝是个很谨慎的人，他以藩王入继大统，在长安城孤立无援，受到老臣们的掣肘。汉文帝有心实施贾谊这套改革方案，又怕功臣们反对，所以他决定先投石问路。一次朝会，汉文帝说：贾谊这小子很优秀，我打算提拔他到三公九卿的位置上，不知各位意下如何？话音未落，就遭到众人反对。这个说：贾谊年纪轻轻就做了太中大夫，已属非望，岂可再升官？那个说：贾谊夸夸其谈，华而不实，不可重用。尤其是丞相周勃、太尉灌婴两个元老，反对最力。他们说："这个洛阳少年，乳臭未干，才疏学浅，只想升官弄权，骑在我们这班老臣头上，变乱祖宗之法，绝不可用！"汉文帝听了，没有办法，给贾谊升官尚且如此困难，全面改革的事情就更不敢提了。

这次朝会以后，贾谊被排挤出朝，去长沙国担任太傅。贾谊路过湘水，想到屈原当年曾经在这里投江自杀，联想到自己怀才不遇的坎坷经历，写了一篇《吊屈原赋》。篇尾感叹："彼寻常之污渎兮，岂容吞舟之鱼？横江湖之鳣鲸兮，固将制于蝼蚁！"一个小小的臭水沟，岂能容下吞舟的大鱼？横行江湖的大鱼游于浅水，自然只能受制于小小的蝼蚁。

几年后，灌婴已死，周勃免相。汉文帝突然派人用专车把贾谊接到长安，快马加鞭赶到宫殿。当时已经是半夜了，汉文帝说：没关系，朕还没睡，让贾谊速速入见！贾谊以为时来运转，兴致勃勃地赶到殿中。汉文帝看到贾谊，两眼放光，拉着他的手坐下，说：爱卿，我刚搞完祭祀，对鬼神之事很感兴趣，你给我好好讲一讲！

唐朝诗人李商隐有诗叹曰："宣室求贤访逐臣，贾生才调更无伦。可怜夜半虚前席，不问苍生问鬼神！"这是贾谊的悲哀，这是文帝的无奈，这也是历史按照自己的节奏在循序渐进地展开。

这次会面之后，汉文帝让贾谊担任梁王太傅。梁王是文帝的儿子。文帝可能通过这种方式，暗示贾谊将改革的希望寄托于下一代。可是贾谊也许并未领会这层深意。有一天，梁王出行，不慎堕马而死。贾谊认为自己教导无方，哭泣自责，一年后郁郁而终，年仅三十三岁。

苏东坡有一篇《贾谊论》，说贾谊是个不善于处逆境的人，"夫谋之一不见用，则安知终不复用也？不知默默以待其变，而自残至此"，你的谋略只不过暂时没有被采纳而已，你怎么知道就永远不会被采纳呢？你不懂得默默等待时机的到来，却自伤自悼，自残至死，真是可惜。贾谊是政治天才，他的目光是超前的。汉文帝能够欣赏他，却限于形势，没有办法重用他。贾谊的悲剧在于此，他的魅力也在于此。贾谊的存在，让后面汉朝历史的发展有了超前的理想，所以几十年后，贾谊的《陈政事疏》成了汉武帝施政的蓝图，一一从纸面变成现实。王安石有诗云："一时谋议略施行，谁道君王薄贾生。爵位自高言尽废，古来何啻万公卿。"贾谊的谋略，基本上都得到了施行，谁说汉家君王对不起他？至于那些爵位很高，却没有为历史贡献过一个善策的公卿大臣，自古以来何止千千万万？

汉武帝感念贾谊，专门提拔了贾谊的两个孙子担任太守。不过贾谊已经不需要这些了。贾谊的生命永远定格在了三十三岁，他的形象依旧是那个风度翩翩的洛阳少年。

第十七章 朝衣东市

一样天才，两种命运

洛阳少年贾谊为大汉王朝开出了对症良药。但是汉文帝限于形势，无法完全采纳，导致贾谊怀才不遇，英年早逝。

贾谊出生于公元前200年，也就是汉朝建国的第三年。同一年，颍川郡也有个奇才出生，他就是西汉最优秀的政治家之一——晁错。晁错和贾谊对比，非常有意思。他们都是河南人，都是建国后的一代，都活跃于文景之治，都是政治天才。但是，贾谊的贡献在于理论，在于为汉王朝提供了发展的蓝图；而晁错的贡献在于实践，他着手解决匈奴进犯、诸侯坐大两大问题，都取得了相当的成果。最后的结局，贾谊怀才不遇，还没来得及绽放就已经凋谢；晁错朝衣东市，在自己最辉煌的时刻横死街头。为什么同年出生的两个天才，命运却迥然不同？我认为，这主要是先天的性格和后天的学问两方面原因造成的。

先看先天的性格。

晁错，颍川人。颍川的郡治在今天河南禹县，离贾谊的老家洛阳不远。《史记·晁错列传》中记载："错为人峭直刻深。"简单来讲，就是为人比较刻薄，比较狠，不好相处。我们读一篇《汉书·晁错传》，看不到晁错跟谁的关系处得好。申屠嘉是丞相，一直想杀晁错。窦婴是外戚的领袖，跟晁错闹掰了。天下的诸侯王，个个恨晁错恨得牙根痒痒，恨不得杀之而后快。朝臣、外戚、宗室，晁错全得罪了。尤其是有个大臣叫袁盎，跟晁错是死对头。"错所居坐，盎辄避；盎所居坐，错亦避；两人未尝同室语"，晁错在的地方，袁盎一定躲得远远的；袁盎在的地方，晁错也绕着道走。两人从来没在一个房间待过。晁错关系好的，只有一个汉景帝。但是最后，正是这位汉景帝下诏杀死了自己的老师晁错。晁错一代奇才，混到如此田地，不能不说是性格使然。

再看后天的学问。

晁错年轻的时候，跟一位老师学习申商刑名之术。申，申不害；商，商鞅。申不害和商鞅，都是战国时期法家的代表人物。申商刑名之术，是法家的学问。所以晁错的志向在于经世致用，而不在皓首穷经；晁错的学问在于申商刑名，而不在孔孟之道。

晁错凭借他的学问，做到博士，这和贾谊一样。但贾谊在博士的岗位上，通过出众的表现博得文帝的青睐；而晁错则立刻给汉文帝上了一道奏章。从这道奏章可以看出，晁错是个颇有心机之人。他的心思，可比洛阳少年贾谊深太多了。晁错说：一个皇帝要想立功当代、名垂后世，必须懂术数。但是我看皇太子天真无邪，我心里真替他着急，担心他将来无法继承您的伟大事业。希望皇上您能够为皇太子精心挑选一名精通术数的老师，加以培养教育。什么叫"术数"呢？《汉书·晁错传》颜师古注引臣瓒曰："术数，谓法制治国之术也。"术数，就是用法律治国的道理，在汉代的语境下，特指晁错精通的那套申商刑名之术。汉文帝看了奏章，觉得：你说得很有道理。但是精通术数的老师，我上哪儿找去呢？你既然说得这么头头是道，干脆你来教吧。文帝钦点晁错，让他担任太子家令，相当于太子的管家兼老师，负责教太子术数。

我为什么说晁错心机深呢？贾谊二十岁出头，就给汉文帝上万言书，拿出了改革汉朝的全套计划，希望皇帝重用自己，实施全面的改革。结果受到老臣阻挠，贾谊被赶出中央，郁郁而终。

晁错和贾谊同年，却已经看到：我年纪太轻，资历太浅，人微言轻，就算提出好的建议，也不可能被采纳。我和老臣相比，缺点是年纪轻，优点也是年纪轻。我斗不过你们，我熬得过你们。既然我抓不住现在，那我就投资未来。投资未来的最好办法，就是抓住太子。等将来汉文帝驾崩，老臣死光，太子做了皇帝，我这位帝王师就可以大展宏图了。所以晁错才给汉文帝上这道奏章，表面上是为太子着想，其实就是毛遂自荐。从中可以看出晁错既有雄才大略，这一点和贾谊是一样的；又能隐忍不发、静候时机，这一点是只想一步到位的贾谊远远比不上的。

晁错担任太子家令期间，除了牢牢抓住未来的皇帝，也试探性地给汉文帝提了不少建议。例如著名的《论贵粟疏》，就是这一时期的作品。晁错上书的风格，与贾谊大异其趣，于此可窥二人性格的不同。

贾谊上书，直奔主题说：皇上您统治的时代，一塌糊涂，我除了痛哭流涕、唉声叹气，没什么好说的。他的风格非常尖锐，毫不留情。古人云："峣峣者易折。"贾谊生前得不到施展抱负的机会，三十多岁就折断了。

晁错不一样，他给皇帝提意见，非常艺术。汉文帝有一次下诏，请晁错指出他的缺点。晁错开篇先详细罗列了汉文帝登基以来的几十项重大政绩。他说："大功数十，皆上世之所难及，陛下行之，道德纯厚，元元之民幸矣！"皇上您立下的几十项重大政绩，自古以来无人能比。生活在您统治的时代，那是人民的幸运！可是皇帝要他提意见，不能光拍马屁。晁错又说："诏书说：'请给我提意见。'可是我这样的愚昧之人，哪里提得出意见来呢？可是诏书还说：'请尽抒己见，不要隐瞒。'我只好勉强提一点了。"结果晁错提出的意见是什么呢？

他说：五帝时代，君是尧、舜之主，臣不如君，所以君主事必躬亲；三王时代，君是商汤、文、武，臣是伊尹、周公，君臣水平相当，所以共治天下；五霸时代，君是齐桓公，臣是管仲，君不如臣，所以君主无为于上，臣子有为于下。如今的大臣，当然水平也非常高，都是天下之英、一时之选，但皇上您的水平太高了，臣子们实在望尘莫及。所以我建议您不要"无为"了，您应该像五帝那样亲自把持政权，按照自己的主意来推行政事。[①]

请看，同样是主张摆脱功臣的掣肘、亲自推行改革，贾谊把汉文帝和周勃、灌婴打包一块儿骂了，晁错却把每个人的马屁都拍到位。所以一样天才，两种命运，性格使然。

但是需要注意，晁错建议汉文帝亲自操刀，只是利用皇帝的权威压倒元老功臣集团；皇帝究竟应该如何行事，晁错当然有自己的主意。他想利用皇

① 《汉书·爰盎晁错传》。

帝，充当皇帝幕后的帝王师，将皇帝作为提线的傀儡，在前台表演。这样一种思路，也就预示了他的死期。

智囊的手段

晁错做了太子家令，既教育太子，也给汉文帝出谋划策。当时人送了他一个外号，叫“智囊”。没过多久，汉文帝驾崩，太子即位，这就是历史上的汉景帝。果然如晁错所料，汉景帝即位后，第一时间提拔自己的老师，让他担任内史一职。内史，相当于首都及其附近地区的行政长官。虽然比起三公九卿还要低一级，但是权随人走，晁错凭借着与汉景帝的特殊关系，常常“请间言事”。

什么叫“请间言事”呢？汉朝君臣之间讨论政务，都是通过开会的方式，公开讨论。晁错却不按套路出牌。公开讨论的时候，晁错一言不发；散会以后，晁错偷偷跑到汉景帝那儿，两个人关起门来开小会。汉景帝对晁错言听计从。常常大会上敲定的政策，小会上就给推翻了，另搞一套。这就把一个人给气坏了。谁呢？那就是丞相申屠嘉。

汉景帝的时候，陈平、周勃这些老臣都死光了，申屠嘉是仅存的一位开国元勋。申屠嘉心想：我丞相乃是群臣的领袖，比你区区内史高了不止一级。结果现在政策全由你晁错制定，我申屠嘉反而成了摆设，那怎么行？他就想找个借口，把晁错除掉。很快，晁错的一次疏忽大意，让一直在暗中静候时机的申屠嘉，逮到了一击致命的机会。

长安城东边有一座太上皇庙，就是刘邦的父亲刘太公的祭祀之所。太上皇庙的院子很大，里面有很多官府办公。晁错的内史府，也在太上皇庙的院子里。内史府的大门朝东开，而上朝的宫殿在西边。晁错每天上朝，都要出东门绕一个大圈子，再往南绕到西边上朝，很不方便。晁错就在内史府南边开了一道门，又在太上皇庙的南院墙上也开了一道门，连穿两道门就可以来到大路上，上朝的路程可以大大缩短。

申屠嘉得知此事，非常高兴：按照汉律，擅毁宗庙可是死罪！他得意扬扬地回去写了封奏章，打算弹劾晁错。世上没有不透风的墙，有人把消息透露给了晁错。晁错吓坏了，这确实是他做事不缜密的地方。他连夜进宫找汉景帝说情。

第二天上朝，申屠嘉弹劾晁错擅毁宗庙，罪当问斩。汉景帝连忙说："哦，你说晁错在院墙上开门洞这个事情啊，这是朕让他干的，罪不在他。算了吧。"申屠嘉一听，就知道晁错事先已经吹过风了，气得要死，破口大骂："早知道我就应该先斩后奏，先杀了他再上奏请罪！"回来越想越气，吐血而死。申屠嘉是最后一位开国元老。他一死，后面的丞相都是一群唯唯诺诺之辈，终于没有人再能制约晁错了。

公元前155年，四十六岁的晁错升任为御史大夫。汉朝的制度，御史大夫级别仅次于丞相。晁错的人生到达了顶峰，此时距离他的死亡，已经不到五个月的时间。

晁错做了御史大夫，第一件事情是打击异己。他生平最恨的一个人，叫袁盎。前面说过，这两个人八字不合，有你没我，有我没你。此时晁错得志，翻出旧账，罗织罪名，要整倒袁盎。汉景帝买老师的面子，当场罢免袁盎的一切职务，免为庶人，替老师出气。从这儿可以看出晁错这个人性格之刻薄。这件事情，也为晁错埋下了致命的隐患。

汉景帝时期，诸侯坐大的问题日趋严重。当年汉景帝做太子时，曾经失手打死了吴国太子。对于这件事情，汉景帝和曾任太子家令的晁错，始终耿耿于怀。吴王刘濞从此称病不朝，在国内铸山为铜、煮海为盐、招降纳叛，已经是公开的秘密。其他几个大的诸侯国，也都有样学样，骄纵不法。这对于大汉王朝来讲，是一个定时炸弹。贾谊《陈政事疏》第一件"痛哭"的事情，就在于此。

晁错对汉景帝说：诸侯坐大，已经到了刻不容缓的地步，再恶性发展下去，他们迟早非造反不可。我建议削藩。什么叫削藩呢？就是找一些借口，削减诸侯王的封地。今天削两个县，明天削一个郡，日削月减，他们就变弱了。

汉景帝说：这些诸侯肯定不会坐以待毙，一旦逼急了，他们造反，可怎么办呢？

晁错斩钉截铁地说："今削之亦反，不削亦反。削之，其反亟，祸小；

不削之，其反迟，祸大。”就现在这个情形，皇上您削藩，他们也得反；不削藩，他们也得反。削藩，他们准备不充分，仓促造反，危害小；不削藩，他们准备充分，谋定而后反，危害大。您应该痛下决心，在您的任上亲手解决诸侯坐大的问题，不要再把这个问题留给后世子孙了。

汉景帝听了，终于下定了削藩的决心。第一个开刀的，是楚王。

这一年，楚王来上朝，晁错先跳出来唱白脸，当庭弹劾楚王，说往年薄太后的丧礼期间，楚王曾与美女寻欢作乐，按律当斩。楚王一听，这都哪年的陈年旧账了，怎么这时候被翻出来啊？他吓得浑身发抖。

这时，汉景帝再出来唱红脸，说：楚王毕竟是朕的堂弟啊，怎么忍心杀呢？这样吧，削个封地吧！就下诏削了楚国一个郡。就这样，君臣二人唱双簧，先后削了楚国、赵国、胶西国，下一步就打算拿吴国开刀。当时天下诸侯，都恨透了晁错，恨不能食其肉而寝其皮。

晁错春风得意，但是有一个人却嗅到了死亡的气息。这个人，就是晁错的老父亲。

衣朝衣，斩东市

老父亲从家乡赶到长安，教训儿子：“皇上刚刚即位，把国家大事都托付给你。你却成天拿皇帝的亲戚开刀，在他们同胞骨肉之间挑拨离间，你这是要干什么？”

晁错说：“不这样做，天子不能尊贵，国家不能安定。”

老父亲跺着脚说：“他刘家的天下安定了，我们晁家大祸临头了！”回去以后，就服毒自杀了。临死之前，留下一句遗言：“我不想亲眼目睹大祸临头。”

老父亲之死，并没有阻止晁错的步伐。晁错继续鼓励汉景帝削藩。十几天后，吴王刘濞终于联合七个诸侯国，举兵造反，史称“七国之乱”。七国喊出的口号是：杀晁错，清君侧。意思是说，我们的矛头不是指向皇帝的，而是指向晁错的。我们之所以起兵，正是因为晁错这个小人在刘氏亲属之间挑拨离间。现在，我们要杀死晁错，清理皇帝身边的小人。这个口号很有策略性，很有迷惑性。

七国叛乱，早在晁错的预料之中，但是汉景帝慌了。汉景帝从出生开始，就没见过打仗。之前只是说说而已。如今真的事到临头，他慌了神了，问晁错怎么办。

晁错说：一切都在计划之中，不必害怕。为今之计，只有派兵镇压。但是七国势力很大，要想镇压，至少需要百万人马。这么多军队，交给别人去指挥，肯定不放心。我的意思是，陛下您亲临前线，御驾亲征，必能旗开得胜。

汉景帝说：你呢？他像婴儿依赖奶妈一样依赖这位老师，所以满怀期望地问出了这个问题。没想到晁错却说：我负责留守长安，稳定后方，补给前线，等候陛下凯旋。

这句话，犹如给汉景帝兜头泼了一盆冷水。汉景帝心中暗想：我去前线送死，你就留在安全区？这个从来没有离开过老师的巨婴，终于被强制断奶，突然之间长大了。到这个时候，他已经不敢再相信晁错。师生之间的关系到此为止，君臣之间的裂隙就此而生。

汉景帝自出手眼，起用将门虎子——周勃之子周亚夫，又任命外戚窦婴为大将军。窦婴对汉景帝说：现在吴国挑头造反，我认识一位吴国问题专家，可以咨询他的意见。汉景帝问：是谁？窦婴说：不是别人，正是那个跟晁错有仇的袁盎。他之前在吴国担任过国相，对吴国情况了如指掌。但晁错当政期间，袁盎始终郁郁不得志。汉景帝这时候也顾不得考虑晁错的感受了，下令："立刻起用袁盎，让他速来见朕。"

袁盎来的时候，汉景帝正和晁错一起谋划出兵路线。看见袁盎进来，汉景帝赶紧问："你觉得这次叛乱，能平定吗？"袁盎气定神闲："我对吴国情况很了解，区区叛乱，不足为虑。"

晁错一看，袁盎说得对我有利，赶紧接口，说："袁盎说得很对，陛下要有信心啊！"袁盎却不理晁错，继续说："我有一计，平定叛乱易如反掌。"汉景帝说："什么计？"袁盎慢条斯理地说："请让左右退下。"汉景帝赶紧让那些宫女、宦官、闲杂人等都出去了。室内只剩下汉景帝、袁盎、晁错三个人。袁盎看了晁错一眼，说："臣说的计策，不能让第三个人知道。"汉景帝不耐烦地一挥手："晁错，你也出去吧！"

晁错的心变得冰凉。他始终以为自己是幕后导演，突然之间发现其实只是个局外人。整个大局，早就已经脱离他的掌控了。他万般无奈，只得恶狠狠地瞪了袁盎一眼，悻悻地出去了。

晁错出去以后，袁盎才说："吴楚七国，并非造反，只想要清君侧、诛晁错而已。为今之计，只有先杀晁错，再派人赦免七国叛乱之罪，把之前削藩的土地还给他们。兵不血刃，就可以化解一场战事于无形。"汉景帝沉吟半晌才说："如果真的能平定叛乱，我绝不会吝惜此人。"

十几天以后，丞相、中尉、廷尉秘密上书，联名弹劾晁错，说他妄图让皇帝亲临前线送死，自己想在后方搞政变，大逆不道，罪当腰斩。晁错的父母妻子，也应当满门抄斩。汉景帝拿到这份弹劾书，轻轻写了一个字，"可"。一份判决书就此生效。

汉景帝也知道，这份判决形同儿戏，不足以服晁错之口，他也没脸再见这位老师。所以他派一名武官，骗晁错说：皇帝让你巡查长安城的东边市场。晁盖听到，不敢怠慢，赶紧穿上朝服，打扮整齐，坐车来到东市。等在这里的刽子手把晁错当场拿下，按倒在锧板之上，高举大斧，照着人犯的腰部狠狠剁下。晁错就这样被处以腰斩之刑，死不瞑目。晁错的全家，也被满门抄斩。这就是成语"朝衣东市"的来历。

晁错死后，前线有个将领叫邓公，回来禀报军情。汉景帝赶紧问他：怎么样？朕已经杀了晁错，吴楚七国退兵了吗？邓公一声冷笑：退兵？吴国谋划造反，已经谋划了几十年了。杀晁错清君侧，只是一个借口而已，怎么可能退兵？想也不要想。我担心的是，从此以后，没人敢说真话了。汉景帝问："为什么？"邓公说："晁错削弱诸侯，尊显皇帝，此乃万世之利。计划刚刚启动，就已朝衣东市，满门抄斩。内杜忠臣之口，外为诸侯报仇。臣窃为陛下不取也！"景帝听了，一声长叹："你说得对，我肠子都悔青了！"这才坚定了平叛的决心。经过周亚夫、窦婴的艰苦战斗，吴王刘濞战死，其他六个王全都自杀。

诸侯坐大的问题，终于在晁错身后得以解决。晁错虽然身死，但却以他"峭直刻深"的性格，在汉朝历史上刻下了独特的印迹，推动着时代的变动，推动着文景之治向一个更宏大的时代前行。

外十则　伏生传《书》的文学想象

一

这天，伏生家来的人，怕是比三十年来的访客加起来还多。①

“老先生呢?”里正急忙地问道。

伏女深感诧异。里正向来是只叫“老伏”的。她不敢多问，朝屋后一努嘴:“喏。”老头子正躬着腰，光了干枯的上身，坐在那里剥豆。

“啊呀呀，你怎么好让老先生剥豆!”

“这么老了，还能做什么?”伏女不高兴起来，“要是能申请到鸠杖，能领到廪米，也不至于……”

“胡说!”里正板起面孔。伏女顿时不敢作声了。里正咳嗽一声，软了软口气，叫苦道:“七十岁才能领鸠杖。老先生证明不了年纪，前秦颁发的户验又早弄丢了，我们也为难呀。”

伏女咕哝:“你看他老不死的样子，一百岁都有了。”

里正呵止:“不要这样说。我朝以孝治天下的。”见伏女困惑地眨眨眼，又低声道:“今上复兴文化，要召一个能读《书》的人。不知听了谁的说话，说济南有个伏生，想召他授《书》。郡府派员下来了解情况，明廷也请我去了好几趟县城。哎呀，为了老先生的这件事，我半个月不着家，腿也跑断，你却只顾问我鸠杖!”

伏女涨红了脸。她不知道今上和郡府，但听说自己家的这点小事连县廷都惊动了，便有些惶恐。

里正不理睬她，继续说:“本来今上的意思，要召老先生去长安，但老

---

① 本篇是观看电视节目《典籍里的中国》之《尚书》篇，形成的历史文学想象。从本篇的脚注可见，“伏生传《书》”在汉魏之际就已经有了多版本的历史想象。《典籍里的中国》是对这些历史想象的再创作，属于文学想象。本篇则是另一个指向的文学想象。这些文学想象，可以丰富历史学的维度。

先生年纪这么大……”

伏女赶紧抢道：“他身子骨很硬，可以去长安。”

里正白她一眼：“你是想自己去长安吧！长安岂是你这样人去得的？伏生一个村老，哪里懂得宫廷的规矩？见皇帝，要三步一跪，九步一叩，两手要正放在额下，左手在上，右手在下，步子要不大不小，都有标准的尺寸。两边都有宦官，自小受了训练，用心里的尺子目测默量，差了一寸，就拉下去腰斩了。你这样人去了，有九个脑袋也不够砍！”里正说到得意处，眼一瞪，右手做刀状，用力往下一挥。伏女正听得出神，吃了一吓，“啊呀”一声，缩起脖子再也不敢多嘴。

里正继续说：“我和明廷的意思，老伏已经老糊涂了。天下之大，懂《书》的人怕不是他一个，另请高明吧。哪知今上竟然一定要伏生授《书》，已经派了太常的晁掌故下来。”

伏女疑惑道：“何以如此呢？”

里正停了停，换了一副神秘的样子。伏女见状，忍不住凑上前去，里正却又闭着嘴，意味深长地笑。伏女失望，刚要去喊伏生来见客，里正很突然地问：“李仙人你知道吗？”

伏女根本没有听过。但她为了不显得冒失的样子，眼珠转了几转，慢慢地说：“倒好像听父亲提起过……”

“那就是了！”里正的猜想落实，目中射出兴奋的光，“我和明廷，本来也不知所以，倒是县里有个宋先生，以前和晁掌故一起拜在有名的张先生门下，现在县里做刑名。①宋刑名说，他听张先生说过，有个三百岁的李仙人，在前秦做过博士，有一万个学生。老伏十岁时，跟李仙人在山里学《书》，用一百尺的绳子捆在腰间，背一遍，打一个结，背到一百尺的绳子全是绳结，这才下山，所以能够长生不老。”②

---

① 《汉书·晁错传》：晁错，颍川人也。学申商刑名于轵张恢生所，与洛阳宋孟及刘带同师。以文学为太常掌故。

② 《太平御览》引《洞冥记》：李充者，冯翊人也。自言三百岁，从秦始皇登会稽山以望江汉之流也。少而好学，为秦博士，门徒万人。伏生时十岁，乃就充石壁山中受《尚书》。乃以口传受伏子四代之事，略无遗脱。伏子因而诵之，常以细绳十余寻，以缚腰，诵一遍则结绳一结，十寻之绳皆成结矣，计诵《尚书》可数万遍。

“是这样。难怪他不死……”

“晁掌故和宋先生师出同门，一定是他向皇帝报告了此事，所以下来学《书》。别人的《书》没有用，只有伏生的《书》才能够长生不老。”里正说完了，又咂摸一番，觉得没有破绽，情不自禁地点点头。

“晁掌故哪天下来？”伏女看看破落的农舍疏篱，有点着慌。

“县里面派了专人打探，一日三报，此时已到济南城外的驿站了。郡里的大员少不得要应酬一番，到县里怕是要三日后。”

“那我赶紧扫除。”

里正一摆手：“晁掌故哪里会下到这里来？县廷早已经收拾了一间庠序，是荀夫子一个弟子，叫什么伯，在此授过徒的。你和老伏，今日就搬过去。”

“啊？”伏女迟迟疑疑，“甑上的饭刚蒸熟……”

“倒掉喂鸡！到县里还短了你的吃食不成？”里正骂道，“郡里知道我最熟刑名，点名邀我作陪，好和晁掌故、宋先生切磋。我力辞了在这里陪你搬家，你还顾着你那一甑烂饭！”

此时伏生端一碗豆，拄一根摸得溜光的藜杖，颤巍巍走过来，含糊不清地说：“豆……”

伏女没好气地一把接过来，喝道：“倒掉喂鸡！”嘴上说着，却端到里屋去了。伏生耳背，没听清楚，木木地看着里正，似在辨认。

“老先生，你这根藜杖也好丢掉了。明日我帮你去县里，特事特办，跑一根鸠杖下来。”里正笑眯眯地点头。

伏生不知有没有听懂，却也知趣地豁开嘴，陪着里正一起笑。

二

伏生端坐在县庠的正堂。天气闷热，他几回扯开胸襟，伏女都耐心替他掖平衣领，目光却含着笑，一刻不离晁掌故。

晁错居然只有二十多岁，匀称的身材、精心修剪的髭须，都使他与大腹便便的本地官员区别开来。他正皱着眉，目光快速掠过四壁藏书的书签，似乎连抽出来一看的兴致都没有。田县令陪在一边，不知所措地看看宋孟。宋孟连忙解释：“一把秦火，县里没有可以玩赏的老东西了。今上圣明，重视文教，派师兄这样的大才下来搜访遗佚。千年文脉，悬于师兄一身，任重道远啊。”

晁错终于缓和了面色，点点头，走到伏生面前，跪下行礼：“晚生颍川晁错，拜见先生。”伏生只俯了下身，算是还礼。田县令连忙提醒伏女，伏女忙不迭要扶伏生起来还礼。晁错抬手制止，谦让道：“哪有长者行礼的道理！”他站起来，打开一卷尺一诏书，念了一遍，道：“伏生接诏书。”伏生定定地坐着，伏女膝行上前接诏，晁错却目视伏生。

宋孟低声提醒：“伏生跪接诏书！”伏女这才慌慌张张地趋回席边，和里正一起扶伏生避席接诏。

伏生老迈迟钝，里正、伏女又手忙脚乱，两三尺远的距离，踉踉跄跄终于走到。好在晁错并不着急，定定心心等伏生跪定行完礼，这才递出诏书。双方入席坐定，田县令指着邻席一位老儒，介绍道：“掌故，这位是本地有名的欧阳生……”

老儒峨冠博带、气宇轩昂，正待行礼。晁错却当没听见，转向宋孟：“不是兄弟怠慢，实在是有公私之别。已故的老太常——哦，就是一代儒宗叔孙老先生了。他老人家学问不知高到哪里去了，兄弟在长安亲眼见过，接诏也是一跪到底，没有优待。你们这里很少接到诏书，只恐不太清楚。”

宋孟点头称是：“自从离开张先生门下，在下困于僻乡，久矣不见凤鸟。若非师兄驾临，岂意再闻纶音？”

二人又回忆了几件趣事，感叹一番同学的岁月。众人都不敢插嘴，住了声地听。

晁错聊兴既尽，这才志得意满，缓缓扫视，看到老儒，问：“没请教这位是？”

老儒赶紧笑着自报家门：“小生是千乘的欧阳伯和，是伏先生的弟子。”

晁错似乎有点意外：“哦？陛下诏问，济南郡为何回报只有伏生一人能治《书》？”宋孟笑道：“伏生年高德劭，学问精深。齐鲁间的大师，无不受其感染，研治《书》学。这位欧阳生，最称高足。但师在，不敢越次。”①

晁错感慨：“不错。齐鲁之间，尚有典型。”田县令不知这话什么意思，但见宋孟面带微笑，方才放下心来。

晁错跽起身子，恭敬问道：“伏先生，不知何日可以授《书》？”

众人这才记起伏生。只见他正笼着手，模样似睡非睡。伏女赶紧推了一下伏生，紧张地看着晁错，附耳大声道：“大人，掌故大人问你，哪天可以授《书》？”伏生老眼迷离，嘴里叽里咕噜说了一番。伏女回道：“掌故大人，家父说今日即可。”

晁错皱了皱眉，环视四壁：“此间俗不可耐，恐非授《书》之所。”

“师兄品位高洁！”宋孟拊掌笑道，“不如明日移驾伏宅，虽竹篱茅舍，却也别有一番野趣。”里正要说话，被田县令按下。

晁错点点头：“好。授《书》乃是本朝的文化大事，伏先生既然门生遍于齐鲁，不妨多召人来一齐观赏，也是昭示圣朝尊重学术、迥异于暴秦的教育良机。”

“是。都在小弟身上。”

田县令陪着晁错走了。宋孟恭送出门，心满意足返回，心里默覆着方才的应对，觉得可以记录在册，添油加醋地做成一篇《答晁子问》发表。里正怯怯地上前问道：“明日真的下乡吗？”

宋孟瞥他一眼，鄙夷道：“晁掌故怎么会下乡？你那里只有野蛮，哪里有野趣？文人的趣味你不懂，不必管了。”又转向欧阳生：“你平日里辩才很好，才找你来侍座。今天席间怎么一句话没有？”

欧阳生尴尬道：“怕说多了，露出破绽。先生知道，我一贯是治《易》的。”

宋孟冷笑道：“罢了。明日还得靠我撑场面。你就多召些徒弟来学习吧。”

“叔孙通是个没骨头的，当年在秦廷，我们都看不起他！”② 伏生突然激

---

① 《汉书·儒林列传》：汉定，伏生求其《书》，亡数十篇，独得二十九篇，即以教于齐、鲁之间。齐学者由此颇能言《尚书》，山东大师亡不涉《尚书》以教。伏生教济南张生及欧阳生。

② 《史记·叔孙通传》载：叔孙通与伏生同为秦博士，曾被诸博士斥为“何言之谀也”。后成为“汉家儒宗”。

动地叫嚷，倒把宋孟吓了一跳。这话没头没脑，大家都听不懂，只当疯话。宋孟又叮嘱了几句，遂散去了。

三

授《书》在宋孟精心布置的饶有野趣的一处清静小院内进行。到场儒生，全是欧阳生的徒子徒孙，旁人一律严禁入场。有个长安章台来的撒生，听闻此事，非要拜见，说要进行穿越时空的对话，被县卒抓走关进了大牢。

但众目睽睽之下，授《书》遇到了技术难题：伏生的话，没有人听得懂。

晁错是颍川人。伏生不会说雅言，济南话口音又重，还时不时夹着六国时的词汇。晁错持着笔札，一个字都记不下来。①

田县令、宋孟、里正虽然能听个大概，但对《书》一窍不通，无法转译佶屈聱牙的周诰殷盘。

“你来翻译！”晁错沉着脸转向欧阳生，眉头皱成川字。

“我？”欧阳生一慌，随即恢复镇定，“老师治《书》多年，向由师姊襄助。伏氏《书》学之精蕴，小生只得其皮毛，师姊方得其神髓。今日师姊在此，小生不敢造次。”

直到众人的目光都齐齐看过来，伏女才知道自己是“伏门”的“师姊”，大惊失色：“我不行的！”

“不要推托了！”田县令语气很重，一语定调，“你来！”

“老先生有没有家藏的文本？”宋孟提示。伏女如梦方醒：“有的，有的！我去取！”说罢，跳起来就奔到间壁。里正连忙跟出去。

出门之时，伏生坚持要在日用什物之外，加上那包朽烂不堪的简册。②为此，还被伏女好好说了几句。没想到现在派上了用场。

晁错打开包袱，目光发亮，像看宝贝似的一支一支轻轻摩挲着残简，细

---

① 《汉书》注引卫宏《定古文尚书序》：伏生老，不能正言，言不可晓也，使其女传言教错。齐人语多与颍川异。

② 《汉书·刘歆传》：《尚书》初出于屋壁，朽折散绝。今其书见在，时师传读而已。

细看着简上的蝌蚪文。半晌，他才长叹一声，道：“不虚此行，不虚此行啊！”田县令笑道：“掌故喜欢，拿回去好了……”宋孟喝道：“怎么是拿回去？这是要恭呈圣上的！”田县令讪笑道：“是，是。”

晁错将残简与新编联的简册一支一支对齐，道：“既有底本在此，请先生授读传经吧。”

伏生从喉咙深处含糊地吟唱道：“龠落哦霍兮稽古乌——帝尧奥奥兮曰放勋——”伏女一面艰难地翻译，一面警惕地盯着掌故大人的脸色。果然，掌故脸色一变，伏女心一提。

“这个字是‘粤’还是‘曰’？”晁错指着简首的一个字问。

伏生咕咕哝哝说了一通，伏女回道：“家父说：两可。”

晁错放下笔，皱眉道：“怎么能两可呢？六国时，国各为政、家各有俗，两可也就罢了。如今盛世昌明，书同文、车同轨，岂能两可？国家早已颁布了《仓颉篇》作为统一的用字规范，你们齐地却偏不执行！”田县令听这话说得厉害，厉声斥责里正推广不力。

宋孟忽道：“经至圣人而后定，传至贤人而后明。这个字胡乱用了千百年了，今日还请师兄了此公案，以使后人学有所据。”

晁错点点头：“不是兄弟较真，依国家用字规范，实当以‘曰若稽古’为正。”

宋孟击节道：“妙哉！聚讼千年，一朝定谳！田令，此事当勒石铭记，为本地添一处名胜。”田县令不明所以，胡乱称是。

磕磕绊绊的翻译、记录，做了大半天，又遇到了麻烦。

“古者通贤共治，示不独尊，重民之至。”伏女转译老父的话，已经轻车熟路。但没想到，这句话一译出来，晁错突然住了笔。①

“这句话，是经里的吗？”晁错疑心地问道。

伏女问了伏生，小心翼翼答道：“是的。”

晁错放下笔，双手抱胸，沉吟片刻，转向宋孟：“宋兄，你我在张先生门下学刑名的时候，可曾听过这样的道理？”

---

① 这句与下句，均出于伏生《尚书大传》。《尚书大传》已佚，清皮锡瑞有辑本可参。

宋孟拿不准晁错的意思，字斟句酌道："倒也似乎不曾闻听，许是小弟忘却了也说不定。"

晁错叹了口气，道："诸君有所不知，兄弟惯在皇帝身边侍座的。今上聪明睿哲，最好刑名。刑名之学，却是讲君主独尊的。还有方才《汤誓》这一篇：'天下非一家之有也，有道者之有也。'——审其辞气，必是老先生自己私作的传，却阑入经中。"

宋孟补充道："师兄慧眼如炬，必是这样无疑了。"

"老先生的传，许是在前秦作的。嬴秦独裁，招致亡国。但刘氏有道，斩白蛇起义，救民于水火之中，本就'通贤共治，重民之至'。如今，刘氏就是有道，有道就是刘氏，兄弟以为不必再区分什么'一家之有'还是'有道者之有'了。"

宋孟叹道："师兄见解之深，远迈古人。伏老先生所传，取其七八可矣。剩下的二三，师兄卓识，以意定之可也。"①

宋孟这个原则一定，晁错便落落大方地反客为主，再也没人去听伏生咕咕哝哝地瞎说了。

四

"我前后出了这许多力，你却拿这点东西谢我！"里正袒着脯子抱怨道。

"啊呀，我也料不到皇帝尊师重道，却只拿了两条干肉作礼啊。"伏女怨气更大。

里正哼一声："皇帝一定是阔气的，必是郡县里面拿去了不少，到你家，就剩干肉了。"他用手撩拨着束缚干肉的草绳，喃喃自语："我还以为老伏的孙子要被提到中央去做官呢。"

伏女骂道："就他那副呆头呆脑的样子。你看看宋先生，那才是做官的脑子。"

里正冷笑道："你说宋孟？田县令一开始还忌惮他和晁掌故的关系，后

---

① 《汉书》注引卫宏《定古文尚书序》：错所不知者凡十二三，略以其意属读而已。

来看他那位师兄回了长安，也没半封信来，也就壮了胆子，给郡里递奏牍，说他‘喋喋利口，曾无长者之风’，辞掉了。”

伏女吐了吐舌头：“还是不做官好。不做官，还能保住一把老骨头。做了官，说不好满门抄斩。”

里正笑道：“你们这样的家，再过十六世，也没资格满门抄斩！[①] 倒是欧阳生，你别看他席间一句话都说不出，如今顶着伏门弟子的大名，广收门徒。——最好的是晁掌故，从你家拿到的宝贝简牍，献给了皇帝。皇帝一看，这就是长命百岁的符咒，一高兴，让他给太子做老师去了！”[②]

伏女叹气：“早知道，我们自己去献。”

里正拎起干肉：“自己献，也要有门路啊。——老伏呢？”

“晁掌故走后，就关在房里写东西。叫他剥豆也不肯剥了。笔墨又那么贵，还要我起早到集上去买。老不死。”伏女骂骂咧咧。

“哦？”里正提起兴趣，想着伏生写的书献给县里，说不定可以升个乡长当当。他走进里屋，果然看到伏生光着上身，伏案疾书。背上嶙峋的瘦骨，一动一动。里正走到背后，看到首简下题写着“大传”二字；[③] 再看简上，又是“示不独尊”“天下非一家之有”这些鬼话，不禁大惊失色，叫道：“这种东西，你还写它做什么？拿出去没地方发表，发表了也要连累到我！”

“不发表，藏起来。”伏生仍埋着头。

“藏不住的！”里正边叫边躲灾瘟一般走出来，“有空多读读《仓颉篇》，学学规范用字！”

伏生一怔，慢慢转回头来，豁开嘴笑道：“藏得住的。秦火我都藏过来了。”

---

① 伏生至东汉伏湛，为九世；湛至汉末伏完，为七世。伏完女寿为汉献帝皇后，被曹操满门诛杀。

② 《汉书·晁错传》：太常遣错受《尚书》伏生所，还，因上书称说。诏以为太子舍人，门大夫，迁博士。

③ 《尚书大传》。

第十八章　刘彻的高度与限度

鱼与熊掌

公元前141年汉景帝驾崩，年仅十六岁的太子刘彻即位，史称汉武帝。读过历史，就会知道，一个空前的盛世即将到来。那么，刘彻究竟是怎样一个人？他为什么能够缔造一个似乎空前辉煌的汉武盛世？这个盛世的限度又在哪里？

唐朝名臣虞世南说汉武帝有两个特点：第一，承六世之业；第二，有高人之资。（《长短经·君德》）我再补充第三，怀旷代之志。这三个特点，是汉武盛世得以出现的个人因素，一定程度上也规定着盛世的限度。

第一，承六世之业。

在汉武帝之前，汉朝有六个皇帝：汉高祖、汉惠帝，两个少帝——这段时间实际上是吕太后掌权——汉文帝、汉景帝。经高、惠、吕、文、景几位君主的努力，是“汉武盛世”得以出现的基础。汉高祖以武力统一全国、拨乱反正，将汉朝的合法性建立于推翻秦朝的暴政之上，并初步开启了下马治国的转型。汉惠帝、吕太后、汉文帝、汉景帝清静无为、与民休息，以温和的手段逐步去除秦制的弊端，更奠定了汉朝复兴的经济基础。到汉武帝的时代，革除各项重大弊端的条件已经成熟。

司马光写《资治通鉴》，说汉武帝和秦始皇没多大差别，都是好大喜功、穷奢极欲。但是汉武帝“有亡秦之失而免亡秦之祸”，犯了和秦始皇一样的错误，却没造成像秦朝灭亡这样的恶果。何以如此？一个重要原因是：秦始皇是开国君主，百废待兴；而汉武帝的时候，父祖三代已经奠定了厚实的经济基础，可以供他折腾。所以汉武盛世绝不是汉武帝一个人的盛世，而是汉兴七十年来，几代人共同努力的结果。评估一个历史人物的作用，应当注意区分：哪些是前人的积累、时代的潮流、民众的自发力量。基于此，才谈得上具体历史人物的作用。

第二，有高人之资。

汉武帝的天资非常高，聪明睿智，这一点是资质平庸的汉惠帝、汉文帝、汉景帝都比不上的；汉武帝又出身皇家，接受了良好的教育，这一点是他的曾祖父汉高祖刘邦所比不上的。

《汉武故事》说刘彻："少而聪明，有智术。与宫人、诸兄弟戏，善征其意而应之，大小皆得其欢心。"刘彻从小就特别聪明，无论跟宦官、宫女玩耍，还是跟兄弟姐妹聊天，都善于窥探对方的意思，从而随机应变。整个宫殿里无论大的小的、老的少的，都喜欢小刘彻。《汉武帝内传》说，刘彻三岁的时候，汉景帝抱着他在膝盖上玩耍。汉景帝随口问了一句："乐为天子否？"你想做皇帝吗？这句话很不好回答。因为当时的太子不是刘彻，是刘彻的异母长兄刘荣。刘彻排行老十，基本没有机会。三岁的刘彻怎么回答的呢？"由天不由儿。愿每日居宫垣，在陛下前戏弄。亦不敢逸豫，以失子道。"这件事情，儿子说了不算，老天说了算。我没有太多的奢望，只想每天在陛下您的面前玩耍，孝顺您，逗您开心，于愿足矣。汉景帝听了，对这个儿子刮目相看。《汉武故事》和《汉武帝内传》托名汉朝人所作，实际上是野史，记录的是流传较早的传说。但是这些传说正可以反映刘彻的智商和情商均有高人之资。

《汉武故事》还记录了一则故事，可以看出刘彻在法律制度上的智慧。刘彻七岁那年，他的母亲王夫人通过残酷的宫廷斗争，为刘彻夺得了太子之位。当时，廷尉报上来一个案子：有个人叫防年，母亲死了，父亲又娶了一位继母。有一天，继母把父亲给砍死了。防年一怒之下，把继母砍死了。这是人间悲剧。现在，防年被逮捕，案件逐级上报，请示汉景帝该如何裁判。本案的难点在哪里？按照汉律，杀母是大逆罪，主犯腰斩，家属连坐，满门抄斩。而杀死普通人，就是弃市，主犯本人死罪，家属不受牵连。如果考虑到杀死的是杀父仇人，也许还有从轻或免刑的情节。汉律明文规定，"继母如母"，继母的法律地位相当于母亲。现在的问题就在于，本案防年杀死了继母，应该按照杀母论处，还是按照杀普通人论处？

应按“弑母”论处。但是总感觉到哪儿不对。汉景帝也很头疼。他有意测测太子的水平，就来问刘彻：你看这个案子该怎么判？

刘彻说：法律规定“继母如母”，可见继母不是母。两者的本质区别何在，必须首先搞清。本质区别一旦清晰，那么不涉及本质区别的场合，继母均应当比照母亲，这是法律的目的论解释。继母与继子的关系，跟母子关系，本质区别何在？母子关系是第一位的，不以夫妻关系为前提。夫妻关系成立，母子关系成立；夫妻关系破裂，母子关系还是成立。但是继母与继子的关系，是第二位的。继母和继子没有血缘关系，必须先有父亲与继母的夫妻关系，然后才有继母与继子的母子关系。“今继母无状，手杀其父，则下手之日，母恩绝矣”，如今这个继母不把她丈夫当丈夫，居然亲手杀夫。就在她举刀的那一刻，夫妻之义，恩断义绝。第一位的夫妻关系既然断绝，皮之不存，毛将焉附？第二位的母子关系自然也就消失了。所以防年杀母，应该比照杀普通人来解决。

中国古人认为皇帝应当“无作聪明”“率由旧章”。刘彻的天资之高，足以让他在众多贤臣良将辅佐之下，开创出辉煌的盛世；但他的自作聪明，也让这个盛世蒙上了阴翳，有一个并不光彩的结局。

第三，怀旷代之志。

宋代大儒朱熹说：“武帝天资高，志向大，足以有为。”（《朱子语类》）除了有高人之资外，汉武帝还怀有旷代之志。这一点，从他后来策问贤良文学中，可以看得非常清楚。此处先举一个小例子。汉武帝有个直臣，叫汲黯，曾经当过汉武帝的老师。有一次朝会，汉武帝发表讲话。“上曰吾欲云云”，汉武帝老是说：“我想要扫平匈奴，我想要效法尧舜，我想要天下太平……”汲黯就忍不住顶了汉武帝一句：“陛下内多欲而外施仁义，奈何欲效唐虞之治乎！”陛下您想要这个想要那个，心里面欲望这么多，表面上却装出一副仁义道德的样子，就您这样，还想效法尧舜？从这个故事可以看出：一方面，汉武帝的志向是文帝、景帝没法比的，文帝、景帝只想安安稳稳不出差错，汉武帝却想要上追三代、效法尧舜之治。这是汉武盛世的内在驱动力。另一方面，汉武帝的旷代之志，不乏个人的私欲掺杂其中。欲望的膨胀，会使旷代之志走向好大喜功。

所谓特点，正面是优点，反面是缺点。“承六世之业”的反面，就是穷奢极欲；“有高人之资”的反面，就是自作聪明；“怀旷代之志”的反面，就是好大喜功。文景之治的代价是无所作为、积弊丛生，汉武盛世的代价是好大喜功、盛极而衰。文景之治与汉武盛世，鱼与熊掌能否兼得，这是历史留给后人的问题。

初试啼声

刘彻登基的时候，汉朝的统治思想还是黄老道家学说。这是历史的惯性，也是人心的惰性。刘彻十六岁登基，用现代的民法术语，还是限制民事行为能力人。所以需要一位监护人，帮他一起治国理政。这个人就是太皇太后窦氏。

窦太后是汉文帝的夫人，汉景帝的母亲，汉武帝的奶奶。窦太后从文景之治一路走来，她亲眼目睹汉朝凭借黄老学说，从积贫积弱、百废待兴，一步一步走向富强文明。她本人自然成了黄老道家的铁杆拥护者。《史记·外戚世家》记载：“窦太后好黄帝、老子言，帝及太子、诸窦不得不读《黄帝》《老子》，尊其术。”窦太后喜欢黄老学说，所以上到汉景帝刘启、太子刘彻，下到窦氏子弟，都不得不读黄老学说，尊崇黄老之术。尤其是刘彻，窦太后给他安排了一群老师和学伴，个个都是黄老信徒，张口闭口就是“道可道，非常道”。

试想，刘彻是何等人物？风华正茂、聪明睿智、志向远大，而且体格彪悍、性格强悍。《汉书·东方朔传》中记载，刘彻刚刚即位的时候，常常带领一群年轻的侍卫，半夜三更溜出宫殿，到山里打猎，骑马射杀各种野兽，徒手跟熊搏斗，在庄稼地里驰骋往来。这样一个追风少年，怎么可能每天耐着性子读那些“你要清心寡欲”“你要好静不好动”“你最好什么都不要干”的黄老学说呢？

刘彻的老师，也不全是黄老信徒，其中有一个异数——王臧。王臧是鲁国大儒申培公的学生，专治《诗经》。《诗经》在儒家经典之中，政治色彩比较淡一点。而且读《诗经》，可以陶冶情操，认识许多花鸟鱼虫。也许出于这样的考虑，窦太后在一群黄老信徒中，安插了一个王臧，来教刘彻《诗经》。同时，窦太后也不想让刘彻受到儒学的影响太深，所以王臧教的时间不长，没多久就被免了。

但是，已经晚了。现代教育学有个现象，叫“五加二等于零”。一个小孩，在学校里接受五天的教育，周末两天放假，到社会上一熏陶，五天学校教育的成果全部归零。因为小孩有逆反心理。刘彻每天学习黄老学说，小和尚念经有口无心，早就产生了逆反心理和抵触情绪。虽然王臧教的时间不长，但是等于为刘彻打开了一扇小窗，看到了黄老学说之外，还有一个新鲜而广阔的世界。儒学就这样在少年刘彻心中，植下了一颗小小的种子。

建元元年（前 140 年），汉武帝刚刚即位，就开始推行新政。他这一阶段的新政分三步走：

第一步，造势。

建元元年，汉武帝登基的一号文件，就是诏举贤良方正直言极谏之士。也就是说，他下诏让天下有才学的人都来中央建言献策。这是新皇帝登基的正常举措。反常的是，丞相卫绾上奏：“所举贤良，或治申、商、韩非、苏秦、张仪之言，乱国政，请皆罢。”全国各地推举上来的人才，有的是专门学法家和纵横家的，对国家不但无益，反而有害，请陛下禁止这些人参加面试。汉武帝准奏。

丞相卫绾是一个忠厚老实、没有什么建树的老臣，他不太可能提出这么大胆的建议，背后很有可能是年轻的汉武帝在授意。汉朝初年势力最大的学说，一个是黄老，一个是申商。前面讲的晁错，就是学的申商刑名之术。按照《史记·老庄申韩列传》的说法，申商刑名之术，其实就是从黄老之学衍生出来的。现在汉武帝虽然没敢明目张胆罢黜黄老学说，但是申商被废，兔死狐悲。汉武帝通过这样的舆论造势，就是想要释放一个信号：黄老无为、申商刑名已是明日黄花，朕需要一种新的学说，朕想要开创一个新的时代。

第二步，换血。

建元元年，老丞相卫绾被罢免。汉武帝趁此机会，给领导班子来了次大换血：窦婴任丞相，田蚡任太尉，赵绾任御史大夫，王臧任郎中令。窦婴是窦太后的侄子，是平定七国之乱的功臣，论资历、论能力，他都是丞相的不二人选。田蚡是汉武帝的舅舅。王臧是汉武帝的老师，赵绾是王臧的同门师兄弟。最重要的是，这四个人爱好儒学，都是儒家信徒。汉武帝这个人事安排得很有智慧。他故意把窦婴、田蚡安排在最高的两个位置上。窦婴、田蚡都是外戚，任命他们，可以得到来自太皇太后和皇太后的支持。所以这次换血虽然动作很大，但是没有遇到什么阻力。

还是在建元元年，汉武帝派人束帛加璧、安车驷马，从鲁国千里迢迢把申培公他老人家迎接到长安。申培公是荀子的再传弟子，跟汉武帝的曾叔祖、刘邦的弟弟是师兄弟，同时又是赵绾、王臧的老师，可以算汉武帝的太老师，辈分很高，此时已经八十多岁了。汉武帝把这位老儒请出来，就是想向他请教儒家的治国之道。没想到，申培公是一位严谨的学者，对政治并不热衷。他说："为治不在多言，顾力行何如耳。"搞政治，不在于说大话，不需要一套一套的理论，关键在于脚踏实地、苦干实干。汉武帝一听，非常失望。申培公这样一套传统的儒学，根本不能迎合汉武帝的远大抱负。他需要一套新的理论。

第三步，夺权。

汉武帝虽然在一年之内搞了这么多动作，但是还不敢放开手脚。因为在他背后还有一个人，那就是他的奶奶窦太后。汉武帝每做一个决定，都不能立刻生效，还要派人送到长乐宫窦太后那儿，让老太太把关。窦太后说行，那就实施；窦太后说不行，那就一票否决。汉武帝感到束手束脚。建元二年（前139年），御史大夫赵绾建议：老太太年纪这么大了，该享享清福了，皇上您老拿这些琐碎的政事去麻烦她老人家，于心何忍呢？反正新一届领导班子也搭建起来了，干脆以后咱们自己说了算，别再麻烦老人家了。汉武帝当然同意。

窦太后深居长乐宫中，晚年双目失明。但是她耳目众多，随时关注着汉武帝的一举一动，把控着大汉王朝的走向。建元元年，这个小孙子又是举贤良文学对策，又是罢黜刑名、纵横学说，又是"领导班子换血"，窦太后已经很不满意了。最近，连早请示、晚汇报都省了，直接把自己晾在一边，独断专行。窦太后勃然大怒，终于从幕后跳到台前。她快刀斩乱麻，找罪名处死了王臧、赵绾，罢免了窦婴、田蚡，把申培公赶回了老家，换了一群年老忠厚的黄老信徒，让汉朝的政治路线完全退回了文景之治的时代。汉武帝的第一次新政，以失败而告终。汉武帝这才知道，全面改革的时机还没有成熟，必须继续隐忍等待。

千年一问

建元六年（前135年），窦太后去世。二十二岁的汉武帝没有了掣肘，大权在握，终于可以重新实施六年前那场胎死腹中的改革。第二年，也就是元光元年（前134年），汉武帝再一次下诏求贤良文学对策，提出旷古烁今的千年一问。

汉武帝的问题是：

古人云："五百年必有王者兴。"所以夏禹之后五百年有商汤，商汤之后五百年有文、武、周公。可是孔子以后，春秋战国分裂割据，群雄混战，为什么没有真正的王者可以兴起，彻底结束人间的苦难？这五百多年来，也不是没有杰出的人物。无论是春秋五霸、战国群雄，还是秦始皇、陈胜、项羽、汉高祖，个个都是不世出的大人物。但是这些人前仆后继，没有人能够最终取得成功，定天下于一统，恢复三代以上的秩序，原因究竟何在？是因为他们努力的方向根本错误？还是上天不打算结束人间的苦难，一定要让这个世界衰落到尽头，才能复兴？历代君王夙兴夜寐、勤于政事、效法上古，真的于事无补吗？夏商西周，功成治定的标志何在？天灾人祸、战乱连年，究竟因何而起？有人长寿，有人夭折，有人鄙陋，有人仁德，各人造化不同，背后的秘密究竟是什么？[①] 我想要"风流而令行，刑轻而奸改，百姓和乐，政事宣昭"，缔造一个太平盛世，究竟应该怎么做？

最后，汉武帝提出：这些问题不需要具体的对策。匈奴到底怎么打，诸侯到底怎么削弱，这些都是官府的事情，不需要你们给予意见。我想要听的

---

① 参见《汉书·董仲舒传》："夫五百年之间，守文之君，当涂之士，欲则先王之法以戴翼其世者甚众，然犹不能反，日以仆灭，至后王而后止，岂其所持操或悖缪而失其统与？固天降命不可复反，必推之于大衰而后息与？乌乎！凡所为屑屑，夙兴夜寐，务法上古者，又将无补与？三代受命，其符安在？灾异之变，何缘而起？性命之情，或夭或寿，或仁或鄙，习闻其号，未烛厥理。伊欲风流而令行，刑轻而奸改，百姓和乐，政事宣昭，何修何饬而膏露降，百谷登，德润四海，泽臻草木，三光全，寒暑平，受天之祜，享鬼神之灵，德泽洋溢，施乎方外，延及群生？"

是“大道之要，至论之极”。我要听大道的关键，我要听最根本的意见，我需要一个伟大的理论，能够从根源上解释并解决以上的一切问题。这就是汉武帝的气魄，这就是汉武帝的千年一问。

为什么说这是一个“千年一问”？汉武帝比较谦虚，只说“五百年来”，这是为了从孔子算起，也是为了暗合“五百年必有王者兴”的神秘数字。实际上，自从西周衰弱以来到现在，七八百年之中，没有哪个君主有这样高的眼界，提出这样气吞万里的问题。

秦穆公也算是个英雄了，他的问题是什么呢？“宾客群臣有能出奇计强秦者，吾且尊官，与之分土”，谁能出一个奇计让秦国迅速强大起来，我让他做最大的官。他明确对商鞅说：我等不了太久，我要在活着的时候就看到效果。这是秦穆公的高度。

秦始皇也算是个千古一帝了，他的问题是什么呢？“今名号不更，无以称成功，传后世。其议帝号。”我太了不起了，“王”这样的称号已经无法满足我了，你们能不能为我量身定制一个更霸气的称号呢？这是秦始皇的高度。

汉高祖刘邦也算是难得的平民皇帝了，他的问题是什么呢？“可试为之，令易知，度吾所能行为之。”你们制定的制度，要简单一点，要让我力所能及。

汉文帝、汉景帝也算是百年一遇的优秀君主了，他们俩的一句口头禅是：“卑之，毋甚高论。”不要讲得那么高，我听不懂，我做不到，讲得低一点、务实一点。

而汉武帝呢？他才不要听什么“卑之毋甚高论”，我就是怕你不够高，就是怕你太务实，我就是要听“大道之要，至论之极”。不得不说，一方面，汉武帝思接千载、气吞万里，不愧为千古一帝；另一方面，汉武帝生于深宫之中、长于妇人之手，逐渐脱离了汉初诸帝的平民气质与务实精神。他感兴趣的不是民生疾苦，而是怎样从形式上应验“五百年必有王者兴”的政治预言。他提出的问题，在政治哲学史上可能具有非凡的意义。但是对于天下苍生，却未必是一个有价值的问题，而与秦始皇的焚书坑儒，有异曲同工之妙。

无论如何，从客观上讲，汉武帝的问题，向前看一千年，前所未有，震古烁今；而这个问题引出的答案，向后管了两千年之久，直到今天还余力未消。

这个答案的作者，正是一代宗师董仲舒。

外十一则　刘彻悔恨吗

汉武帝是足以与秦始皇并称的一代雄主，是中国历史上最伟大的帝王之一，这是近代以来的历史认识。尤其经过毛泽东的诗词，将“秦皇汉武”“唐宗宋祖”并称，脍炙人口，深入人心。但是，秦始皇在中国传统史学主流中，是作为负面形象出现的。与之相似的汉武帝，在古代人心目中的形象也可能没有那么光彩与伟大。

《汉书·诸帝本纪》后的评语：汉文帝的评语字数最多，详细罗列了即位二十三年的各项功绩，最终定评：“呜呼！仁哉！”可见班固对文帝没有任何指摘，唯有歌颂与叹服。汉景帝的评语字数不多，但也没有指摘缺点。最后定评：“周云成康，汉言文景，美矣！”可见景帝是借文帝的光。

至于汉武帝的评语，十分耐人寻味。班固说：汉高祖的功绩在于“拨乱反正”，文、景在于“务在养民”，武帝则在于“稽古礼文”。随后罗列了汉武帝罢黜百家、表章六经、举贤良文学、创办太学一类文化事业。一个谥号为“武”的君主，一生值得称道的功绩居然全是“稽古礼文”，这就相当于被否定了。班固最后定评：“以汉武帝这样的雄才大略，如果不改变文景之治的政策，汲汲于安养民众，就算《诗》《书》所称赞的三代之治也赶不上啊！”这句话等于是在委婉地批评汉武帝。

古人著史，有“为传主讳”的书写传统。《武帝纪》不好说的话，班固在《昭帝纪》中畅所欲言。他说：“汉武帝穷奢极欲造成的弊端、穷兵黩武造成的困难，就是天下被消耗得差不多了，户口减少了一半。”而昭帝与霍光的功绩，则在于扭转了武帝的政策，恢复了文景时期“轻徭薄赋，与民休息”的政策。

其实早在西汉，武帝的功过就有许多争议。汉宣帝是武帝的曾长孙。他登基即位之后，认为自己的合法性来自武帝，就想为武帝立世宗之庙。汉朝礼法制度规定，有功者称“祖”，有德者称“宗”。在此之前的八个皇帝，只有高祖称“太祖”，文帝称“太宗”，他俩的功绩是毋庸置疑的。宣帝下诏，让群臣讨论武帝是否够格称“宗”。群臣知道宣帝的心意，不敢发表反对意见，唯有儒生夏侯胜抗议直言。

他说：“汉武帝虽然打击四夷、开拓疆域，但是士兵战死过多，劳民伤财，穷奢极侈，把天下消耗完了，老百姓流离失所，户口减少了一半，天灾人祸迭起，数千里没有人烟，乃至于发生了人吃人的惨状。到现在为止，几十年过去了，国家与社会的积蓄还没有恢复到武帝即位前的水平。这个人对民众没有任何的恩泽，不值得享有‘宗’的荣誉称号。”①

这个说真话的夏侯胜，当然被下狱治罪。武帝仍然享有了“世宗”称号。但是到了元帝、哀帝的时候，再次讨论宗庙存毁问题。群臣的主流意见是：第一，高祖、文帝的功劳最大，毋庸置疑；第二，武帝的宗庙可以考虑毁掉。由此可见，武帝刘彻在汉朝人心目中的地位，并不像后来人想得那么优秀。

不仅如此，人们不满足于对汉武帝的事后指摘，甚至希望刘彻本人在生前就能后悔自己的所作所为。班固在《汉书》中说：“汉武帝晚年，对穷兵黩武感到后悔，便封丞相为‘富民侯’，寓意是治国政策要从‘强国’转向‘富民’。”

刘彻真的后悔了吗？应该说，从《汉书》记载中看不出一个明确的转向。刘彻晚年的确对某些局部的军事布置进行了调整，但所谓“武帝末年，悔征伐之事”可能只是史家叙事之辞。

北宋司马光《资治通鉴》记载：公元前89年三月，汉武帝到泰山封禅。封禅之后，他召见群臣，发表了一个重要讲话：“朕即位以来，所作所为，就好像一个疯子干的事情，让天下人陷入愁苦困窘的境地。这些事情都已经过去了，后悔也没有用了。从今往后，有任何伤害百姓、消耗天下的事情，

① 《汉书·夏侯胜传》。

请你们直言不讳。”[1]

这段记载，令人振奋。晚年刘彻后悔之情，溢于言表。史家田余庆先生于1984年发表《论轮台诏》，说刘彻在生命的最后时刻改弦易辙，实现了向“守文”的政策转向，挽回了将颓之局。[2]

2014年，另一位史家辛德勇先生发表论文，后来结集为《制造汉武帝》一书，认为《资治通鉴》那段史料出自《汉武故事》。《汉武故事》是一本关于汉武帝的早期传说合集，可能成书于魏晋。司马光采之作为《通鉴》这样严肃史学著作的叙事，带有浓厚的政论色彩。[3] 这个判断是有道理的。辛先生还曾强调他对大权在握的帝王改过自新，不抱任何幻想。这个历史判断，也带有作者的情怀。

1977年，甘肃玉门花海汉代烽燧遗址出土了一件木觚，也就是削成多面体、每面都书写文字的木棒。木觚上书写着一份遗诏，以帝王的身份告知皇太子。其中说：“朕的身体很不舒服，估计大限已至，将与大地合为一体，再也无法起身了。”而后告诫太子：“你要善待百姓，按照合理的标准收税，任用贤人。不要像秦二世胡亥那样，自取灭亡。”最后哀叹：“苍苍之天不可得久视，堂堂之地不可得久覆！道此绝矣！”[4]

同时出土的简牍，有昭、宣之际的纪年。昭帝是武帝的儿子，没有子嗣。所以整理者判断：这是刘彻的遗诏。这份遗诏似乎体现出刘彻消沉的语气，与“晚年后悔”之论似乎可以合观。但又有学者指出，这应当是汉高祖的遗诏。这样一来，刘彻晚年似乎又没有悔恨了。

刘彻会悔恨吗？

千载而下，我们已经无法遥揣历史人物的心路。刘彻这样的人，他的所思所想对我们也并不重要。又或者，无论班固、司马光还是其他史家，对于现实政治的看法本来也没有必要隐约其辞，寄托在史论之中。

---

① 《资治通鉴》卷二十二《汉纪十四》：朕即位以来，所作所为狂悖，使天下愁苦，不可追悔。自今事有伤害百姓，糜费天下者，悉罢之。

② 田余庆：《秦汉魏晋史探微》，中华书局2011年版，第30—63页。

③ 辛德勇：《制造汉武帝》，生活·读书·新知三联书店2015年版。

④ 嘉峪关市文物保管所：《玉门花海汉代烽燧遗址出土的简牍》，《汉简研究文集》，甘肃人民出版社1984年版，第15—33页。

第十九章　天人三策

汉武帝在问什么

董仲舒，广川人。他是专治《春秋公羊传》的学者，在汉景帝时代就已经官至博士。当时的博士，大多扮演着一个“守先待后”的角色，把前人流传下来的学问，小心翼翼地传授给后人，尽量不要出差错。董仲舒不满足于这样的“守先待后”之学，不满足于五百年前的圣人提供的现成答案。

古人的理论不能解决现代的问题，不是古人的耻辱，是现代人的耻辱。董仲舒知耻而后勇，辞官回家，“下帷讲诵”，放下帘子，隔着帘子讲学授课，“三年不窥园”，闭门读书多年，没有看过一眼窗外的花园。到后来，“弟子传以久次授业，或莫见其面”，早来的弟子还能听董仲舒亲自讲课，来得晚的，只能听师兄讲课，连老师的面都见不到了。董仲舒消失了。在神秘的帘子背后，董仲舒去哪儿了呢？

他游心于太古，进入了一个高远的境界。这个境界，五百年来，只有孔子、孟子寥寥数人曾经到此一游。董仲舒精研学问，恍兮惚兮，终于也有资格预于此流，登临绝顶，饱览险峰之上的无限风光。

元光元年，汉武帝提出千年一问，余威震于殊俗。董仲舒终于也受到触动，掀起帘子，看了一眼久违的人间世，来到了广阔的天地之间。他来到长安，献上对策。汉武帝看了以后，对董仲舒的对策格外感兴趣，又连续两次策问。董仲舒前后一共三次对策，其中第一策以天人关系为主，所以史称“天人三策”。董仲舒除了“天人三策”外，还著有《春秋繁露》等作品。现在我把董仲舒的作品综合起来，提炼他的学说要点，一窥这位儒宗的风采。

先来明确一个问题，汉武帝提出的种种问题，包括汉代实际面临的诸侯坐大、豪强横行、匈奴进犯这些具体问题，怎么解决？

按照现代人的观点，其实很简单，只要照着历史教科书上说的，加强中央集权，加强君主专制。试问：既然答案这么简单，为什么从汉高祖到汉景帝，都不去加强中央集权、加强君主专制，反而要收缩权力触角，搞什么无为而治呢？为什么汉武帝这么聪明的头脑，却想不到去加强集权、加强专制，却要策问天下贤良文学呢？董仲舒为什么不用一句“加强专制”来回答，却要大费周章地搞什么“天人三策”呢？

自从商鞅变法以来，尤其是自秦始皇以来，中国的政体已经完全变了。从高度分化、以诸侯贵族“封土建侯”的封建制度为核心的周制，转变成了高度集权、以皇帝制度为核心的秦制。现在这种皇帝制度，要想加强集权、加强专制，太容易了，秦始皇、秦二世都能做到。但是随之而来的一个后果是，权力集中到无以复加，最后会反噬其身。秦朝的灭亡就是一个教训。

汉朝初年，生活在秦朝灭亡的巨大阴影之中。汉初诸帝最害怕的事情，就是重蹈亡秦的覆辙。汉初思想界最流行的思潮，就是“过秦”。说实话，哪个君主不想专制集权？刘邦何尝想要封什么异姓王、同姓王？文帝何尝愿意与什么功臣集团共享权力？

但是他们更害怕一旦专制集权，就会导致亡国的后果。在东方强推郡县制度，不分地域地搞“百县之治一形”，不分文化地搞“范天下之不一而归于一”，必将激起东方的反抗。压制元老功臣，将权力紧握在自己手中，拒绝分享政权，必将激起功臣集团的反扑，“喋血京师”的“诸吕之乱”将再次上演。

所以汉初诸帝只能保持最大限度的克制，实施无为而治。搞专制集权，一抓就死；搞无为而治，一放就乱。两害相权取其轻，乱就乱一点吧，总好过秦朝二世而亡。所以说，无为而治只是一个拖延之计、权宜之策，没有从根本上解决问题。

汉武帝真正想问的问题是：我想要利用秦朝开创的这套制度，加强中央集权，集中力量解决当下的种种乱象，开创一个理想中的盛世；我也想要给这一套高效率的制度加上一个制动阀，不至于权力无限集中，重蹈亡秦的覆辙。如何在这两者之间取得平衡，享用秦制的便利，却不必付出秦制的代价？

究天人之际

董仲舒当然不可能完全迎合汉武帝的需求。他作为当世的儒家宗师，想要借此机会实现自己的目的。当然，他想利用汉武帝，政治手腕老到的汉武帝一定也会反利用他。这是几千年儒学与帝制互动关系的宿命。

董仲舒的对策，有以下四个要点：

要点一，天人感应。

董仲舒认为，天子施政的好坏，并不是没有监督。天子是天的儿子，天子做得好，风调雨顺，老天爷会降下祥瑞，鼓掌表扬；天子做得不好，凶年饥岁，老天爷会降下灾异，警告训诫。《春秋繁露》说：皇帝初次犯错，老天爷就出一个灾害警告你，比如洪水、旱灾，就是灾害；皇帝仍不思悔改，老天爷就出一个怪异吓唬你，怪异是自然界的异常现象，比如怪胎、日食、六月飞雪之类；皇帝还是执迷不悟，那老天爷就转移天命，假手他人替天行道，直接灭你的国了。天人感应，从表面来看，是借天道制约皇权。

在现代人看来，这是一套迷信。但是读古人书，要读到古人的良苦用心。第一，可能西汉人的确有着浓重的迷信思想，愿意采信这套说法；第二，这套说法要能颠扑不破，必须难以证伪，不易拆穿。尤其是当这套说法可能对皇帝不利的时候，仍能行之有效。做到前一点不难，做到后一点不易。

众所周知，历史上的汉武帝相当迷信。他任用方士，不惜砸重金求仙问药。方士们也投其所好，骗取财物、美色与权力。不过，汉武帝验证方术时，也相当精明。绝大多数的方士，把戏都被戳穿，落得惨死的下场。假如董仲舒的“天人感应”纯粹是一套迷信，那将与方士的方术同一命运：赢得汉武帝一时的青睐不难，但绝不可能行之长远。

“天人感应”要长久有效，必须考虑两种例外情况：第一，皇帝明明施政很好，却地震、洪水、灾异连连；第二，皇帝明明施政很坏，却一会儿出个凤凰，一会儿出个麒麟，祥瑞不断。碰到这种事情，怎么办？

比如春秋末期的鲁哀公时代，打猎打到一头麒麟。麒麟是典型的祥瑞，鲁哀公的时代世道大乱，为什么会出祥瑞呢？孔子听说此事以后，痛哭流涕，说："孰为来哉？孰为来哉？"这种时候怎么会出麒麟呢？这种时候怎么会出麒麟呢？君主很坏的时候，出的祥瑞不算祥瑞，而是妖孽，比灾异还要重一等。那么君主好的时候出灾异呢？这叫"多难兴邦"，老天爷将降大任于斯人也，故意降下磨难，来磨炼你，让你更加强大。

所以，老天爷降下一个自然现象，到底算是祥瑞，还是妖孽？到底算是灾异，还是多难兴邦？谁说了算？"天何言哉"，老天爷是不会自己开口解释的。谁来解释？当然是掌握这套解释系统的人，也就是儒家。所以"天人感应"，表面上是以天道制约皇权，实际上天道的解释权掌握在儒家手里，是以知识制约皇权，以文化制约皇权。

伦理与秩序的博弈

要点二，三纲五常。

三纲，君为臣纲，父为子纲，夫为妻纲。五常，仁、义、礼、智、信。现代人对"三纲五常"很反感。其实"五常"也还好，尤其是反感"三纲"，认为这是吃人的礼教，早已被扔到历史的垃圾堆里去了。其实，"三纲"并不是儒家礼教，而是法家学说。

最早提出"三纲"的是法家的韩非。《韩非子》有云："臣事君，子事父，妻事夫。三者顺则天下治，三者逆则天下乱，此天下之常道也。"君臣、父子、夫妻之间有对应的"义"，这是人之常情，是人伦，是放之四海而皆准的基本伦理。既不是儒家的发明，也不是法家的专利。儒家不但强调君臣、父子、夫妻有相互对待的"义"，并且有超越"纲"的实体价值。而法家的"三纲"，强调臣子对君父的单方面义务、绝对义务。秦始皇时代，君权强化到了无以复加的地步，正是法家理论的实践。

这里不是要给三纲五常翻案，只是希望思考两个问题：

第一，三纲如果互相矛盾，谁说了算？

比如刘太公，是刘邦的父亲，父为子纲；刘邦是皇帝，刘太公是臣民，君为臣纲。这两个人谁说了算呢？"君纲"压倒"父纲"，还是"父纲"压倒“君纲”？按照法家的理论，很简单，“君纲”压倒“父纲”，刘太公应该听刘邦的。但是儒家理论，无法这样简单地处理问题。当然，刘邦和刘太公这种情况比较罕见，常见的情况是：忠是君纲，孝是父纲，忠孝不能两全，怎么办？曹操的儿子曹丕曾经设计一个思想实验：君主和父亲都得了绝症，你手里只有一颗救命丸，给谁吃？以现代人对古人的想象，很简单，当然给君主吃了。事实上，当时正反双方激烈辩论，相持不下。[①] 最后问到名士邴原，邴原直截了当地说：“当然救父亲。”并拒绝陈述理由，这才终结了这场争论。当然，邴原的回答并非标准答案。在这个问题之下，法家的标准答案是君主胜过父亲，儒家是没有标准答案的。

第二，如果三纲和五常矛盾，谁说了算？

假设有个儿子，仁义礼智信五常俱全；有个父亲，吃喝嫖赌抽五毒俱全。请问，这两个人谁应该听谁的？父还能为子纲吗？对于这个矛盾，法家的答案也很明确：三纲永远大于五常，秩序永远高于道义。甚至法家根本反对“五常”。例如，前引《商君书》就把“礼乐”“仁义”“诚信”“贞廉”“孝悌”都列为“六虱”，认为对国家有害。因为法家反对君权之外、法律之外的任何社会权威。而“五常”就足以造就外在于君权、法律的社会权威，当然在打倒之列。

对于第二个矛盾，儒家也有明确的答案。《荀子》有云：“从道不从君，从义不从父。”君父符合道义，那就君为臣纲、父为子纲，这是经，是常态；万一君父站到道义的对立面，那就追随道义，而不是追随君父，这是权，是变态。所以三纲五常，最终还是以“五常”为标准。没有“五常”的“三纲”是法家秩序，有“五常”的“三纲”才是儒家伦理。秦朝以君权为代表的“三纲”发展到了极致。汉承秦制，并无改善。人臣只知阿媚君权，而毫无礼义廉耻之心。国无重臣，五常沦丧。在这样的时代背景之下，董仲舒明取三纲，暗彰五常，将儒家的伦理注入了法家的秩序。三纲五常，是以五常制约皇权、以道德制约皇权。

---

① 《三国志》注引《邴原别传》：太子建议曰：“君父各有笃疾，有药一丸，可救一人，当救君邪，父邪？”众人纷纭，或父或君。时原在坐，不与此论。太子谘之于原，原悖然对曰：“父也。”太子亦不复难之。

通古今之变

要点三，通三统。

“通三统”要解决的是本朝和历史的关系。一个王朝统一了天下，很容易自以为是，觉得自己站在历史的顶点上。进一步而言，就会抹黑前朝，否认历史，觉得历史上没有哪一个朝代比得上我。事实上，后一个朝代灭了前一个朝代，后朝就真的全面胜出吗？前朝就真的一无可取吗？比如秦朝灭了六国，但是六国的文化远远超过秦朝；后梁灭了唐朝，但是唐朝在历史上的地位，是后梁根本无法比肩的。

为了沟通历史与现实，儒家设计了一个有趣的理想制度，叫作“通三统”。比如周朝灭了商朝，不应该斩尽杀绝，而应该把商王的后代找出来，给他封一个百里小县，成立小商国，继续做他的商王。商朝的遗老遗少可以根据自己的意愿追随其去，商朝遗民在小商国，继续沿用商朝的正朔、风俗、制度，一切保留原生态。除了不能保留军事力量外，就相当于一个具体而微的商朝。再把夏朝的后代也找出来，封一个百里小县，建一个小夏国，沿用夏朝的正朔、风俗、制度。这样一来，在周朝的大一统之下，就有了商国、夏国两个小一统。三个统在同一个时空之下和谐共处，这就叫“通三统”。如果将来秦朝灭了周，那就建一个小周国。小商国继续保留。至于小夏国，已经太久远了，自然退出历史舞台，仍然是通三统。

通三统有什么好处？

第一，政治宽容。不要灭了前朝就赶尽杀绝，而应该政治自信、文化宽容，给前朝的遗老遗少保留一席之地。如果一个王朝对前朝不宽容，那么后起的朝代也会有样学样，对此朝痛下杀手。任何王朝都有得势的时候，也有失势的时候。给前朝留活口，也是给自己留条退路。

第二，警诫作用。通三统表明，天下非一家之天下，有德者居之。别看你现在得了天下，一旦失德，照样退居二线。偌大一张床只有你一个人睡，想怎么睡就怎么睡，睡姿很难看；卧榻之侧还有另外两个人酣睡，有国者就不得不怀有怵惕恻隐之心了。

第三，减少抵触。任何王朝再不得人心，也一定会有一批眷恋故国、追随而去的遗老遗少。如果新王朝对旧王朝斩尽杀绝，这些遗民必将反抗到底。就算明面上打不过，也会转为地下势力，更为隐蔽。如果有了通三统，遗民可以合法地拥护故国旧主，那么武装反抗就会大大减少，也会丧失合法性。在王朝更迭之际，推行“通三统”，可以降低遗民对新朝的抵触，实现平稳过渡。

第四，历史资源。现代人经常说要发掘历史资源，要从历史中汲取智慧。通三统就保留了两个活的历史资源区，供新王朝采择。按照孔子的设想，取代周朝的新王朝想要发展礼仪文化，可以去小周国取经；想要了解车马乘舆文化，了解刑名文化、占卜文化，可以去小商国取经。

这个奇特的制度，听起来好像天方夜谭，简直不可思议。实际上，这是儒家以周代的封建政治为原型，提出的帝国体制之下的制度设想。周代攻占商的核心统治区，但并没有能力摧毁商的残余势力，也没有能力消灭遍布各地的土著势力，所以因应时势，不得不进行分封。依据《史记》，周朝将夏的后裔封为杞国，将商的后裔封为宋国。所以，“通三统”在周代是实施了的，就是这一设想的制度原型。

但是战国以后，兼并战争成为历史主流。强者吞并弱者，弱者再也没有生存的余地。秦朝吞灭了所有的国家，不容失败者有立锥之地。在这样的大局之下，儒家吸取周朝的历史经验，提出“通三统”的制度设想，与虎谋皮，无疑是夹缝中求生存之策，非常天真、非常悲壮。

但是这个奇特的设想，在汉朝真的实现了。独尊儒术之后，汉武帝真的把周王的后裔找出来，封了一个小周国。到汉成帝时代，又把商王的后代找出来，封了一个小殷国。这里要作两点说明：第一，汉朝不承认秦的正统，所以跳过了秦朝。正所谓灭绝人国者，人亦绝其嗣。秦朝尽灭列国，也断绝了自己的后路。第二，殷商距离过于遥远，商王的直系后裔找不到了。但商王有一支旁支，由宋及鲁，就是孔子一族。所以汉成帝将孔子后裔找出来，作为小殷国的国君。

到了曹魏，将退位的汉献帝封了一个公国。西晋取代曹魏、统一了三国，又给魏末帝曹奂封了一个王国，给蜀汉后主刘禅封了一个公国，给吴国孙皓封了一个侯国。

刘裕取代东晋，开了一个恶例，将司马氏斩尽杀绝，“通三统”的制度一度中绝。后来刘裕的后裔被南齐灭国，也遭杀绝。南齐被南梁、南梁被南陈统统杀绝。这就是政治不宽容的恶果。唐朝重新恢复“通三统”的制度，封隋朝后裔。宋朝也封后周的柴氏。直到蒙元入主，不理解“通三统”的深远意义与精深法理，这才悍然废除，从此断绝。

从曹魏开始，历代律典有“八议”之目，八类人犯罪不受法律追究，由皇帝亲自裁断、给予优待，其中之一就是“宾”，即“国宾”，也就是“通三统”下的那两个“小统”的君主。在这样一种理念之中，前朝皇帝的后裔是来本朝作“宾客”的，与本朝君主是主宾关系，不是君臣关系。这是中国古代非常特殊的一种政治理念，也是中国古人非常独特的政治文明。通三统，是以先王制约今王，以历史制约皇权。虽然这种制度，在后世更多只是一种象征，并不能起到实际的作用，但毕竟昭示了现实皇权的限度，预示了当前朝代的可替代性。

中国传统法文化中，比皇帝还要大的是道义，具体表现为天道、先王、圣贤。秦朝建国以后，制天命而用之，天道被废；秦始皇自以为德高三皇、功盖五帝，先王被废；焚书坑儒，圣贤被废。皇帝成为最高权威，皇帝说的话就是道义的标准。所以秦朝君主拥有绝对权力，皇权恶性膨胀的结果，就是反噬其身，短命而亡。

现在董仲舒的“天人三策”，就是要明取三纲、暗彰五常，以道义制约皇权；提倡天人感应，以天道制约皇权；设计通三统，以先王制约皇权。同时在法律方面，又创造了“《春秋》决狱”的司法机制，跳出律令之上，以经典作为最高的裁判依据，以圣贤制约皇权。《春秋》决狱，就是董仲舒对策的第四个要点。那么，“《春秋》决狱”究竟是怎么一回事呢？董仲舒又是如何以圣贤制约皇权的呢？

第二十章　《春秋》决狱

法律的局限

汉武帝发出“千年一问”，董仲舒献上“天人三策”，在加强中央集权、提高君主权威的同时，试图以道义制约皇权，以天道制约皇权，以先王制约皇权。此外，董仲舒在法律方面运用“《春秋》决狱”，试图以经典统摄律令，以圣贤制约皇权。

什么叫“《春秋》决狱”呢？简单来讲，就是碰到疑难案件，适用律令出现问题的时候，司法官引用经典，包括《诗》《书》《礼》《易》《春秋》来解决疑难，进而裁判案件的一种司法机制。在五经之中，《春秋》被引用的频率最高，所以史称“《春秋》决狱”。

《春秋》决狱有一个前提，就是法律无能为力。如果一个案件没有任何疑难，张三当街一刀捅死李四，证据确凿，事实清楚，法律也有明确规定，何必去引用《春秋》多此一举？直接以事实为依据、以法律为准绳，依法裁判就可以了。所谓法律无能为力，比如说法律空白，或者法律虽然有规定但是不明确，或者法律规定很明确，但是严格适用于某个具体案件，会得出很荒谬的结果。有人可能会觉得：只要法律规定得足够清楚明白，那就不可能出现“法律无能为力”的情况。这是对法学的一个误解。须知，再清楚明确的法律条文，也需要解释。只是这个解释或隐或显而已。西方有一句法谚：“法律未经解释不得适用。”没有解释过的法律，是没办法用的。此处用故事来举个例子。

苏东坡写了一本书叫《艾子杂说》。他说战国时代，诸子百家之中有一个人名曰艾子。有一天，艾子坐船航海，晚上泊于一个无人荒岛的旁边。到了半夜，突然听到有隐隐的哭声传来。艾子听得毛骨悚然，这前不着村后不着店，夜深人静荒无人烟，哪来的哭声呢？他仔细倾听，发现哭声是从船底下传来的。不但有哭声，还有对话的声音。其中一个对另一个说："龙王昨天下了一道命令，有尾巴的水族一律处斩。我是一只王八，所以在这儿哭；你一只蛤蟆，跟着凑什么热闹？"另一个哭着说："我虽然现在没有尾巴，但是我害怕他追究我做蝌蚪时候的事情。"①

这个寓言故事，本意是苏轼讽刺北宋法令之苛酷，这里且借来讨论法律的解释问题。寓言中，龙王下的那个命令，"有尾巴的水族一律处斩"（应水族有尾者斩），非常清楚了吧？但还是有疑问。

假设你是龙王的法官，请问：像蛤蟆这样，以前有尾巴，现在没尾巴的水族，算不算有尾巴的水族？要不要处斩呢？有人说：以前有尾巴，现在没尾巴，当然不算有尾巴。这已经将"有尾巴的水族一律处斩"，解释成了"现在有尾巴的水族一律处斩"。

假如来了一条鲫鱼，听说龙王下了这个命令，赶紧自己把尾巴割掉了，算有尾巴还是没尾巴呢？要不要处斩呢？有人说：法令下达之前有尾巴的既往不咎，法令下达之时有尾巴的才算有尾巴。这又将法律解释成了"法令下达之时有尾巴的水族一律处斩"。

假如法令下达之时，有一只刚从蝌蚪成长而成的小蛤蟆，尾巴还没有完全褪尽，剩一个小尖尖。法令下达之后，刚好尾巴褪尽。这种处于临界状态的，要不要被处斩呢？

再者说，什么叫尾巴？比如一条蛇，有没有尾巴？如果说有，那蛇为自己辩护，说："请问，我身上从哪儿算起是尾巴？我全长一米，你说最后二十厘米是尾巴，那为什么不是三十厘米？为什么不是十厘米？还是我脑袋以下全是尾巴？我如果说我根本没尾巴，那全是我的身体，你怎么反驳？还是说我有没有尾巴，不是法律说了算的，更不是龙王说了算，完全是由你区区一个法官说了算的？"

---

① 《艾子杂说》第二十三则：艾子浮于海，夜泊岛峙中。夜闻水下有人哭声，复若人言，遂听之。其言曰："昨日龙王有令：'应水族有尾者斩。'吾鼍也，故惧诛而哭；汝蛤蟆无尾，何哭？"复闻有言曰："吾今幸无尾，但恐更理会科斗时事也。"

法律是单一、刻板的，生活情态却是变化万千的。寓言故事中这么简单的一条命令都需要解释，何况大汉王朝如此庞杂的法律体系？那么，汉朝碰到这样的疑难案件，以前是怎么解决的呢？

烧脑的三案连环

汉朝有一个疑狱奏谳制度，地方官碰到疑难案件可以逐级上报，请求更高审级的司法指导。但是，在法律不完善的情况下，就算报到最高审级廷尉那里，也只能召开会议，讨论解决。而他们的讨论，不外乎是征引先例，解释法条。在毫无先例可引的情况下，只能据理辩论。

比如汉文帝时曾经抓到一个小偷，该犯居然跑到祭祀汉高祖的庙里，偷了一个玉环。廷尉张释之觉得应该判弃市，拉到市场上杀头。现代人可能觉得判得重了。要知道，去汉高祖的庙里盗窃，不是作为盗窃罪处理的，这算是大逆不道之罪。汉文帝就觉得判轻了，应该判夷三族。张释之说：法律规定的就是弃市。汉文帝不乐意，非要夷三族。没办法，张释之只好给汉文帝讲道理：如果偷宗庙里一个玉环就要判夷三族的话，那万一人家挖你祖坟，怎么判？汉文帝想了想，确实想不到更狠的刑罚，只好同意弃市。

以理释法这种办法，只好欺负汉文帝这种老实人。如果碰上明成祖这种刑罚天才，肯定会说："如果挖祖坟，那就株连十族。"张释之就只能傻眼了。《韩非子》早就把这个道理看透了："讼此而不决，以后息者为胜耳。"两个人吵架，没有裁判在场，谁赢？谁骂完了最后一句，对方没有还嘴，谁就赢。公说公有理，婆说婆有理，没有更高的裁判依据，徒口讲道理是讲不赢的。

缺乏更高价值标准的法理探讨，很容易流于相持不下，皇帝的砝码就有举足轻重的力量。慢慢地，就有小人觉得何必讨论什么法理，何不直截了当以皇帝的意思作为裁判的标准？大量的酷吏开始在司法活动中揣摩上意、逢迎上意。汉朝有个酷吏叫杜周，完全照着皇帝的意思裁判案件，把法律抛在一边。有人就指责他："你怎么不依法裁判呢？"杜周说："法律哪来的？老皇帝说的话，就是律；新皇帝说的话，就是令。皇帝金口玉言，就是律令，哪有什么法律可言呢？”（三尺安出哉？前主所是著为律，后主所是疏为令。当时为是，何古之法乎。）这就走到了另一个极端。

以理释法和逢迎上意的办法，都在法律之中增加了人的因素，增加了不确定性。而董仲舒创造的《春秋》决狱，并不是要破坏法律的确定性，恰恰相反，就是为了克服这种不确定性。如果你是汉朝的法官，你怎么判？

先说两个和本案相关的法条。第一个法条：“藏匿犯人，连坐。”甲犯了罪，乙包庇窝藏。案发，甲被抓走，乙负连带责任。第二个法条：“殴父，枭首。”儿子殴打父亲，这是大逆不道，要把脑袋砍下来，枭首示众。两个法条都非常清晰。

有一天，县衙门来了五个人。第一个人说：我来报案，我是丁的家人。我家主人丁被某甲杀了，某甲的父亲某乙还包庇窝藏某甲。我一告某甲故意杀人，二告某乙包庇窝藏。

第二个人说：我叫戊，某乙打我，我告某乙故意伤害。

第三个人说：我是某乙。首先，我是某甲的父亲，我儿子杀人，我的确包庇窝藏他来着。但是我觉得父亲包庇窝藏儿子，属于人之常情，天经地义。即便违反法律，我也在所不惜。其次，我也要状告某甲。什么事情呢？我和戊两个打架，我儿子甲非但不帮我，反而操起棍子打我，把我打晕了。我状告儿子甲打我，按照汉律：“殴父，枭首。”请求对我儿子甲执行死刑。

第四个人说：我叫丙，我状告我儿子甲打我。怎么回事儿呢？其实甲的生身父亲不是乙，而是我。二十年前，我生下甲，没钱养活，就搁在一个木盆里，放到大河之中随风漂浮，没想到被下游的乙捡回去养大了。一眨眼，二十年过去了。昨天我喝多了，路过某甲家门口，见甲在门口站着。我就酒后吐真言，对甲说：“其实吧，我是你父亲。”甲说：“我还是你父亲呢！”就把我给打了。“殴父，枭首”，我请求对甲执行死刑。

第五个人说：我就是那个倒霉的甲。丁是我杀的，这我认了。但是我殴打父亲乙，是无心之失。当时我父亲跟戊两个打架，我就拿根棍子，想帮我父亲打戊。没想到这两个人扭打成一团，在地上一路翻滚，一会儿这个在上面，一会儿那个在上面。我举着棍子跟出去二十多里地，实在没辙了，胡乱打了一棍，没想到打到我父亲了。我这是无心之失。另外我打亲生父亲丙这个事情，我当时真不知道他是我生父，当看到一个醉汉对我说："我是你父亲。"我自然不乐意，就把他给打了。后来回去做了一个高科技的亲子鉴定——滴血认亲，才知道乙是我的养父，丙确实是我生父。事情就是这么一回事，请求大人明断。

案情清楚了，两个相关法条也明确了：一个是殴父枭首，一个是藏匿犯人。怎么判呢？

以《春秋》统摄律令

其实这是历史上有确凿记录的三个案件，而且据史料记载，都是由董仲舒裁判的。我移花接木，给拼成了一个案子。只要仔细阅读，就可以发现：案情虽然复杂，争议的焦点却只有三个。

第一个争议焦点，甲杀丁，养父乙包庇窝藏养子甲，能否适用"藏匿犯罪，连坐"的法条？

这是秦法与周礼的冲突问题，是现实政治与历史传统的冲突问题。法律规定得明白：只要藏匿犯罪，就要负连带责任。至于藏匿者与被匿者之间是什么关系，在所不问。这样的法条，秦国故地的民众应该早已适应了。但是广大的东部地区，仍然保留着秦之前的礼俗。在他们看来，父子互相检举，简直伤风败俗。法律也许得到维护，但人心却就此败坏。以败坏人心为代价，维护政府制定的法律，本末倒置、得不偿失。所以董仲舒引用《论语》："父为子隐，子为父隐，直在其中矣。"父子之间，有相互容隐犯罪的权利。家庭的私权，应当构成抵御公权力的堡垒。只有这样，家庭才能成为温馨的港湾，而非暗黑的丛林。这是在纠正商鞅什伍连坐制度的弊端，用《论语》这样的经典，打破现行律令。

"父为子隐"，那么养父能否为养子隐呢？这就涉及法律解释的问题了。董仲舒引用了一句《诗经》："螟蛉有子，蜾蠃负之。"螟蛉，是一种蛾子；蜾蠃，是一种细腰蜂。古人观察认为，螟蛉生了小螟蛉，自己不会养活，就给抛弃了。蜾蠃就把弃婴捡回家养大。[①] 所以古人常用“螟蛉子”比喻养子。“螟蛉有子，蜾蠃负之”的意思，就是歌颂螟蛉和蜾蠃之间这种不是父子、胜似父子的感情。按照这条经义，养父包庇窝藏养子，等同于父匿子，可以适用“父为子隐”的经义。本来有争议的一个问题，得到了一个确定性的依据，迎刃而解。

第二个争议焦点，甲误殴自己的父亲乙，算不算殴父，要不要枭首？

从动机来看，误殴不算殴；从结果来看，误殴也是殴。汉初的法律不区分故意、过失，所以这个案子也没法用法律解决。董仲舒引用了一条《春秋》经义：“《春秋》之义，许止父病，进药于其父而卒。”春秋时期，许国国君生病，太子叫许止，是个孝子，每天伺候在病榻之前端茶送水、把屎把尿。有一天，许止亲手调和了一碗药汤，给父亲喝。父亲喝了药汤，很快就死了。是否要论许止的弑父、弑君之罪？须知，许国国君死亡，最大受益人就是太子。从这一点来看，许止的嫌疑很大，所以必须通过许止接下来的言行，推断他的内心。

历史上，许止痛苦万分，引咎自责，拒绝继承君主之位，逃亡国外，很快也哀伤过度而死。孔子写《春秋》，“君子原心，赦而不诛”，通过许止后来拒绝继承君位、哀伤而死的行为，推测许止的内心，觉得他没有杀父的动机，纯粹出于一片孝心，好心办坏事，所以赦免了他的杀父之罪，只追究他没有尽到注意义务这个罪，没有赶尽杀绝。由此来看，甲误殴父亲乙，也是一样。甲的主观方面，是想要打别人，结果打了父亲，不应该适用“殴父，枭首”。

第三个争议焦点，甲不知丙是自己的父亲从而殴打，算不算殴父，要不要枭首？

关于本案，董仲舒引用了《礼》的“义绝”原则。他说：“丙生甲，不能长育以乞乙，于义绝矣。”丙虽然是甲的生父，但是他自己不愿意承担抚养的责任，而把甲给了乙，这么多年来也没有半点追悔之情，那么丙和甲之

---

① 当然，这个观察从生物学的角度来看，是不科学的。南北朝的道士陶弘景就通过实验，搞清了蜾蠃与螟蛉之间的真实关系。但科学的观察，并不影响经义。理解汉朝人的认知价值，也必须以汉朝人的认识水平为基础。

间的父子关系，早已经恩断义绝。甲在不知情的情况下殴打丙，作为殴打普通人处理，不适用“殴父，枭首”的法律。

本来一团乱麻的三个案子，在董仲舒手里条分缕析，都得到了合情合理的判决。有人质疑：以经义代替法律，是不是破坏法律的确定性？是不是破坏法的公开性？

这里要注意几点：

第一，《春秋》决狱的前提是法律无能为力。法律既然无能为力了，也很难再谈得上什么确定性。此时法律的确定性，掌握在法吏的手中。汉代许多酷吏，正是以庞杂、错乱的法条为主场，弄法舞弊，上下其手，出入人罪。《春秋》决狱，恰恰是以比较明确的经义，取代不确定的个人因素，作为解释法律的依据。这不但没有破坏法律的确定性，反而在特定历史条件下弥补了法律的不确定性。

第二，《春秋》决狱符合汉代人的知识背景。《春秋》决狱的时代，是经学时代。两汉最盛行的学问，就是经学。当时的读书人、官员，都要饱读五经。所以，经义对于汉代人来讲，非但不是什么不公开的秘密法，反而是人伦法理。某种程度上，经义比法律普及多了。所以把经义作为解决疑难的依据，并不会破坏法律的公开、公平。汉代人流传着“孔子为汉制法”的传说。他们认为，孔子晚年预感到汉朝即将兴起，所以写下一部《春秋》，就是为了给未来新兴的汉朝提供法律文本。这个传说当然虚妄，但反映出汉朝人的法律观：孔子的经典，高于皇帝的法律。用经典修正法律，非常正当。

第三，《春秋》决狱不是以经义取代法律，而是以经义解释法律，让法律的内涵更加合理、更加明晰。前面举的三个案子，只有第一个案件以经破律，其实是国家法律向民间礼俗的妥协与让步。其余两个案件，最后都不是用经义取代法律，而是用经义选择法律，决定“殴父枭首”的法条在本案中究竟是否适用。这里可以举一个更明显的例子。

东汉时期，有一对兄弟共同杀人。谁是主犯，应当重判？谁是从犯，应当轻判？汉明帝认为，哥哥对弟弟负有教育义务，所以哥哥是主犯，判得重；弟弟是从犯，判得轻。把这个判决结果交给一个老宦官叫孙章，出去宣布判决。孙章年纪大了，记性不好，一路念叨着：“哥哥重，弟弟轻；哥哥重，弟弟轻……”迎面正好走来一个小太监，跟他打招呼：“孙公公好！”孙章说：“你好！”低下头来继续念叨：“哥哥轻，弟弟重。”搞错了。这个事情被尚书检举，判了个“矫诏，腰斩”。

矫诏，就是故意改变皇帝的诏书，用熟悉的话说就是“假传圣旨”。这在君主制度下可是大罪，相当于窃取了立法权、司法权，要判腰斩。汉明帝拟了这个判决，拿不准，又请一位法律专家郭躬来咨询。郭躬听了案情，说咱们有两条法律：一个是“矫诏，腰斩”，故意改变诏书的，腰斩；一个是“误当罚金”，过失改变诏书的，应该罚金。我认为孙章传错话，属于误，应该判罚金。汉明帝说：我怀疑这个孙章是故意的，因为我派人查了，孙章跟这罪犯兄弟俩是一个县里出来的，是同乡。我怀疑他们以前有私人恩怨，比如这弟弟骂孙章“死太监”，结果孙章怀恨在心，借此机会公报私仇。

郭躬先引《诗经》：“周道如砥，其直如矢。”周朝的公路，好像磨刀石一样平坦，好像射出去的箭一样笔直。这是什么意思呢？《诗》的寓意是：人行之道如此，王者之道也是如此，对法律的解释必须“平直”，不能“委曲生意”，不能通过复杂的、间接的联想，推定一个人有罪。

他又引用《论语》：“君子不逆诈。”逆，揣测；诈，欺诈。翻译成大白话就是：君子在没有依据的情况下，不能用自己的恶意揣测他人。这相当于现代刑法中的“无罪推定”原则，同样在没有依据的情况下，宁可认为对方是好的，不要认为对方是坏的。[①]

这个案件，也是一个典型的《春秋》决狱。但是最后判决的依据，仍然是汉律“误当罚金”。《论语》“君子不逆诈”在这里起什么作用呢？作为选择法条的依据。孙章这个罪，应该适用哪一条法律？“矫诏，腰斩”还是“误当罚金”？法条模棱两可之际，法官难以抉择之时，经义便开始发挥作用。所以，《春秋》决狱非但不会破坏法律的确定性，反而可以补足法律的确定性。东汉王充在《论衡》中评价：“董仲舒用《春秋》的义理，与汉代的律条一一吻合，毫无裂隙。”[②] 这是汉代人自己的看法，值得尊重。

---

① 《后汉书·郭躬传》。

② 《论衡·程材》：“董仲舒表《春秋》之义，稽合于律，无乖异者。”

董仲舒的《春秋》决狱，在中国法律史上有着非常重要的意义。汉承秦制，全盘沿袭了秦法，也延续了秦法的弊端。董仲舒《春秋》决狱，将经典的灵魂一点一滴地注入秦法的外壳，偷梁换柱，开启了法律儒家化的进程。从历史的视角来看，“法律儒家化”就是“秦制周礼化”；从地域文化的视角来看，“法律儒家化”又有关中之法关东化的面相。

董仲舒的《春秋》决狱，以经典统摄律令，以圣贤制约皇权，重塑了汉代法制的面貌。经过汉初七十年的积累，经过汉武帝和董仲舒的推波助澜，终于造就了为史家所称道的“汉家制度”。

外十二则　真假卫太子案

公元前82年春天，一辆黄牛车直奔未央宫而来，车上一面黄旗迎风招展。这辆来历不明的车辆，迅速引起了卫士的注意，也吸引了许多民众的围观。

车辆稳稳地停在未央宫北阙的门口。北阙，是未央宫最主要的出入口。臣民没有诏书召唤，能够抵达距离未央宫最近的地方就是此处。车停了，从车上下来一名男子，年约四十岁。此人戴着黄色的帽子，穿着一身黄色的衣服，气度优雅高贵。他对着卫士和众人，朗声道：“请进去通报一声：卫太子刘据回来了。”

众人闻声哗然。一件尘封九年的案件，重新进入了人们的视野。

汉武帝刘彻曾经有一段美好的爱情故事，为本朝之人所津津乐道。皇帝即位之初，陈皇后无法生育。皇帝的姐姐平阳公主就常常为弟弟物色美女。刘彻也常常借出猎的机会，到平阳侯府歇脚。有一次，平阳公主又物色了一批美女，刘彻一个都没看上。正要不欢而散，平阳公主唤出讴者：“卫子夫，你给皇帝唱首歌解闷吧。”没想到刘彻一见这名讴者，顿时神魂颠倒。不久，他带着卫子夫入宫，很快生下一女。陈皇后见皇帝另有新宠，伺机陷害，结果被废黜。公元前128年，卫子夫诞下一子，起名刘据。后来刘据被立为太子，史称“卫太子”。

随着时间的流逝，卫子夫色衰爱弛，刘彻又另觅新欢，子嗣众多。卫子夫母子虽然仍贵为皇后、太子，但早已疏远失宠。他们每天都能听到种种流言蜚语，说皇帝已经有废后或者换太子的打算。刘彻这边更是能听到大量谗言，说太子正在实施谋反或政变的计划。

刘彻晚年常常身体不适，加上谣言四起，难免疑神疑鬼。公元前91年，他认定后宫之中有人用巫蛊法术对他实施超自然的攻击，便任命一位酷吏江充查办此案。这就是汉武帝晚年震惊朝野的“巫蛊案”。江充一向与太子不和，查到皇后与太子的居处，据他说真的挖出许多施用巫蛊术的木人，以及写着大逆不道言论的帛书。太子无计可施，只能立刻发兵攻杀江充，控制长安城。

当时刘彻正在城外的甘泉宫疗养，听说太子谋反，立刻派丞相率兵攻打。丞相与太子在长安城内巷战五天五夜。最终太子战败逃亡，不知所踪。一个月后传来情报：太子藏匿在靠近函谷关的湖县泉鸠里某户人家。（就是《日近长安远》篇的“胡县”）士兵立刻出动围捕。那户人家关门拒捕，士兵们只能破门而入。可是已经晚了，卫太子已经悬梁自尽。该户主人拒捕被杀，太子的两个儿子也一起遇害。随后皇后卫子夫也在宫中自杀。

子弄父兵、父逼子死，这是一件丑闻。所以朝廷对此秘而不宣，知情者很少。经过这次事件的打击，刘彻对儿子们再也无法信任，迟迟不肯指定继承人。直到临终之前，他才指定八岁的小儿子刘弗陵为太子，这就是历史上的汉昭帝。

现在九年过去了，汉昭帝统治之下，卫太子居然又冒了出来，而且公然来到北阙之下。昭帝听说此事，大吃一惊，立刻下诏：丞相以下全体在京高官，都到北阙辨别真伪。

丞相等高官云集北阙，立刻轰动了整座长安城。好几万人齐聚围观，里三层外三层围得水泄不通。右将军率领军队在现场维持秩序。

丞相、御史大夫和九卿们看着这个“卫太子”，没一个人敢下结论。要说像，确实有点像；要说是或不是，那可不敢乱说。论起来，卫子夫是汉武帝唯一的皇后，卫太子就是汉武帝的嫡长子，是现任天子汉昭帝的嫡长兄，是皇位的第一继承人。如果卫太子还活着，汉昭帝是让位还是不让位呢？

正在双方相持不下之际，京兆尹隽不疑姗姗来迟。他一来，立刻指挥手下：“把这个人给我抓了，带回去审！”群臣连忙劝说：“此人究竟是不是卫太子，还没搞清楚呢。你何必这么着急，不妨观望一下形势。”隽不疑说：“你们搞错重点了。此人是不是卫太子，不重要；重要的是，现场有没有犯罪嫌疑人。如果他不是卫太子，那就是假冒皇亲国戚招摇撞骗，犯了汉律的‘诬罔不道’之罪；如果他真是卫太子，那就犯了违背先帝之命，擅自出逃之罪。你们忘了，《春秋》之中也有一位违背父命、擅自出奔的‘卫太子’了吗？不管怎么样，他都是犯罪嫌疑人。抓回去审！”

隽不疑引的这条《春秋》大义，涉及一个历史典故：卫灵公正室夫人死了，续弦娶了南子。南子热衷政治，令原夫人所生的卫国太子蒯聩很不满意。他总觉得自己与父亲日趋疏远，便存心刺杀南子。结果阴谋败露，蒯聩逃亡国外。卫灵公死后，蒯聩的儿子辄被立为国君。蒯聩又想要回来，遭到辄的拒绝。《春秋》的态度是，蒯聩违背父命出奔，不忠不孝；辄虽然是蒯聩的儿子，但他以祖父、国君（卫灵公）之命对抗父亲、乱臣（蒯聩），是正当的。

汉代人认为孔子作《春秋》是为汉朝预先设立的法典，可以引用来裁决现实中的疑难问题。隽不疑认为，现实中的这个难题，与《春秋》的蒯聩案例高度相似：卫灵公相当于汉武帝，蒯聩相当于卫太子，辄相当于汉昭帝。既然蒯聩违背卫灵公有罪，那么卫太子违背汉武帝也有罪；既然辄可以以子拒父，那么汉昭帝也可以以弟罪兄。这就是《春秋》决狱的原理。

汉昭帝和辅政大臣霍光听说此事后，都感叹：“果然公卿大臣还是要任用读书人！”经过审讯，“卫太子”招供：他叫成方遂，是一个算命先生，曾经在湖县算命，碰到卫太子的手下。那个手下说：“你和太子爷长得真像！”成方遂便起了邪心，想要利用长相优势谋取暴利。后来隽不疑又请来成方遂的乡人辨认，确证无误，便以“诬罔不道”之罪，公开腰斩于东市。

值得注意的是，本案中《春秋》用于逮捕环节，并不影响后续的定罪量刑。成方遂之罪，仍然是汉律作用的结果。《春秋》并不自带罚则，自然不可能具有定罪量刑的功能，而必须与汉律相互“稽合”，才能起作用。有不少法律史教科书说《春秋》决狱完全抛开律条不管，或者说《春秋》用于审判定罪环节，这都有失偏颇。

第二十一章　汉家制度

汉家自有制度

汉武帝发出“千年一问”，董仲舒献上“天人三策”，通过天人感应、三纲五常、通三统和《春秋》决狱，终于确立了独具特色的汉家制度。那么，汉家制度是不是完全按照儒家思想建立起来的制度呢？汉家制度是不是完全复古，完全恢复三代之制呢？且来看一段饶具思想史价值的对话。

《汉书·元帝纪》记载：汉武帝有个曾孙叫刘病已，因为一场政变，早年流落民间，后来历经千辛万苦登基即位，他就是历史上的汉宣帝。汉宣帝的时候，汉朝国力强盛。但是汉宣帝杀伐决断，治吏很严。他不太喜欢儒生，喜欢任用“文法吏”，就是严格执法、不讲情面的官吏，用他们来治吏，对付其他的官吏。太子刘奭就劝谏，说：“陛下持刑太深，宜用儒生。”父皇您太不讲情面了，依法办事，不懂变通，这样不好，不符合先王之道。独尊儒术，这不是汉武帝以来就确立的国策吗？所以您应该多用点儒生，少用点酷吏。汉宣帝一听，脸色都变了。他说：你个小孩子懂什么？看了几本经书，读了几句理论，就敢来教训我了？

接下来，汉宣帝说了一句在政治史上非常著名的话：“汉家自有制度，本以霸王道杂之，奈何纯任德教，用周政乎！”你以为我太爷爷汉武帝真的独尊儒术？我大汉王朝，自有一套“汉家制度”，以霸道、王道有机结合。霸道，渊源于秦制，特点是法治；王道，渊源于周政，特点是德教。周政、秦制有机结合，德教、法治相辅相成。独尊儒术，那只不过是我太爷爷装点门面的话，实际上是外儒内法。你怎么能把他独尊儒术的话当真，真的去做儒家的信徒呢？你这个样子是做不好皇帝的！

汉宣帝最后感叹了一句："乱我家者，太子也！"将来乱我大汉王朝的，一定是这个太子，也就是后来的汉元帝。

事实上，不效法先王之道的制度是一场灾难，秦朝的二世而亡就是最好的例子。完全按照儒家理论来复古的制度，也是一场灾难。西汉从汉元帝开始，觉得三代特别好，儒家思想特别好，所以完全复古，完全按照儒家思想来搭建空中楼阁。这种复古改制的潮流，在王莽的新朝走到了极致。结果，新朝和秦朝一样，也只存在了十五年就灭亡了。

汉家制度，正是摆荡在秦朝和新朝两个极端之间，融合了"周政"和"秦制"两大典型的制度体系，综合运用"德教"和"法治"两种统治术，以古典引领现实，以现实向往古典，从而形成了一套独具特色的制度体系。汉家制度不仅存在于西汉一朝，而是由汉至清，延续了两千年之久。我们就展开历史长卷，纵览汉家制度。

皇帝可以为所欲为吗？

汉家制度是君主集权制度，又是君权受到一定约束的制度。

在汉家制度下，中央政府改变了汉初清静无为、收缩权力触角的做法，也不同于周天子只能管一块王畿，对诸侯坐大无能为力的状态。对内，汉武帝以"推恩令"有力削弱了地方诸侯；对外，汉武帝讨伐匈奴，捍卫国土、开疆拓土。从汉朝到清朝，只要汉家制度有效运作的时代，中央都会出现一个强有力的政府，对内维护统一，对外抵抗侵略。这主要是霸道的作用，秦制的作用。

同时，君权也得到了一定约束，绝非为所欲为。近代以来，常认为中国古代是"专制"政体。这个判断最早来自法国思想家孟德斯鸠《论法的精神》。他说："中国是一个专制的国家，它的原则是恐怖。"① 但是须知，孟德斯鸠关于中国的知识很少，主要来自寥寥几种并不严谨的传教士作品。所以古代的中国究竟是不是"专制国家"，还要看孟德斯鸠对政体的区分，以及

---

① ［法］孟德斯鸠：《论法的精神》，张雁深译，商务印书馆1963年版，第129页。

对专制的定义是什么。

孟德斯鸠将政体分为共和、君主、专制三类。在现代中国人看来，“君主专制政体”说起来很流畅，不大容易理解“君主政体”与“专制政体”居然是两回事。孟德斯鸠说：君主政体是“单独一人依据基本法治国的政体”，[1] 而专制政体“也是一人单独执政的政体，但既无法律又无规则，全由他的个人意愿和喜怒无常的心情处置一切”。[2] 古代中国的情况，属于前者还是后者？如果熟读史料，不难作出判断：汉家制度之下，虽然没有刚性约束君主的法律，但“礼”却是君主也不得不遵守的基本法。举例言之，君主要想越过礼，任意指定继承人，必定会遭到来自文官集团的强力阻挠。

在汉家制度下，君主做错了事情，会下“罪己诏”，向天下人做检讨，承认错误。仅仅历代正史《二十五史》，就有八十九位皇帝下过二百六十四份“罪己诏”。从第一个下“罪己诏”的汉文帝，到最后一个下“罪己诏”的袁世凯，平均八年，皇帝就会承认一次错误。要让皇帝如此频繁地低头认错，在秦朝是不可想象的。

皇帝如果自己不承认错误，也会有制度来纠正他的错误。从汉朝开始，宰相机构就有一个权力，叫“封驳权”。皇帝下的诏书，当时不能生效，必须交给宰相审核。宰相审完了，觉得没问题，那就盖一个章，下发有关单位执行。如果宰相觉得不合适，就驳回。

例如，宋朝有一次对西夏用兵失利，追究起责任来，认为是后勤出了问题。皇帝命令宰相把一个运粮官杀掉。第二天，皇帝想起这事儿，问宰相：昨天那个运粮官杀掉了吗？宰相说：没有。皇帝很纳闷：为什么不杀？宰相说：我朝祖宗之法，不杀士大夫。我不希望从您这儿开始破例。皇帝一听有道理。那就脸上刺字涂墨，发配边疆吧。副宰相在旁边说了一句：那还不如杀了呢。皇帝更纳闷了：为什么？副宰相说：因为士可杀不可辱。皇帝怒了：我一个皇帝，连一件快乐的事情都做不了主！副宰相又顶了一句：这种快乐

① ［法］孟德斯鸠：《论法的精神》，许明龙译，商务印书馆 2017 年版，第 26 页。此处改换译本，是因为许译本更明晰一些。

② ［法］孟德斯鸠：《论法的精神》，许明龙译，商务印书馆 2017 年版，第 17—18 页。

的事情，不做也罢。[①] 这个著名的例子，清晰地表明：至少在宋代，"祖宗之法"就是一项就连皇帝也必须遵守的"基本法"。按照孟德斯鸠的标准，古代中国似乎不是"专制政体"那么简单，而具有"君主政体"的显著特征。

当然，汉家制度下的这种约束不是刚性的约束，不能过分夸大它的作用。皇帝如果一意孤行，官员也没有办法。但是在汉家制度下，皇帝如果怙恶不悛，纠错机制失灵，还有两种事后救济的机制。

第一，史官的记录机制。

《汉书·艺文志》说："上古理想政治设置了世袭的史官。君主的一举一动，都要严格记录。这不仅可以提醒当世君主谨言慎行，也可以给后世君主留下善恶的法戒。"[②] 举个宋代的例子。宋太祖赵匡胤公余在后花园打鸟娱乐，有官员紧急求见。赵匡胤以为有什么军国大事，立刻召见，结果却是一件普通的公事。赵匡胤大发脾气："这种小事值得扰朕的雅兴吗？"官员居然顶嘴："臣觉得此事再小，也比打鸟事大。"赵匡胤勃然大怒，随手操起一把斧子，用斧柄打官员的嘴，击落了两颗牙齿。官员默默无语，俯身捡起牙齿，郑重其事地藏在怀里。赵匡胤怒气未消，骂道："怎么？你还想保留证据去告我吗？"官员回答："臣不能告君。臣只是拿去给史官看，让史官记录下来。"赵匡胤一听，悚然汗下。他心想：我到目前为止，信用记录良好，千万不能因为此事在青史上留下污点！连忙赏赐许多金银珠宝，以示道歉与慰问，让他别找史官告状。不过这个故事后来仍被司马光记录下来，流传后世。[③]

《孟子》云："《诗》亡然后《春秋》作。"古人以《诗》三百篇当谏书。如果事前、事中的进谏纠错机制失灵，那么只好让事后的史官记录机制起作用了。这种作用主要不在当世，而在后世。因为按照唐代以前的制度，君主无权调阅他本人的相关历史记录，[④] 这些记录主要是给后人提供借鉴警示，进行历史审判。所以唐宰相韦安石慨叹："世人只知道宰相权力大，哪里知

① （宋）侯延庆：《退斋笔录》，《丛书集成初编》本，商务印书馆1936年版，第2—3页。

② 《汉书·艺文志》："古之王者，世有史官，君举必书，所以慎言行，昭法式也。"

③ （宋）司马光：《涑水记闻》，中华书局1989年版，第7页。

④ 《旧唐书·褚遂良传》："不闻帝王躬自观史。"

道史官权力比宰相还大！宰相只能审判活人，史官却能审判死人！”① 宋人苏辙将“史权”与“天权”“君权”鼎足而三，认为史官具有“助赏罚”的功能。②

不过，史官记录机制只能对那些尚有羞耻之心的君主起作用。如果君主无耻，或者史官制度败坏、君主可以随意修改历史，那就只有启动更加严厉的救济机制。

第二，大臣废立、民众革命的机制。

大臣可以废立，民众可以革命。在经典中，前者叫“贵戚易位”，后世比较成功的实践，如西汉霍光废昌邑王刘贺、蜀汉刘备临终赋予诸葛亮“卿可自取”之权；后者叫“汤武革命”，后世比较成功的实践，如唐朝推翻隋朝的暴政，明朝推翻元朝的暴政。废立与革命，当然已经不完全是体制内的救济机制了，但是废立、革命之后，儒家政治理论会赋予主事者以合法性，认证这件事做得对。对君权的种种制约，都是王道政治的作用，是周政的作用，是儒家思想的作用。

从道不从君

汉家制度是官员高效率的制度，又是大臣以道事君的制度。

秦朝确立了三公九卿的官僚制，被汉朝所继承。到隋唐演变为三省六部制，宋代演变为二府三司制，明朝发展为内阁六部制。汉家制度下的职官制度，是世界古代史上行政效率较高的制度。尤其当时的选官制度（古人称为“选举制度”），不看血缘，不看财富，不看武力，只看知识，这是全世界独一无二的，也是现代文官制度的前身。这是秦制的作用。

但是，官员与官员之间、臣子和君主之间，并不是简单的服从与被服从的行政管理关系。在汉家制度下，以知识人群为主体的士大夫阶层逐渐形成。

---

① 《新唐书·朱敬则传》：“世人不知史官权重宰相，宰相但能制生人，史官兼制生死，古之圣君贤臣所以畏惧者也。”

② （宋）苏辙：《栾城集·栾城应诏集》卷十一《史官助赏罚论》，上海古籍出版社 2009 年版，第 1710—1712 页。

士大夫以天下为己任，“以道事君”，用道义侍奉君主，“从道不从君”，当君主站到道义对立面的时候，士大夫毅然地追随道义，而不服从君主。明朝的大礼议事件就是一个典型例子。

正德十六年（1521年），荒淫无道的明武宗，因为一场意外暴死。明武宗正值壮年，尚无子嗣，接班人的问题成了头等大事——应该选谁当明朝的皇帝呢？

儒家礼法制度规定嫡长子继承制。如果没有嫡子，那么由庶长子即位。如果连庶子都没有，只好从旁支选一个关系最近的，过继给大宗作为宗子。朱元璋留下的祖训《皇明祖训·法律》第十四条也规定：如果没有子嗣，则“兄终弟及”。但是，明武宗连亲兄弟都没有，他是明孝宗的独子。怎么办呢？以内阁首辅杨廷和为首的一批大臣们商量的结果，是先上溯到明武宗的爷爷明宪宗，再找到明宪宗的另一个儿子、明孝宗的亲兄弟兴献王，当时兴献王也已经死了，于是又找到兴献王的儿子朱厚熜。从伦理上看，朱厚熜是明武宗朱厚照的堂兄弟，都是“厚”字辈。

朱厚熜当时只有十五岁，是一个藩王，在地方上当诸侯。朝中大臣和太后一起商议，以武宗的名义拟出遗诏，宣朱厚熜入朝，继承大统。朱厚熜赶到京城，正式登基即位，这就是历史上的明世宗，年号嘉靖。

即位不久，便涉及一个问题：奉谁为皇考？皇考，就是皇帝的父亲。嘉靖的生父是兴献王，但是之所以能够轮到他做皇帝，就是因为他必须过继给大宗，也就是给明孝宗做儿子，成为大宗的宗子。因此，礼部尚书上书，请求尊明孝宗为皇考，降其生父兴献王为皇叔父，其母为皇叔母。这是礼法制度的内在要求，也是其皇位来源的合法性。嘉靖对此当然很不高兴，拒绝接受。相反，他下诏命令内阁封其生父母为兴献皇帝、兴献皇后。

内阁也不买账，干脆予以“封驳”——按照明朝的制度，皇帝的手谕必须经过内阁审核、用印，才能得以实施；内阁有权封还、驳回皇帝的诏书，这一权力称为“封驳”。内阁首辅杨廷和还搬出历史上的两个典故：第一，舜贫贱的时候，其父是瞽叟，后来舜受禅于尧，继承的是尧的政统，也没见他封瞽叟为皇考；第二，东汉光武帝称帝以后，继承的是西汉皇室的政统，也没有追封自己的父亲为皇考，而是以西汉宣帝为皇祖父，以汉元帝为皇考。

嘉靖皇帝没有办法，只好派宫人跪在内阁前恳求，还派人给礼部尚书行贿。内阁和礼部都不为所动。嘉靖一怒之下，故意放出话来，表示自己要回藩地做诸侯。最后，经过妥协，内阁同意称嘉靖的生父母为兴献帝、兴献后——去掉了一个“皇”字以示区别，而正式的皇考仍然是明孝宗。

嘉靖皇帝虽然妥协，但是有人揣摩圣意，看到了升官发财的机会：皇上既然这么想要升自己的生父为皇考，那我们就应该迎合皇上，与内阁唱反调，皇上大喜之下，说不定会升我们的官！于是，有官员就上书，说认自己的父母，乃是人情，礼法不外乎人情；你们非要皇上不认父母，而认明孝宗为父，实在是不近人情！

嘉靖看到有人支持自己，非常高兴，立刻翻出旧账。内阁对此依然不予承认，杨廷和还以致仕（退休）为要挟进行抗议。嘉靖震怒之下，批准了杨廷和致仕的请求，并且逐步清理前朝老臣，扶自己的人上位，强行动用权力追封父亲为皇考，改明孝宗为皇叔父。此举引发了满朝士大夫的集体反抗，迎来了“大礼议”事件悲剧性的高潮。

嘉靖三年（1524年）七月十五日退朝之后，几位骨鲠大臣在金水桥外拦截群臣，抗议嘉靖皇帝的所作所为。很快就吸引了两百多位有骨气的大臣，集体跪在左顺门痛哭，进行声势浩大的抗议活动。其中一位叫杨慎的官员，慷慨激昂地喊出口号：“国家养士百五十年，仗节死义，正在今日！”哭叫声直传大内。嘉靖一看，事情闹大了，赶紧派人劝各位大臣离去，群臣不肯，士气越发高昂。嘉靖龙颜大怒，派锦衣卫逮捕了一百多人，四品以上夺俸，五品以下廷杖，当场打死了十七个人。从此之后，除极个别大臣外，多数人都依违取容，不敢再进行公开的反抗。嘉靖皇帝终于实现了他的目的，加强了皇权。①

生活在现代社会，人们会很好奇，觉得当时的人为什么会为了皇家继位争执不休，甚至豁出命去。“大礼议”事件，是嘉靖初年最重大的事情，甚

① “大礼议”的过程，参见尤淑君：《名分礼秩与皇权重塑——大礼议与嘉靖政治文化》第一章“‘大礼议’肇因、经过及结果”，台湾政治大学历史学系2006年刊行，第29—94页。

至于在整个明朝史上，也都是一件关键性的大事件。[①] 难道当时就没有更加重要的国家大事，值得大家去讨论吗？

须知，汉家制度有其内在逻辑。宗法是周政的社会基础，人伦是周政的价值基点。一个现任皇帝有权力废黜礼法制度、追封自己的生父为皇帝，还是必须屈从礼法制度、认自己的叔叔为制度上的父亲，这是“秦制”与“周政”的较量，是君主与作为儒家信徒的文官集团的较量，是现实权力与经典价值的较量。在中国历史上，由汉至清，“汉家制度”之中“秦制”的部分逐渐凸显，“周政”的部分逐渐削弱，专制程度也日趋加强。这未必是历史的必然，而是种种事件逐步造成的。但是不可否认，士大夫群体仍然抱持着独立于现实权力之外的价值追求，以道事君、致君尧舜，以文弱孤忠之躯，行慷慨悲壮之事，令人动容。

“罢黜百家”与“兼容并蓄”

汉家制度是儒家独尊的制度，又是诸子思想按需切换、包容开放的制度。

自从董仲舒献上“天人三策”以后，汉朝就确立了“罢黜百家、独尊儒术”的国策。严格来说，采用《汉书》的表述，应该是“罢黜百家，表章六经”。所谓“罢黜百家，表章六经”，并不是像秦朝焚书坑儒那样搞思想专制，严禁学者研究法家、研究墨家，强制必须信仰儒家。

汉朝有一套官学，由博士来传授。每个博士可以招弟子，弟子将来学成了，可以凭这一套学术做官。后来汉朝又办了一所太学，博士就在太学里教书。“罢黜百家，表章六经”，用今天的教育制度来打比方，就是说：太学里的博士点，只能设置六经的博士点，而法家、墨家、道家都不能设博士点了。你自己要研究其他学说，没有问题，思想自由，但是不能获得国家的经费支持。国家公务员考试，也只考儒家经典。研究别的学问，考试用不上。所以，“罢黜百家，表章六经”是在官学的层面上来讲的。

---

① 史学家孟森的名著《明史讲义》一共七章，其中第四章就是“议礼”，作为正德、嘉靖、隆庆三朝政治的核心，由此可以看出其地位。

如果从整个思想史来看，《史记·龟策列传》有云：汉武帝时代“博开艺能之路，悉延百端之学”，也就是在儒家思想的统治之下，广泛引进诸子百家之学，各用所长。在这种情况下，诸子百家原本的信徒也就“带艺投师”，带着自己那套学说，穿上儒学的外衣，加入儒家的队伍，博取功名利禄的同时，也促进了思想的融合。“罢黜百家”和“悉延百端”合而观之，才比较接近历史的真相。

中国历史上，每当太平盛世，往往独尊儒术，以儒学治世。但是，每当乱世，儒学“迂远而阔于事情”，难免失灵。这个时候，长于变革的法家思想就开始发挥作用，以强有力的手段重建中央政府，重塑君主权威。大乱刚刚结束，国家大病初愈，要休养生息，那么道家思想又开始发挥作用，清静无为，与民休息。等到国家元气恢复，儒家思想又开始发挥作用，立法建制，为万世开太平。

诸子思想按需出现，切换自如，这是汉家制度的一项自我修复机制。另外，汉家制度虽然独尊儒术，却并不固化排外，反而非常具有包容性。汉朝初年继承战国遗风，百家并行。董仲舒吸收百家之长，尤其是把道家、法家和阴阳家的精华与儒学相结合，形成了两汉经学；魏晋时期，道家思想盛行，当时的学者“援道入儒”，汲取道家精华，形成了长于思辨的魏晋玄学；唐朝以后，佛教本土化，佛学兴盛，当时的学者又“援佛入儒”，汲取佛学精华，形成了宋明的理学、心学；清朝末年，西方学术进入中国，当时的学者又打算以“中学为体，西学为用”，建立新的学术体系。所以汉家制度下的思想，既具有按需切换的功能，又具有自我修复、自我更新的功能。与世界其他文明的基督教、伊斯兰教、佛教文明相比，更可以看出儒家文明和汉家制度的包容与开放。

既济，未济

当然，汉家制度绝非完美无缺。历代君主在接受儒家理论的同时，也试图利用并改造儒家，使之成为君主集权专制的思想工具。历史上的士大夫也并非全是一心为往圣继绝学、为万世开太平。迂腐之人、谄媚之辈、心术败坏者流也史不绝书。汉家制度历经两千多年，制度越来越向秦制复归，而孔孟之道也越来越沦为粉饰太平的表面文章。《周易》有云："穷则思变。"中华文明在近代遭遇了山穷水尽的时刻，开始了艰苦卓绝的又一次大转型。

回顾秦亡汉兴九十年，我们从商鞅入秦开始，讲述了一个漫长的故事，讲述了时代是怎样转型的，讲述了制度是如何形成的，讲述了一个古老的文明是如何浴火重生的。

在这个伟大的故事中，史书主角虽是帝王将相，却关乎所有人的命运和文化脉象。每一个人都是领衔主演，这里不提供观众席。

君主是主角。不甘堕落的秦孝公，千古一帝秦始皇，平民皇帝汉高祖，清静无为的汉文帝、汉景帝，雄才大略的汉武帝，他们站在历史的风口浪尖，成也时势，败也时势。

立法者是主角。先秦诸子的独行者商鞅，千古一相李斯，汉承秦制的萧何，他们精心设计的制度，经历了历史的筛选，经受了历史的考验。

政治家是主角。无招胜有招的曹参，洛阳少年贾谊，峻直刻深的晁错，他们积极回应时代的命题，在历史上留下了自己的足迹。

学者是主角。与时变化的汉家儒宗叔孙通，坚守学术的鲁两生，三年不窥园的一代宗师董仲舒，他们或以深邃的思想，或以理想的人格，影响着时代，守望着未来。

平民是主角。揭竿而起的陈胜、吴广，为父上书的少女缇萦，他们反抗命运的不公，起而奋斗，结果不仅改变了自己的命运，也改变了他人的命运。

黯淡了刀光剑影，远去了鼓角争鸣。一页风云散去，旧邦新造，其命维新。今天的我们，与秦汉时代的人们一样，身处于又一次大转型时代，历史正在发生，前路仍然难测。我们回顾秦亡汉兴九十年，并不是为了复古。"天人三策"已经过时，汉家制度已经解体。但是，历史中自有一段永不过时的精神，自有一种不可磨灭的价值。

《周易》第六十三卦是"既济"，已经摸着石头蹚过了暗河，渡过了历史的三峡。这是秦汉时代的古人。他们形成了独具特色的汉家制度。《周易》的最后一卦是"未济"，正在摸着石头，在历史三峡的惊涛骇浪之中搏击风浪。这是现代人。前途叵测，可资依赖的唯有历史的特殊经验与人类的共同理性。

英国政治家丘吉尔说过："你回首看得越远，向前也会看得越远。"史学家司马迁也说："居今之世，志古之道，所以自镜也，未必尽同。"我们每个人都生活在当下的时代，却要从古老的传统文化之中汲取面向未来的力量，并不是要照搬古人，而是为了给今人找一面镜子，找一个坐标。正如两千多年前，历史没有给汉朝人提供现成的答案；两千多年后，也不能指望古代人给我们提供现成的答案。秦汉时期的人们，不负他们的时代，给历史交上了一份自己的答卷。今天的我们，能否不负自己的时代，又将交出怎样的答卷呢？这个问题，将由我们来作答，将由历史来打分。

外十三则　一份诏书的两千年命运

这是一份诏书的故事。我将从诏书的制作讲起，讲整整两千零五十三年。①

汉成帝建始二年（前 31 年）九月二十日，在尚书机构的协助下，皇帝刘骜起草了一份诏书。诏书的大致内容是对老年人的福利政策。过去，普通平民要年满七十五岁或八十岁，才能领受王杖、享受政府福利，但这份诏书将条件放宽到六十岁，还规定七十岁以上老人犯罪的减免优待，以及殴打王杖老人的罪刑。诏书的最后说："请把这份诏书写进律令之中，赋予其恒久的效力，并妥善存放在兰台的石室金匮之中。"

一位名叫"咸"的尚书令接过诏书，在一支空白竹简上写下"尚书令臣咸再拜受诏，建始二年九月甲辰下"这些手续与日期信息，编联在诏书的末尾，然后转交给御史大夫张谭。

张谭查阅了御史府与兰台的律令编号，确定这份诏书应该排第四十三号。他也用一支空白简，写上"兰台令第卌三，御史令第卌三"，编联在诏书结

① 本篇基于拙作《汉简"王杖诏书"比勘研究》的研究结论，论证过程请参见《中国古代法律文献研究》第十辑，社会科学文献出版社 2016 年版，第 155—169 页。

尾，然后命书手将诏书抄写为一式三份。一份交给御史中丞，保存在宫殿之内的兰台，那是皇家大内的档案馆；一份保存在御史府的档案馆；还有一份，再用一枚空白简写上“建始二年九月甲辰，御史大夫谭下丞相，承书从事下当用者如诏书”，转交给丞相匡衡。

匡衡在丞相府拿到诏书，命书手抄写成一百余份，在空白简上写明“二月某日丞相下车骑将军、将军、中二千石、二千石、郡太守、诸侯相，承书从事下当用者如诏书”的用语，编联在诏书的最后。除了副本存档外，其余一百多份诏书由丞相府发出，沿着帝国四通八达的水陆邮驿系统，送往天下八十多个郡和十多个诸侯王国。

其中一封离开长安城，沿着武帝以后新开辟的“河西走廊”，经过一个又一个驿站。每过一个驿站，就备案登记，并更换一名驿卒与驿马。一个多月之后，这封诏书终于摆在武威郡守的案头。

武威郡守拿到这封诏书，继续履行抄录副本、备案登记、下发各县的工作。这封诏书的其中一份来到了武威下辖的某县，又来到某乡。因为这是关涉全体百姓的诏书，便由乡里的基层吏员用大号字体抄写在醒目位置，这在汉代叫作“扁书”。也许还会进行相应的解说。

当地的百姓，尤其是老年人听到诏书，兴奋不已。其中有识字者，便将诏书抄录下来。其他不管是否识字的老人，都闻风而至，争相传抄。在抄写过程中，当然会出现错讹增漏，比如将那位尚书令的名字“咸”抄成“滅”，将“建始二年”抄成“建始元年”。公布在墙壁上的诏书，也许经过风雨侵蚀逐渐剥落，也许被乡官里正涂抹掉重新抄写新的诏书。最早的抄本也许经过众手传播，早已散佚毁坏。总之，武威郡某县乡里出现了大量抄本。

三年之后，汉成帝河平元年（前28年），最早的司法判例出现了。汝南郡西陵里一位名叫“先”的七十岁王杖老人被乡里官吏吴赏殴打。郡守呈报廷尉，廷尉按照建始二年诏书，判处吴赏弃市的死刑。这个判例被制作成文书，下发天下各郡县乡里，参照执行。其中一份文书又来到武威郡某县乡里，被老人们抄写下来。有些老人还有心地与上次颁布的诏书抄在一起，编联成册。

此后，不断有相关判例公布。武威乡里老人们的传抄热情不减。不过这些抄本有详有略。有的只有十枚简，有的多达二十七枚简。

乌飞兔走，三十多年过去了。汉平帝元始五年（5 年），武威某县某乡，一个男婴呱呱坠地。父母给他起名“幼伯”。

又是一番斗转星移，经历了王莽篡汉、刘秀开国，转眼来到了东汉明帝永平十五年（72 年）。幼伯六十八岁，依照当时的政策领到一支王杖，成为一名享有特权、受乡里敬重的王杖老人。他也抄写了一份王杖诏书。这个版本比较简单，只有十枚简牍。

数年之后，幼伯寿终正寝。象征身份的王杖和十枚简牍作为陪葬品，一起埋入地下。

与幼伯入葬时间相近，另一位王杖老人也去世了。他的陪葬品除了王杖，还有一份二十七枚简版本的王杖诏书。虽然这个版本详细一些，不过与“十简版”一样的是，内容都已经传抄得错讹百出。此外，也许还有其他版本被埋入地下。

往事越千年。1959 年，经考古发掘，幼伯的墓重见天日，“王杖十简”被发现。1981 年，考古调查时从当地居民手中采集到二十七枚简版本的王杖诏书。1989 年，又一个版本的王杖诏书从武威旱滩坡出土，不过比起另外两份，要残破得多。其他更多版本的王杖诏书，或早已灰飞烟灭，或仍然沉睡地下。

2015 年，我刚博士毕业，撰写了《汉简“王杖诏书”比勘研究》，梳理清楚以上二千零二十年的历史，发表于《中国古代法律文献研究》第十辑。

2022 年，我把七年前的研究改写成这篇相对通俗的文章，插入《秦亡汉兴九十年》的书稿，作为全书的结束。

后　记

写作这部书的时间跨度很长，过程也很复杂。

2011 年，我荣入龙大轩教授门下，研习法律史。当时我私下的兴趣是三国史，而龙老师的擅长则是两汉史。我便由三国上窥秦汉。2014 年，我博士毕业后，任教于西南政法大学，讲授“中国法制史”课程，讲课时也特详于秦汉。三年讲下来，越讲越顺。2017 年下半年，我将秦汉法制史的课程内容写成讲稿《秦亡汉兴九十年》，预备到《法律讲堂》（文史版）录成电视节目。可是因为喜新厌旧之故，既已成稿，反而懒于录制了。

这样拖了两年，经张振华先生反复催促，我终于打起精神，于 2019 年预备录制。可是重读旧稿，早已不能满意。旧稿对汉武帝的气魄推崇备至，认为他对贤良文学的策问是“大哉问”。旧稿还对董仲舒的对策抱有不合学术训练的幻想，认为儒者真有匡正君主的能力。早岁哪知世事艰？

节目录制在即，我修修补补，适当注意表达的分寸感。经过五个月断断续续的录制，终于制作成 17 集节目，后于 2020 年 6 月以《秦亡汉兴的法制规律》为题播出。

《法律讲堂》篇幅较大的节目，有成书出版的惯例。我的《黑白曹操》与《诸葛亮之道》都是先例。可是那两本书出版后，我逐渐认识到讲稿未必适合阅读。讲稿宜口语化、情景化，而书面阅读有其自身的节奏与尺度。好听的讲稿，一旦取以阅读，往往嫌其辞重句复、口水啰唆。我打算将《秦亡汉兴》改写成适合阅读的文本，所以一直拖着未出书。

出版计划一拖再拖，经过再三催促，我终于在 2021 年底重拾旧稿。一读之下，大吃一惊。秦汉之际近百年的历史，在我的笔下，居然如丝般顺滑，没有一点犹疑、错乱、歧出、彷徨！一切史料都自觉自愿奔凑笔下，直趋

“汉家制度”这个预先设定的最终目标！所有对之不利、与之无关的史料，都消失得一干二净！

我瞠目结舌，冷汗淋漓。原来数年前的我，是这样认知历史的。而我就把这样顺滑、油腻的历史，津津有味地讲给本科生听！

这部历史充满精英的气味，仿佛历史就是寥寥数人推动的结果；这部历史充满自以为是的傲慢，以为君王正心就能平治天下，儒者修己就能致君尧舜；这部历史缺乏可能性，目标明确、态度坚定；这部历史毫无希望，因为早已有了标准答案……

读着读着，我明白了：那不是秦亡汉兴的历史。那是三十岁的我，对历史的乐观。

我已年近不惑，较之三十岁的我，心中疑惑丛生，再也无法接受单纯又好玩的故事。三十岁前，我费了好几年的工夫，才从丛杂的历史之中梳理出一条明晰的线索；三十岁后，我又费了好几年的工夫，终于把这条线索打散，谨慎复原历史的丛杂。一进一出，回到原点？

完全抛弃重写，不可能。我费了很大的力气，辛苦修改，又将原来的十七集增写为二十一章。2022 年 3 月 30 日，全书写完。我突发奇想：何不写一个外篇，将今日之我的零星碎片，插入昨日之我的字里行间，用今日之我的疑惑丛生，磨砺昨日之我的流畅润滑？

打定主意，我便拟定了十三个小题目，三天时间，一气呵成。以“外一则”的形式，插入相关章节之后。这些“外篇”，大多与正篇的主题若即若离。其中半数出自简牍史料，属于历史的残片，较之正史，缺乏戏剧性，更具日常风貌。较之正文的帝王将相，外篇的视角要低得多。主角包括：战国初年的旅馆从业人员、战国后期的文书小吏、秦朝劳役犯的儿子、和陈胜一起佣耕的雇农、在秦楚边界来回逃窜的山贼……这些外篇还探索了历史更多的可能性，包括运用历史考证与文学想象的多重方式，探察历史的边界，摸索历史的层次。

我很喜欢这十三个外篇，更喜欢外篇与正篇之间的对话。

《晋书·刑法志》说：曹魏时期制定法律，立法工作者发现汉朝的法律体系特别庞杂，在正篇的《九章律》之外，还有无数杂乱的外篇。他们费了很大的工夫，终于将正、外两部分整合成圆润光洁、秩序井然的《新律》十八篇。

历史的运行往往如此。“新”的整齐，覆盖“旧”的丛杂。简洁流畅的“正篇”便于流传，纷繁歧出的“外篇”停留在历史的某个缝隙之中，不再与时俱进。历史资源的创造性转换，会伴随着更大规模的消耗性转换。

写到这里，总觉得还应该用一句什么话来收尾，可是文气忽然断了。就这样吧，夜很深了。已是人间四月天，却不知为什么寒气侵人。

秦涛
于渝北五斗斋
2022 年 4 月 3 日凌晨两点

附记

封面故事

这是两块汉代的画像石。当它们组合在一起，忽然呈现出一种惊心动魄的张力。

两千年前的暗夜，一人一犬踽踽独行。在视野的盲区，深山密林中埋伏着一支全副武装的军队。

伏兵会因意外的闯入者而暴露吗？一次偶然的路过会引发历史的“蝴蝶效应”吗？牵犬人会被悄无声息地干掉吗？犹如轻轻掸去一粒时代的浮尘？抑或双方互不相扰，牵犬人在毫无察觉的情况下，与一次大事件擦肩而过？

我喜欢这种充满未知的紧张感，这正是历史的魅力吧。